教育部人文社会科学研究规划基金项目
（项目编号：18YJA751038）
浙江工业大学社科项目—校基金后期资助项目
（项目编号：Z20160208）

子张 著

吴伯箫先生编年事辑

中华书局

图书在版编目（CIP）数据

吴伯箫先生编年事辑/子张著. —北京：中华书局，2020.11
ISBN 978-7-101-14789-6

Ⅰ.吴…　Ⅱ.张…　Ⅲ.吴伯箫（1906～1982）-年谱
Ⅳ.K825.6

中国版本图书馆 CIP 数据核字（2020）第 183805 号

书　　名	吴伯箫先生编年事辑
著　　者	子　张
责任编辑	吴冰清
出版发行	中华书局
	（北京市丰台区太平桥西里 38 号　100073）
	http://www.zhbc.com.cn
	E-mail:zhbc@zhbc.com.cn
印　　刷	北京瑞古冠中印刷厂
版　　次	2020 年 11 月北京第 1 版
	2020 年 11 月北京第 1 次印刷
规　　格	开本/850×1168 毫米　1/32
	印张12¼　插页4　字数 290 千字
印　　数	1-1500 册
国际书号	ISBN 978-7-101-14789-6
定　　价	65.00 元

吴伯箫先生大学毕业照（1931）

《羽书》1941年上海初版封面

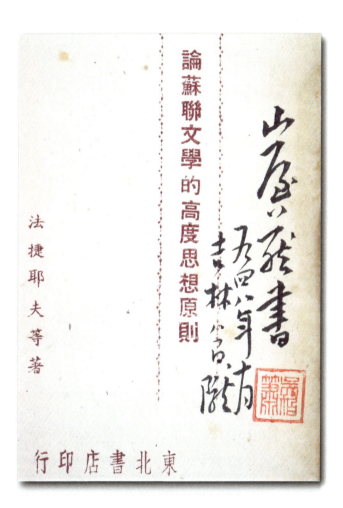

論蘇聯文學的高度思想原則

法捷耶夫等著

山屋藏書

東北書店印行

吴伯箫先生"山屋藏书"题签与钤印（1948）

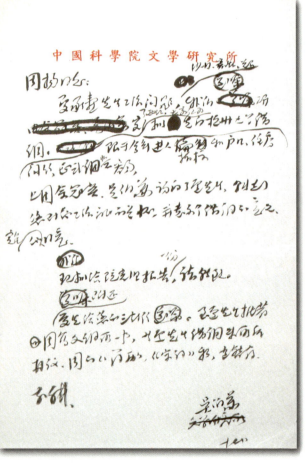

吴伯箫先生致周扬信（1977）

目　录

序一……………………………………………………………… 1

序二……………………………………………………………… 7

第一章　莱芜:家世与童年(1906—1918)………………… 1

　1906 年(光绪三十二年)　1 岁……………………………… 1

　1910 年(宣统二年)　5 岁…………………………………… 6

　1912 年(民国元年)　7 岁…………………………………… 6

　1913 年(民国二年)　8 岁…………………………………… 7

　1914 年(民国三年)　9 岁…………………………………… 8

　1915 年(民国四年)　10 岁………………………………… 9

　1916 年(民国五年)　11 岁………………………………… 11

　1917 年(民国六年)　12 岁………………………………… 11

　1918 年(民国七年)　13 岁………………………………… 13

第二章　曲阜:二师与孔府(1919—1924)………………… 14

　1919 年(民国八年)　14 岁………………………………… 14

　1920 年(民国九年)　15 岁………………………………… 16

　1924 年(民国十三年)　16 岁……………………………… 19

第三章　北京师范大学(1925—1930)……………………… 23

　1925 年(民国十四年)　20 岁……………………………… 23

1926 年(民国十五年)　21 岁 ……………………………… 28

1927 年(民国十六年)　22 岁 ……………………………… 30

1928 年(民国十七年)　23 岁 ……………………………… 34

1929 年(民国十八年)　24 岁 ……………………………… 36

1930 年(民国十九年)　25 岁 ……………………………… 39

第四章　青岛、济南、莱阳:办学与写作(1931—1937) … 44

1931 年(民国二十年)　26 岁 ……………………………… 44

1932 年(民国二十一年)　27 岁 …………………………… 51

1933 年(民国二十二年)　28 岁 …………………………… 57

1934 年(民国二十三年)　29 岁 …………………………… 59

1935 年(民国二十四年)　30 岁 …………………………… 62

1936 年(民国二十五年)　31 岁 …………………………… 65

1937 年(民国二十六年)　32 岁 …………………………… 69

第五章　延安:革命与抗战(1938—1945) ……………… 77

1938 年(民国二十七年)　33 岁 …………………………… 77

1939 年(民国二十八年)　34 岁 …………………………… 90

1940 年(民国二十九年)　35 岁 ………………………… 100

1941 年(民国三十年)　36 岁 …………………………… 104

1942 年(民国三十一年)　37 岁 ………………………… 111

1943 年(民国三十二年)　38 岁 ………………………… 122

1944 年(民国三十三年)　39 岁 ………………………… 132

1945 年(民国三十四年)　40 岁 ………………………… 139

第六章　佳木斯、长春、沈阳:打前站(1946—1953) … 144

1946 年(民国三十五年)　41 岁 ………………………… 144

1947 年（民国三十六年）　42 岁 ……………… 155

1948 年（民国三十七年）　43 岁 ……………… 156

1949 年（民国三十八年）　44 岁 ……………… 160

1950 年　45 岁 …………………………………… 170

1951 年　46 岁 …………………………………… 172

1952 年　47 岁 …………………………………… 174

1953 年　48 岁 …………………………………… 176

第七章　北京：《文学》与《北极星》（1954—1965）…… 179

1954 年　49 岁 …………………………………… 179

1955 年　50 岁 …………………………………… 187

1956 年　51 岁 …………………………………… 190

1957 年　52 岁 …………………………………… 198

1958 年　53 岁 …………………………………… 201

1959 年　54 岁 …………………………………… 204

1960 年　55 岁 …………………………………… 206

1961 年　56 岁 …………………………………… 207

1962 年　57 岁 …………………………………… 210

1963 年　58 岁 …………………………………… 212

1964 年　59 岁 …………………………………… 216

1965 年　60 岁 …………………………………… 218

第八章　北京、凤阳、北京："文革"十年（1966—

1976）……………………………………………… 220

1966 年　61 岁 …………………………………… 220

1967 年　62 岁 …………………………………… 221

1968 年　63 岁 …………………………………… 222

1969 年　64 岁 …………………………………… 223

1970 年　65 岁　·· 225

1971 年　66 岁　·· 226

1972 年　67 岁　·· 227

1973 年　68 岁　·· 229

1974 年　69 岁　·· 231

1975 年　70 岁　·· 236

1976 年　71 岁　·· 240

第九章　北京:《忘年》(1977—1982) ················· 247

1977 年　72 岁　·· 247

1978 年　73 岁　·· 250

1979 年　74 岁　·· 258

1980 年　75 岁　·· 267

1981 年　76 岁　·· 277

1982 年　77 岁　·· 291

第十章　后谱(1983—2018) ··························· 305

1983 年 ·· 305

1984 年 ·· 307

1985 年 ·· 308

1986 年 ·· 308

1987 年 ·· 308

1988 年 ·· 309

1989 年 ·· 309

1990 年 ·· 309

1991 年 ·· 310

1992 年 ·· 310

1993 年 ·· 311

1994 年 ……………………………………………………… 312

1995 年 ……………………………………………………… 312

1996 年 ……………………………………………………… 313

1997 年 ……………………………………………………… 314

1998 年 ……………………………………………………… 314

2000 年 ……………………………………………………… 314

2001 年 ……………………………………………………… 314

2002 年 ……………………………………………………… 314

2004 年 ……………………………………………………… 315

2005 年 ……………………………………………………… 315

2007 年 ……………………………………………………… 315

2009 年 ……………………………………………………… 316

2010 年 ……………………………………………………… 316

2011 年 ……………………………………………………… 316

2012 年 ……………………………………………………… 316

2013 年 ……………………………………………………… 317

2014 年 ……………………………………………………… 317

2015 年 ……………………………………………………… 317

2016 年 ……………………………………………………… 317

2017 年 ……………………………………………………… 318

2018 年 ……………………………………………………… 320

附录一　寻找吴伯箫 ………………………………… 322

附录二　吴伯箫著译系年（1926—1982）………… 331

附录三　本书主要参考文献 ………………………… 352

后记 ………………………………………………………… 362

序 一

我第一次见到心仪的散文家吴伯箫，大约是1980年春夏，他到虎坊桥南的诗刊社来，在老主编严辰的办公室。严辰叫我过去，介绍这是吴伯箫，我一看，是跟严辰一样的蔼然长者。年纪看来与严辰相仿，却一样精神。其实严辰生于1914年，他生于1906年，比严辰年长八岁，一算，他竟比我大着二十七岁！只是因为他还担任着领导工作，竟不觉他已经年逾古稀了。

在严辰同志面前，我一向口无遮拦，这回见了他的老战友吴伯箫同志，我也大大咧咧地说："我十岁的时候就知道您的名字啦！"他有些意外，我说："当时在沦陷区北平，有一家杂志叫《吾友》，登了《灯笼篇》，我看了喜欢，就把作者吴伯箫记住了。没想到，过了一两期，他们又发启事，说这篇作品抄自吴伯箫著《羽书集》，为此向读者致歉。"我却没告诉吴老，几年以后，我在一篇散文习作中写到乡村夜行打着灯笼，并非亲身体验，就是从他这篇文章里借用的。

而直到"文革"后花城重印了《羽书》一集，我才得见全书，也才知道原书名没有"集"字，原文也没有"篇"字。

这回看子张著的编年事辑，吴伯箫1980年5月10日写了《〈羽书〉飞去》一文，提到《吾友》这件事，也许他不是从我这里头一次听说，但他或是因我提起这旧事，忍不住写了此文，说："再一件不愉快的事，是在敌伪侵占北平的时候，在北平的文艺刊物上用我的名字发表收入《羽书》的文章。搞这种伎俩的人也许穷极无聊只是为了赚点稿费，实际上那却是硬把人往粪坑里推的行为。这种怪事是解放以后才听说的，听了令人哭笑不得……"

关于《吾友》，多说两句。这是当时我读中学的哥哥每期必买的一份综合性周刊（或半月刊），面向青年，以知识性为主。朴素无华，封面纸与内文同，骑马钉装订，定价比较便宜。每期开篇有一国际时评，主要评述欧洲战场，后面中英文对照栏中，连载林语堂《吾国与吾民》。偶尔发表文学性作品，所以《灯笼》格外显眼。从来没有汉奸文章。我还记得此刊主编是顾湛、冷仪夫妇，我也从没想过他们会是汉奸，抗战胜利自然停刊，主编隐身，再没听说过。但也没听说国民党当局曾把他们当作汉奸处理，更没想过他们会用一篇抄袭来的一位作家早年的优美作品，竟是有意对抗日作家搞污名化的阴谋。

当然，时值延安整风审干高潮，作家本人恰身陷"特嫌"冤案，数千里外沦陷区发生此事，正与国民党统治区忽然流传吴伯箫已死的谣言同时期，难免让人起联想，当事人后来产生"阴谋论"的猜度，也是可以理解的。

我在很长时段里，揣测那位冒名抄袭的人不过是个想混点稿费的，而我更愿意想象他是个爱好文艺的年轻人，对这篇文章爱不忍释，喜不自胜，随手抄了一遍，索性寄出去，与编者和读者分享。

不过，看了子张著的编年事辑，我发现自己的想法"很傻很天真"。因为据编年事辑记载，1949年吴伯箫在文代会上见到巴金，巴金说起，文化生活社在上海孤岛出版《羽书》后，就按王统照所留吴伯箫济南地址寄发了稿酬，并收到了具名吴伯箫的回信，信上还问讯加印的稿费等情况。

又据本书载，抗战胜利前夕，沦陷区作家张金寿在上海《杂志》5月号发表《北行日记》，说前不久在济南遇到"事变前文艺界鼎鼎大名的吴伯箫先生",据他描述,"吴先生两条腿坏了,勉强蹭着走,远一点路便不行。他苦得很,最近正欲卖书,文人到卖书的程度,可以想见其如何贫困。吴先生言语甚为凄惨,他说,'我如果不死,我们还会见得到的',这是我们告辞时的末一句话。他的肺病程度甚重,且又贫穷,疗养谈不到,所以好起来是颇费时日的。他现在住在他弟弟家,仍不时写文章,往上海的《文潮》,山东的《中国青年》,北平的《吾友》发表,真是苦不堪言。"这样,遂坐实了冒名吴伯箫抄袭作家以吴氏战前旧文投稿《吾友》的便是此人,他还用吴伯箫的名义在别处投稿,会客,他这一谋生手段虽不足取,但看来别有苦衷,不像有政治意图,而多半是着眼于钞票。这个残疾者兼病人日子够惨的,却有一定的文学鉴赏力,又有对文坛名人的一些了解,于是选中了早已远走高飞的吴伯箫。至于他怎么得到巴金寄到真吴伯箫旧地址的汇款通知,而《吾友》怎么发现这个以吴伯箫名义投稿的人属于抄袭(可能了解到吴早就离开了济南),事后是否追回了稿费,以至这位冒名者的残疾是否与这次战局有关,这些恐怕将是永远的谜团了。

而由吴伯箫收入《羽书》中的《灯笼》一文引发的这个话题,追究起来,竟有这么一串不为人知的故事。既可见编年事辑著作者调查的细致与苦辛,更说明世界上的事情是复杂的。

《羽书》是吴伯箫第一本散文集,其中无疑浓缩着他的乡情和童年记忆。他在1935(或1937)年,送王统照先生由济南去上海时,把整理出的书稿,请先生到那个全国的出版中心探一探路。随后"七七"变起,全国动荡,吴伯箫带领一队学生投入抗日斗争,又辗转南北,奔赴延安。戎马倥偬中哪里还顾得上那小小一沓稿纸,他也许想象着已经像老舍当年的一个长篇在"一·二八"日本轰炸商务印书馆时一样付之一炬了。不料,1941年在延安,中共中央所在地的杨家岭山谷里,他读到上海《宇宙风》杂志上王统照为《羽书》所作的序。原来这本他的处女作已在1941年5月就由巴金的文化生活社出版了。真是"海内存知己"啊！

今天重读当年前辈王统照的序，其中不但对吴伯箫的少作有中肯的评价，而且就他在战火中写的通讯，更有积极的展望。王先生说："伯箫好写散文，其风格微与何其芳、李广田二位相近，对于字句间颇费心思"，说伯箫"数在前方尽文人的义务，奔走，劳苦，出入艰难，当然很少从容把笔的余暇。然而在《大公报》我读到他的文艺通讯，不但见出他的生活的充实，而字里行间又生动又沉着，绝没有闲言赘语，以及轻逸的玄思、怊怅的感怀。可是也没有夸张、浮躁，居心硬造形象以合时代八股的格调。""伯箫好用思，好锻炼文字，两年间四方流荡，扩大了观察与经验的范围，他的新作定另有一番面目。"

说吴伯箫"对于字句间颇费心思"，"好锻炼文字"，是不错的。何其芳早年好把古典辞藻引进笔下，吴伯箫却要用口语丰富文章的表现力，如"念灯书"可能是家乡方言，却胜似说熟了的"挑灯夜读"之格式化，他又把我们惯说的"十冬腊月"写成"石冻腊月"，不也是别出心裁的创意？

从少时起，直到晚年以语文教育为业，他毕生都一丝不苟；绝不许他主编的《文学》教科书有一个错别字，有一处语法错误。而少作于何、李之间，他更近于"地之子"的山东老乡李广田，却较广田多了几分韵致。比之五四第一代前贤，则他的文风平实质朴，眼睛向下，不唯美，不炫技，属于叶圣陶、夏丏尊、丰子恺一路。他1934年评论头一年的文学，重点提出茅盾的《子夜》写了城市民族资产阶级的败落，王统照的《山雨》写了中国农村的破产，概括称1933年为"子夜山雨季"，足见其胸怀和眼光。他忠于自己的真实感受，早期多了一点闲愁，战争中多了哀伤愤懑，都是自然流露，并无为文造情。到延安后，他采访太行写的通讯虽是全新的题材，却保持了他一贯的散文风格。在延安写大生产,写英模的通讯,是职务写作,他仍然是认真而求实的。他在《无花果——我与散文》中说:"行军到张家口,写《出发点》抒发了留恋延安的炽烈感情,刚在《晋察冀日报》上发表,就有人成段朗诵,影响还好。但对地方人事美化绝对了。"请注意这一句"对地方人事美化绝对了",看似随口谦逊之词,却显示了曾有的自省,像是国文老师对学生作文的批语,惟无功利之心的人有此胸襟的坦白。

这样一位恂恂君子,虽在1943年延安整风运动中受到委屈,但日本投降后,他受命前往东北开展工作,参与接管和创办新型大学,在主持校政过程中,他仍以自己的言传身教打破了新区群众对共产党的疑惧,以自己的形象扩大了共产党在成百成千青年中的影响,这从他得到"老妈妈"的诨号可见一斑。

其后的二十年时间里,吴伯箫孜孜矻矻,献身教育。他是1949年前后一以贯之写散文的高手之一,不过,相对于他职业教育工作者——教育家的身份,在文学创作方面他毕生只可谓"业余作家"。正在他为编中学教材煞费苦心之际,1966年起又遭批斗,1968年仍被"隔离审查",1969年去凤阳干校劳动,1972年,66岁时得回北京等待分配工作。1973年参与恢复在运动中撤销的人民教育出版社。但年尾年头,就遭逢了从"批林批孔"进而"评法批儒"的"战略部署"。此时吴伯箫已患冠心病。但雪上加霜,先是编选教材时,不许选李白,据说姚文元认为李白不是"法家"云云;紧接着,一晚上有人来,传达当晚六点钟的电话指令,为批判"毒草"《中国古代文学作品选》,"你翻翻这两本书,提出批判重点,明天早晨写出书面意见!"这个任务欺人太甚,吴伯箫一口气咽不下去,干脆回答:"不干!"这是一座沉默的火山的突然迸发,导致了老人冠心病发作。

幸亏两年后结束了所谓史无前例的"文化大革命",以及相应的"大批判""批倒斗臭"等恶行。十几亿人民得以喘息。吴老也赢得了最后几年相对舒心的日子。

读这本《吴伯箫先生编年事辑》,恍如读了一部繁简有度的吴伯箫传记,随着时光的转换,吴老一生的沧桑尽在读者的眼前心底一一掠过。沉浸在一派生死荣辱、悲欢离合的气氛当中,竟不能自拔,不知何以终篇。

邵燕祥

2016 年 11 月 1—2 日

序　二

　　杭州学者子张,是我的老朋友。他从山东莱芜走来,多年执教于泰安。初曾为师生,后乃成同事。多次合作研讨,或为文,或著述,均极愉快顺利,于是进而成为挚友。近十余年来,子张卜居西子湖畔、之江钱塘,齐鲁旧邦的古直坦诚,受到清新丰腴的江浙文风的浸润,诗文风格明显向俊朗隽永处走,人格追求则坚持正道直行,是非邪正,绝不含糊。一天天看着故人犹如嘉木,根深叶茂,欣欣向荣,繁花满树,果实累累,内心深处的欣慰之情,何可以一语道尽?子张虽然南下寻觅更新的文化风情,却一直心存故土,情系家园,对于以吴伯箫、吕剑为主要代表的莱芜现代文化,怀有深挚的情感,这部《吴伯箫先生编年事辑》,就是数十年深入发掘、研究的坚实成果。

　　至晚是在 20 世纪 80 年代初,子张即已经开始了对吴伯箫的认真研究。那时,他还是刚走上讲台的青年语文教师,就开始在同事们自办的油印小刊上发表关于吴伯箫的研究心得。从此,他一发而不可收,研究论文与追念文章陆续刊载于《百草》、《泰安师专学报》、《高师函授通讯》、《名人传记》等刊物。其间虽不时无奈地中断,但他心中一直奉为事业的吴伯箫研究,特别是对于吴老生平事迹以及研究成果的刻意搜集、整理,却如山脉之延展、水流之纵横,时隐时现,或凹或凸,从来没有停止、放弃。

　　子张撰写的《吴伯箫先生编年事辑》,是海内外第一部,其无所依傍,是非常自然的,其完全出于创新,也是当然的。其初稿完成于 1982 年 10 月，即吴伯箫辞世两个月之后。可见是研究有素，谋划多年，绝非心血来潮者可以匆促谱就。重订稿完成于2012 年 4—5 月，已经是三十年后。可见其矢志不忘，一念存乎胸，鲁中江南，异地而同心。到得 2015 年 6—8 月，增补稿乃成，由 21000 字，加增至 111295 字，是前稿的五倍有余。人所共知，编年事辑绝非抒情文章之可以纵情发抒，长短随意。这里的每一条目，甚至每一字符、每一数码，都必须有坚实的史实支撑。而任何史实，都必然经过撰写者的细心搜罗、严谨考证，方可入谱。三十余年成一书，早已破除"十年磨一剑"这一在当下堪称奢华的写作过程。而这部增补稿，依然还在增补、修订中！

　　《吴伯箫先生编年事辑》中最见功力者，我以为当属对吴伯箫生平中的几个众说纷纭的疑点的考察、阐释：一是其两度婚姻的过程及内因，二是延安时代被以"重大特嫌"逮捕、审查、批判而后迟迟未予"组织结论"的内幕、缘由、结果等等。子张是从谱主的自述出发，以大量直系亲属（如三弟吴熙振、外甥亓举安、儿子吴光玮、侄子吴懋恪等）的回忆、书信等"第一手材料"，和报纸、杂志、政府文件等公开的权威性的依据，以及多位著名知情人（如朋友闻一多、王统照、叶圣陶、臧克家、卞之琳、楼适夷、徐懋庸、朱子奇、陈学昭、丁玲、方纪、邵燕祥、丁耶等，夫人郭静君，同事张中行、涂光群、刘国正、康林、高浦棠、曾鹿平、马秋帆、徐刚等，朋友杨朔之女杨渡，学者刘增杰、王文金、孙中田、姜德明、宫玉海等）的真实忆述，合情合理地组装、拼接在一起，构建起一串令人信服的证据链。对于尚有争议的细节，则坦然注明"待查""待考"——纯然是一副科学求实的姿态。

　　《吴伯箫先生编年事辑》所依据的史料，既有公共图书馆收藏的报刊资料，更有谱主亲友的回忆文章，既有谱主个人的自述自评，更有大学学报、文艺刊物的评论文章——几个可以构成互补的知性层面，都给读者提供了寻找真实答案的路径，也显示了撰写者旁稽博采的视野。我以为其中最应该看重的,乃是《吴氏族谱》(敦本堂本,中华民国二十二年〔1933〕岁次癸酉仲夏五修)、《莱芜县立高小同学齿录附本校大事记》(民国九年〔1920〕八月)、《续修莱芜县志》(民国二十四年〔1935〕,济南善成印务局承印)、吴伯箫《自传》(1965年5月30日撰写,中国社会科学院文学研究所档案室藏)等。这些文献,不被公共图书馆或大学资料室收藏,一般读者和研究者都无从睹面。倘非子张的细致发掘,倘非子张拥有地缘的优势,倘非是满怀深情为乡贤立谱,这些可信度极高的史料,极有可能被湮没于厚厚的历史尘埃中,或者被深深地埋葬在遗忘的大海深处。至于首次披露的吴伯箫直系亲属与子张的书来信往、访谈记录所提供的信息,即使是非专业人士,也不会不深心认同其历史价值与见证意义。

还在2013年,我曾在一篇题目为《箫声遗响今何在》(删节后发表在《中国社会科学报》)的短文中这样写道:

> 我曾经有过许多不切实际的梦幻,当然都已经一一破灭了。其中之一,便是把我20多年来起居于斯也教读于斯的这座城市的文化名人及其故居、及其载体、及其生动而鲜活的文化活动复原为原生态的状貌以传后世,略尽我这一代文化人应尽的责任。每念及此,常感愧疚,最感觉对不起的前辈之一,就是吴伯箫先生了。

> 我并不是吴老的同乡、同事或及门弟子,与吴老也只有一面之识。那还是上世纪七十年代末、八十年代初,我随业师冯光廉先生承担编辑《中国现代文学研究资料丛书》中叶圣陶、王统照、臧克家三本专集任务,因而天南海北地泡图书馆和走街串巷地访问作家、学者,自然是题中应有之义。于是,我有了在人民教育出版社后院那矮矮的平房里拜访闻名久矣的吴伯箫先生的荣幸。

那时吴老已经从岗位上退下来,时间是有的,只是他显然已经发福,一张藤椅坐得满满的,呼吸也不太顺畅,说几句就停顿一番,手边的一杯清茶,须得不时举起来,润一润好像总有点干渴的喉头。他告诉我们,王统照先生是他的"师辈"的作家,更是"扶他上马"的引路人。当年他在青岛大学任职,王统照观海二路49号的寓所,就是他(当然还有臧克家、于黑丁们)的文学"讲习所",后来还是1935年夏季那闻名遐迩的《避暑录话》的"编辑部"!

1936年,王统照要举家南下,去上海主持大型文学月刊《文学》的笔政,已经在济南工作的吴伯箫,满怀"托孤"的心情,把自己发表在报刊上的一束文章的剪贴本,专程赴青,郑重地交给王统照先生。他如是设想:日月重光之后,或许还有付梓问世的可能吧?即使永远沉没,难道不也是最合适的归宿?不料抗日的行程竟是那么的辽远和艰难,以致吴老自己早就忘却了这部未及问世的稿本。直到四十年代初,王统照先生在战乱中为之艰难出版,并代为命名为《羽书》,作为巴金主持的文化生活出版社《文学丛刊》之一向"孤岛"的读者郑重推出。为了引起读书界注意,王统照以笔名"韦佩"为之撰序,颇加赞誉。作为出版社代表的巴金,则认认真真把稿费寄到了济南吴伯箫的原址!居然济南还有人"领取"了这笔稿费,并且还希望出版方"续寄"云云。说着说着吴老开心地笑了,说这是他完全不知情的,王统照、巴金等大师级前辈的关怀,他却怎么也难以忘怀。少一停顿,就递过早已洗得干干净净的桃子,说是朋友从肥城带来,不可不尝……吴老描绘的那个文学世界是如此令人神往,桃子的味道虽然早已没有任何印象了,但吴伯箫和王统照的故事,却就此深深地刻印在心底,纵岁月奄忽,亦难以磨灭。

此前，我已经约略知道，1933年，王统照的长篇《山雨》在上海由叶圣陶主持的开明书店出版，是吴伯箫率先评述，称该年是"子夜山雨季"（茅盾的长篇《子夜》亦出版于1933年），至今仍是学术界不刊之论；1934年，王统照因为《山雨》描写了北国农村酷烈的形势与破败的危局，开罪于当局，不得不鬻田举债，横海欧游。到码头送行的，既有臧克家，更有吴伯箫。海船渐行渐远了，但思绪却游曳心头，时光不能剪断！此后，我就开始认真地寻访《避暑录话》，终于在青岛图书馆看到了原件，而且有了向无缘于此的爱好者介绍的光荣！我还找到了王统照的《〈羽书集〉序》，把这类动人的文坛佳话按照自己的感受写进了拙著《王统照传》中。随着心目中吴伯箫形象的日渐清晰，他与青岛文脉的传承路径也时时浮现在心头。我开始不安分起来，想把这份文脉进一步理清并付诸形象的梦，开始不时萦绕、盘旋，挥之不去……

这所谓"文脉"，就是我三十多年来从不自觉到比较自觉地考察、剖析并努力希望做到符合实际、条分缕析的青岛现代文学—文化发展、沿革的脉络。在我的印象中，青岛的现代文学—文化，尤其是其精英部分，是和大学文化、媒体文化紧密地胶着在一起难分彼此的。如果以青岛的大学文化为经，我们可以清晰地看到国立青岛大学（1930—1932）、国立山东大学（1932—1938）、山东大学（1945—1949）三个有分有合、有异有同的发展阶段；换言之，则是以20世纪20年代末的《青潮》、30年代中期的《民报·避暑录话》、《刁斗》、《诗歌季刊》、《诗歌新辑》、《诗歌生活》，40年代中、后期的《海风》、《中兴周刊》、《岛声》、《青年人》、《海声》、《秋芙蓉》、《地瓜干》、《大都市》、《星野》、《岛上文艺》、《青岛文艺》、《荒土》、《民言报·潮音》等为不同发展阶

段、不同沿革形态的文学队伍的集聚与离散、勃兴与流失的一幅
芜杂而丰富的长卷。

　　据子张考证：吴伯箫是1931年2月来到青岛，任青岛女子
中学训育主任兼英语教员；9月，任青岛《民国日报》副刊编辑兼
国立青岛大学教务长室职员；1932年7月，改任国立山东大学校
长室办事员；1935年1月，调任济南乡村师范学校训育主任兼语
文教员。此间，正是国立青岛大学与国立山东大学"交班"的时
刻，是青岛现代文学—文化由前期向中期转化的关键阶段。我
的印象中，青岛现代文学—文化的帷幕，是由两种文化传统或曰
两种文化背景几乎同时开启的：第一种的标志性载体，是由王统
照主办的青岛第一份文学期刊、创刊于1929年的月刊《青潮》；
第二种的文化载体，则是1929年筹办、1930年正式开学的国立
青岛大学（留美背景的杨振声任校长、赵太侔任教务长）特别是
其中文系（留美背景的闻一多任系主任）、外文系（留美背景的梁
实秋任系主任）、图书馆（梁实秋任馆长）。如果把前者称为"五
四传统"，那么后者似乎就可以叫做"欧美传统"。王统照五四前
后活跃于北京，是五四运动的亲历者，又是五四新文化运动、新
文学运动的主干人物之一（他是文学研究会12位发起人之一，
文学研究会主要阵地《晨报》文学旬刊的主编，文学研究会另一
主要阵地革新后的《小说月报》的主要撰稿人之一）。他于1926
年秋告别了如火如荼的京华，回到故乡山东诸城为母亲疗病、送
终，之后便定居青岛观海二路49号，成为青岛本土现代文学—
文化披荆斩棘、筚路蓝缕的开路人与奠基者。他的故居，曾经是
臧克家、吴伯箫、王亚平、于黑丁、杜宇等文学青年的"讲习所"，
也是老舍等著名作家的"嘉宾席"。王统照给青岛带来的，是五
四的传统、五四的文学追求——注重现实主义的态度和方法，眼
睛向下，关注城乡底层民众的生活状态和悲苦命运，细致地摹写
北国风情、鲁中民习……王统照主编的《青潮》，是青岛第一份新

文学期刊,多由青岛的文化人执笔,多反映青岛的文化与社会风习,多以青岛的文学青年为预设的读者群落。第二种则给青岛带来此地并不陌生的"欧风美雨"。国立青岛大学的教授群体,给人留下的印象往往是西服洋装,手执"司的克",喜欢咖啡或烟斗,潇洒地出没于小鱼山左近的大学区域。周末则由校长杨振声带领集聚中山路厚德福,拇战方酣,三十斤的酒坛已空……他们的研究内容,闻一多致力于楚辞、唐诗的爬梳考证,深深地埋头于古奥的典籍;梁实秋翻译莎士比亚剧作全集的宏伟事业刚刚开手,耳目所及,大率是英伦三岛,旁及欧美诸国——或者向远古寻觅解救苦难中国的药方,或者希图从欧陆移植改良中国的范本。他们的文学活动,基本上定格在大学校园,与青岛的其他文化载体比如书店、影院、报刊等,保持着一定的距离。对于青岛的社会状况与市民的利益诉求,更是形同陌路。从 1929 年到 1932 年,这种两水分流各不交叉的状态,是极其明显的。到得 1933 年前后,由于杨振声、闻一多后来是梁实秋的离去,沈从文、洪深特别是老舍的介入,情况开始发生重要变化,两种传统融合的趋势日益明显。被有意无意排斥在大学校园文化圈之外的王统照,也开始与大学校园内的老舍、洪深等交往密切,共同关注起社会化的文学载体。他们合作编辑的青岛《民报》副刊《避暑录话》,就是一个极富说服力的佐证。

在青岛现代文学—文化两种传统由分到合的历史过程中,来自五四新文化、新文学发源地的吴伯箫,却是一个特例。他置身于青岛大学的核心区域——这里有他的职业,而交往的"朋友圈",却与以王统照为导师的五四传统群落异常密切——这里才是他的心性与情致的温床园圃,审美与文趣的华彩乐章。心灵沟通,文风相近,载体与共,审美趋近,取材类似,文体互补,便在有意无意中构建了青岛 20 世纪二三十年代最称活跃的文学部落。他们的文学活动与创作成果,构成了该时期青岛新文学最引人注目的成绩。人们时时称道的青岛现代文化的"黄金时代",如果单就文学创作与文学活动而言,这一传统的造诣与业绩,才真真正正显示出、代表了青岛的实力与底蕴。

向读者诸君热心推荐子张的力作,同时借机述说自己的一些浅近的思考,但愿不致讨嫌于诸位——谢谢耐心看完的朋友!

刘增人

2016 年 3 月 30 日,于青岛

第一章 莱芜:家世与童年
(1906—1918)

1906 年(光绪三十二年) 1 岁[①]

3 月 13 日(农历二月十九日),先生出生于山东省莱芜县城东关吴家花园村(今济南市莱芜区吴花园村)。

《莱芜市志》记载莱芜名称由来,有三说,其一:"县名来自谷名说。莱芜县为汉代首设,故城在今淄川区淄河镇城子庄村。《水经注》引《从征记》曰:'城在莱芜谷(该谷位于今莱城区苗山镇东部至淄川区淄河镇城子庄一带,子张按),当路阻绝,两山间道,有南北门。'又曰:'自入莱芜谷,夹路连山百数里,水隍多行石涧中,出药草,饶松柏,林藿绵濛,崖壁相望,或倾岑阻径,或回岩绝谷,清风鸣条,山壑俱响。'因汉代在淄川莱芜谷设立县城,故名莱芜县,县名由谷名而来,先有莱芜谷,后有莱芜县。莱芜谷则因发明并选育大麦的莱族与发明并选育小麦的牟族居此有关。王献堂在《炎黄氏族文化考》和《人与夷》中认为:莱芜是莱族与牟族杂居而得名,古读'牟'为重唇音,声与'芜'相似,久而久之,将'牟'转呼为'芜',因而莱牟谷就演变成了莱芜谷。此说最为可信。"其二:"莱民播流此谷说。郦道元《水经注》引旧说云:'齐灵公灭莱,莱民播流此谷,邑落荒芜,故曰莱芜。'《管

子·轻重戊篇》曰：'齐，莱夷之国也'，莱芜谷本来就位于齐国境内，莱族长期在此居住，不存在播流问题，故叶圭绶《续山东考古录》说：'此地本有莱民，非有流播。'汉末莱芜县令范史云明确指出'莱芜在齐，非鲁所得'。"其三："山名取目说。郦道元《水经注》'淄水'条认为：'泰无、莱柞并山名也，郡县取目焉，汉高祖置。'"①

先生故乡旧居（1990 年代初，子张摄影）

　　先生出自莱芜吴氏。吴磊记述："河北枣强吴氏系渤海吴氏的一支，自明洪武年间部分河北枣强吴氏祖先迁至山东莱芜。由于吴氏支派繁多，从迁至莱芜起，祖先在莱芜自成一体，开创

————————

①莱芜市地方史志编纂委员会编：《莱芜市志》上册，方志出版社 2014 年版，第 102—103 页。

新系。作为吴氏子孙一脉，莱芜吴氏已有二十四辈，史上曾经出过三位进士，五位清官，人盛族望。当代著名作家吴伯箫也是出自莱芜吴氏，故居为吴家花园。""红崖村如今还保存着完整的第五版家谱，家谱共七卷，第一卷为序言，第二至六卷为人名。整套书为古籍版本，民国二十二年修订，敦本堂刻印，由线绳装订，封面标有'古嬴吴氏族谱'六个蓝色大字。纸张为黄色旧纸，竖排版，字体皆为繁体字，先是手工书写，然后再刻印，字迹清晰有力，工整有序，书法美观，有很强的艺术性。"①

《吴氏族谱》记载，吴伯箫的家世如下：

曾祖：吴嘉苞，"字韶九，公赋性严厉，畏〔威〕振家声，利不苟取，有管宁之风，寿六十有九，配李氏。"生有二子，长子伯祖吴翰翱，次子祖父吴翰翔。

伯祖：吴翰翱，字腾云，配陈氏。据吴熙振老年口述，翰翱十七岁新婚时失礼，遭严父训斥，自尽身亡。

祖父：吴翰翔，字健翮，清太学生。"公生平俭约，刚毅自持，身务农商而最喜读书者。寝食不忘教子一经之语，子若孙率多某学毕业，皆公喜尚读书之所致也。寿七十一岁，配段氏。"②

　　以上资料，均采自敦本堂刻本《吴氏族谱》，该谱中华民
　　国二十二年岁次癸酉仲夏五修。笔者20世纪80年代数次
　　到吴家花园吴伯箫旧宅调研，一般都由先生三弟吴熙振接
　　待。有一次去，吴熙振亲自到本村同族人家里借来该谱，以
　　白色包袱皮包裹，大约有十几册，等我作了摘录后，他再还
　　回去。

---

①吴磊：《莱芜吴氏家谱考究》，华夏吴氏网：http://www.worldwu.com。数据截止日期：2010年1月21日。
②《吴氏族谱》，敦本堂刻本，民国二十二年（1933）五修。

关于祖父，先生散文中有一些简略的回忆，如早期散文《马》中写道：

> 记得，那时做着公正乡绅的祖父，晚年来常被邀去五里遥的城里说事，一去一整天。回家总是很晚的。凑巧若是没有月亮的夜，长工李五和我便须应差去接。伴着我们的除了李老五的叙家常，便是一把腰刀一具灯笼。那时自己对人情世故还不懂，好听点说，心还像素丝样纯洁；什么争讼吃官司，是不在自己意识领域的，祖父好在路上轻易不提斡旋着的事情，倒是一路数着牵牛织女星谈些进京赶考的掌故：雪夜驰马，荒郊店宿，每每令人忘路之远近，村犬遥遥向灯笼吠了，认得了是主人，近前来却又大摇其尾巴。到家常是二更时分。不是夜饭吃完，灯笼还在院子里亮么？①

先生祖父也育有二子。长子吴式圣（1883—1942）为先生父亲，次子吴式贤（1898—1986）为先生叔父。

父亲：吴式圣，字化之，配亓氏。据云，吴式圣早年曾参加科举考试，未果。其后于高等小学、师范讲习所毕业，任县教育委员。先后从事初小和高小教学，一年四次在各校督察，以清廉著称。

母亲：亓氏（约1880—1935），莱芜孙家封丘村人。亓氏去世时吴伯箫任职于济南乡村师范。据吴伯箫三弟吴熙振老年回忆，当时大哥吴伯箫返乡奔丧月余，其在孔府教家馆时的学生、第七十七代衍圣公孔德成送"福寿同归"挽幛表示悼念。

关于先生的家世，主要采自《吴氏族谱》，其次是先生本

---

① 吴伯箫：《灯笼》，鲍霁、刘开朝、吴光玮编：《吴伯箫文集》上卷，人民教育出版社1993年版，第268页（下文《吴伯箫文集》编者不再出注）。

人的《自传》(特别是从未公开发表的 1965 年 5 月档案稿),再其次来自笔者在 20 世纪八九十年代对吴熙振的访谈。吴熙振有一定文化基础,参与社会事务,对其家事以及大哥的介绍有一定权威性,后来其外甥亓举安的某些记述也多来自其三舅吴熙振的口述。

叔父:吴式贤,生于 1898 年农历六月廿四日①,"国立山西大学毕业,任陇海铁路督工员,配侯氏。"育有二子。据《续修莱芜县志》卷十九"大学毕业"条记载:"吴式贤,山西国立大学毕业,充陇海铁路督工员。"②而先生 1965 年《自传》云,叔父为陇海路工务段段长,铁路第四工程局工程师。③

吴家世代务农,间有经商。先生出生时家里有土地二十余亩,长工两名,农忙时或雇短工,有牛两头,养有马一匹。及先生叔父、先生本人读大学,开始卖地卖粮食筹措学费。

先生《自传》有关记述是:"1936 年家里有地 25—30 亩,住室 2 处,20 间,城东关街宅 1 处 7 间。雇长工 2 人,养马 1 匹,牛 2 头。"④

吴伯箫原名吴熙成,字箫亭,后自己改字为伯箫。

先生原字"箫亭",笔者在 20 世纪 80 年代到莱芜市档案馆查阅《莱芜县立高小同学齿录附本校大事记》,其中"第

---

①吴伯箫:"二外祖父的生日,他自己也记不清楚,在北京农历六月廿四日庆祝。"吴伯箫:《致亓举安》,1980 年 4 月 29 日,亓举安私藏吴伯箫信札手稿。
②参见《吴氏族谱》。
③吴伯箫:《自传》,1965 年,中国社会科学院藏吴伯箫档案。
④吴伯箫:《自传》。

八级"名单有"吴熙成,箫亭"的记载①。

《吴氏族谱》对先生的记载是:"二十世,吴熙成,字伯箫,国立北京师范大学毕业,任衍圣公教授,任国立山东大学教授,配刘氏。"②

《续修莱芜县志》卷十九"大学毕业"条记载:"吴熙成,师范大学充衍圣公府教员,山东大学教授。"③

先生本堂有一姊二弟。姊嫁与汶河南岸南梨沟村亓盛恒。二弟吴熙功,读过小学六年,后居家务农。三弟吴熙振,职业学校毕业,务农。

　　吴熙振老人曾向笔者自述,他抗战时期曾任八路军某部总务处长,遭缉捕,流亡关东,战后回家务农。而吴伯箫1965年《自传》中却有另一种说法,即:"三弟曾任国民党<村>自卫队长,1952年<管>制劳改。"④

1910 年(宣统二年)　5 岁

本年,莱芜县议事会成立。

1912 年(民国元年)　7 岁

1 月 1 日,孙中山在南京就任中华民国临时大总统。

2 月 12 日,清帝下诏退位,满清覆亡。

3 月 10 日,袁世凯在北京就任临时大总统。

---

①《莱芜县立高小同学齿录附本校大事记》,民国九年(1920)八月,莱芜市档案馆藏档案。

②参见《吴氏族谱》。

③李钟豫督修,亓因培、许子冀、王希曾编纂:《续修莱芜县志》卷十九,济南善成印务局 1935 年版。

④吴伯箫:《自传》。

本年,莱芜县衙改称县公署,知县改称知事,"六房"改为总务、财政、民政、司法科。

1913年(民国二年)　8岁

4月16日,莱芜县公立高等小学堂与官立高等小学堂合并于莱芜考院,定名为莱芜县立高等小学校。

> 莱芜县立高等小学校原为公立高等小学堂,系前清光绪己巳间(1879)邑人张柳桥、王景沂诸先生创办。至民国二年(1913)经上级议事会议决官立、公立合并,彼时共有学生第一、第二两级。4月,亓旭东校长就职,司事吕雨舫就职。改建大门,添筑西北教室及接待室,招考第三第四两级学生。①

本年秋,先生随父亲到邻村尚家故事村(亦名大故事村)读书半年,结识打更长者尚二叔。

> 小时候,在离家八里地的邻村上学。寄宿。晚上吃完了从家里带来的干粮,等着念灯书的时候,总爱到学校门口尚二叔家去串门儿。尚二叔是打猎的,兼管给学校打更。不知道他的身世怎样,只记得他一个人住在一间矮小的茅屋里,孤单单地,很寂寞,又很乐观。他爱逗小学生玩儿,爱给小学生讲故事。当时我很喜欢他门前的瓜架,苇篱圈成的小院子和沿苇篱种的向日葵。我也喜欢他屋里的简单陈设:小锅,小灶,一盘铺着苇席和狼皮的土炕;墙上挂满了野鸡、水鸭、大雁等等的羽毛皮,一张一张,五色斑斓。最喜欢当然是他挂在枕边的那杆长筒猎枪和一个老得发紫的药葫芦。

---

① 参看《莱芜县立高小同学齿录附本校大事记》。

　　跟着尚二叔打猎,在我是欢乐的节日,帮着提提药葫芦,都感到是很美的差使。①

　　先生在该村上学,是因为父亲恰好在这里任教。据吴熙振讲,当时大哥年纪小,父亲带着他不过是让他初步接触学校教育,带有尝试性质。某次吴伯箫可能因为想家而离开学校回家,被父亲半路追回,打了伯箫一巴掌,结果只能乖乖回校。

　　关于先生随父亲到大故事村读书一事,笔者曾于20世纪80年代中期到该村调查。一位当初就读于该校的本村学生年事已高且卧病在床,应我要求用蓝色钢笔写了一行字证明:"吴式圣在我村教书"。此处的引文来自先生散文《猎户》,见《北极星》(后被收入《吴伯箫文集》下卷)。

　　此外,1983年访谈吴熙振时,曾多次谈及他大哥跟父亲读书情景,描述他大哥自学校回家路上被父亲追回挨打之事,很是生动。

1914 年(民国三年)　9 岁

　　春节后,先生转至本村新办启蒙学校读书。《猎户》一文记述:"可是在邻村读书只有半年,新年过后就转到本村新办的启蒙学校了。"②

　　先生回忆八九岁时背着家里跑出去玩的情景,对更夫"瘦三叔"记忆犹新。

　　我很记得,在我八九岁时,我是怎样的爱背了须发皓皓的祖父母跑向庄户老头们聚集的窠窖去呀! 在那里像我样

①吴伯箫:《猎户》,《吴伯箫文集》下卷,人民教育出版社 1993 年版,第341 页。
②吴伯箫:《猎户》,《吴伯箫文集》下卷,第 342 页。

大小的孩子不少呢,高高矮矮地挤着,差不多都是从父母手中偷偷出来的,虽然都不则声,快活却波漾在心里,有时暗暗地悄悄地笑。

原来那时候,塾中夜学刚散,交到戌亥去了;夜既浓,天黑似铁,家里不让孩子们出门,在小孩子却觉非出门不可了。那怕准挨一顿骂,还是情愿的……啊,一幕幕尽着掀罢,哪有完。——就中有一个人呢,他是叫做"瘦三叔"的。因为他瘦得出筋,故以瘦冠之;三或取行三之意,但叔之为叔,却不详它的来历,盖男女老幼都称他为"瘦三叔"也。他50多岁了,在有钱的主是抱了孙子留了胡享福的时候,但他还是一条穷命呢。一年到头穷苦着,而石冻腊月还得不到一个饱暖。他为两担柴,替我们村上打更。①

1915 年(民国四年) 10 岁

先生初小毕业,本年冬参加高小考试,未取,获"备取"资格。先生晚年回忆:记得考高小,举人知县在考场即席命题"孔子四教,以文为先"。那是科举时代作八股的题目吧。在新兴的学校,没读过《四书》,谁知道"四教"是什么? 当时只因为题目里有"孔子"两个字,便把教科书里"孔子鲁人也,博学多能,诲人不倦,为鲁相三月,而鲁国大治。"抄上大半篇,几乎没有一句自己的话。这样勉强换了个"备取"②。

本年 11 月,发生莱芜现代史上著名的"草把子事件"。

《莱芜县立高小同学齿录附本校大事记》记载:"民国四年十月,北乡民变,县长凌被困于口镇,全境骚动,本校辍课两星期。

---

①吴伯箫:《俺的更夫》,《吴伯箫文集》上卷,第 180 页。
②吴伯箫:《且说考试》,《吴伯箫文集》下卷,第 662 页。

十一月曹校长崇甫辞职,张教员玉凡接充校长。"①

　　《莱芜市志》记载:"1915 年 11 月 15 日,为反抗当局逐户清丈土地和官绅借验地契横征暴敛,境内 3 万多农民在栾思信(栾宫人)等人带领下,手持棍棒、草把汇集于口镇,捣毁验契把持者、劣绅刘运文(今莱城区口镇人)、魏广海(今莱城区口镇山口村人)的店铺及县知事凌念京的官轿。16 日,当局派兵镇压,起事农民死 3 人、伤 1 人,栾思信、吕日臣等被捕。凌念京被撤职。史称'草把子事件'。"②

　　先生早年记忆之"鸡毛翎子文书":"童年在家乡当小学学生的时候,曾朦胧记得有过'鸡毛翎子文书'下乡的故事。说朦胧,那是岁时月日记不清的意思;留的印象却很深很深,至今回想,还历历在目。""过了几天,忘记是几天了,初五。口子镇上发了大火,烧的是各村带去的干草,县长的轿子在那里被农民捣毁了。坐轿子的是上头派下来的量地委员,受了重伤。县长听说是化装了庄稼老头逃跑了的。穿着破棉鞋,棉袄露了瓢子,也戴一顶瓜皮毡帽,说是一天没吃饭,叫了人家'大爷',人家才给了一口饭汤喝;都传得有名有姓。""后来事情怎样进展不很清楚,只知道当时城里好几天没有官,要丈量地亩的也不丈量了,很久才又知道口子镇上几个领头的,砍头了一个,坐狱了俩。"③

　　先生早年记忆之"表姐":"我记得我很小的时候,便不愿同女孩子们在一块玩;同她们说一句话,便会红满脸,甚至于气都透不过来。那次……逢着同三姨家的表姐都在外婆家。那时表姐是 10 岁,天真自然还都是天真的,不过男女性的枝叶已在不

①《莱芜县立高小同学齿录附本校大事记》。
②莱芜市地方史志编纂委员会编:《莱芜市志》中册,方志出版社 2014 年版,第 1305 页。
③吴伯箫:《羽书》,《吴伯箫文集》上卷,第 277 页。

同的方向萌发着了。又因为表亲,同时又都在家塾里念着书,所以我几乎不愿同她见面,就见面了也老是闭口无言。"①

1916 年(民国五年)　11 岁

本年正月,莱芜县立高等小学校添招第七级、第八级学生,"亓教员聘如到校。"②县立高小"以留意儿童身心之发育,培养国民道德之基础,并授以生活所必需之知识技能为宗旨",科目有修身、国文、算术、本国历史、地理、理科、手工、图画、唱歌、体操。学制三年,每级一个班,每班三十余人③。

冬,先生再考莱芜县立高等小学,以第三名成绩被录取。先生晚年《且说考试》一文自述:

> 再考,题目是"冬雪说",就比较好些。虽然也抄了教科书里课文的若干句子,像什么"冬日寒,多北风;寒天大雪,推窗一望,屋瓦皆白。"更多的记叙描绘,是根据自己的实际体验写的。那次就榜列第三名,被录取了。④

本年起先生开始三年的寄宿读书生活。入莱芜县立高等小学第八级第八班,本级本班共 30 人,民国七年(1918)农历十二月毕业。

1917 年(民国六年)　12 岁

农历四月,张校长玉凡辞职,亓教员佩臣接充,司事何伯铨辞职,田鸣窨接充。

农历七月,将县立第二高等小学校校舍并于本校,作为本校

---

① 吴伯箫:《太客气了》,《吴伯箫文集》下卷,第 80 页。
②《莱芜县立高小同学齿录附本校大事记》。
③ 李钟豫督修、亓因培、许子翼、王希曾编纂:《续修莱芜县志》。
④ 吴伯箫:《且说考试》,《吴伯箫文集》下卷,第 662 页。

第二舍,移第六、第七两级学生于内①。

本年夏,先生家里收留了两位特别的"客人",一对趁麦收出来帮工兼拾荒的母子,其中的儿子便成了他当时要好的朋友,先生后来写散文《小伙计》,所记即是此事。

《小伙计》的前半篇是从学校的"麦假"写起的,也是先生少有的回忆少年读书生活的篇章,其中写放假时学生家长到学校接孩子们回家的一段颇富乡村学校情趣:"站在对了操场的月台上看去,沿南墙的一行柳树上拴满了驴,马,骡各种牲口:一人推的小车,两人使的'大把',也都一排排地摆在那里。平日蹴足操演的'闲人免进'之地,现在几乎变作牛马市,停车场了。"让人想到今日学校放假前停满各种汽车的画面。

还有这时候的老师们似乎也与平时不同了:"平日很严酷,板着法官似的面孔轻易不笑的先生们,说也怪,现在也都和颜悦色地向学生底家长们点点头,招呼招呼了;见了学生时,也非常蔼然可亲地问着几时走,收拾好了东西没有这类的话了。"

先生早期散文《小伙计》记述:"那时我正是县高小二年级的学生。""学校里在四月,照例是要在麦熟的前一星期放一种假的;那种假在教育部底定章上并没有什么名色:说是春假吧?丽春早已随了流水落花走远了。放假来踏青游春,已嫌太迟。说是暑假吧?清早夜晚,春寒还有些儿余威,炎日当头,也不似'五黄六月'天那样熏炙。消夏歇伏,又未免稍早,因此大家也不来牵强附会,便因时制宜地叫它做'麦假'。""我离家近,大处说不过三里路,开学散学,本用不着家里车马送迎;只到时候,将自己底东西收拾妥当,轻轻的提了一点走,其余笨重的到家后再派人一肩就扛得回来了。那次还是照例,同一村的三个学伴,将铺盖略事安排,便提了一个小小的书包,相将首途了。""我底小伙计,

_____
① 《莱芜县立高小同学齿录附本校大事记》。

就在我这样四下里巡视着时,无意中见到的,认识的,相熟的。他那时正扫西院子里天井。"①

1918 年(民国七年)　13 岁

农历九月,学校添筑教室两座,有大股土匪入境,在东南巷一带大肆劫掠,陆军到莱剿除,在学校住宿两次,学校辍课两星期。

先生晚年回忆:"小时候家庭是富农。初小在本村,高小在县城,星期、假日都参加农业生产劳动:割麦,秋收,送饭,打场,放牛。"②

---

① 吴伯箫:《小伙计》,《吴伯箫文集》下卷,第 148 页。
② 吴伯箫:《吴伯箫(答〈调查提纲〉)》,高校中国现代文学研究会、北京出版社合编:《中国现代文学研究丛刊》,第 1 辑,北京出版社 1979 年版,第 228 页(下文注释中《中国现代文学研究丛刊》编者不再出注)。

第二章　曲阜：二师与孔府
（1919—1924）

1919 年（民国八年）　14 岁

1 月，第七、第八两级学生毕业。先生随第八级高小毕业①，备考山东省立第二师范学校（又称曲阜二师）。

5 月，北京发生"五四"运动。

上半年先生在家备考。

早年记忆之"西院"："记得一年，我十三四岁的时候，因为家里西院客厅没人住，那个院子又空着，所以父母要我暂且去住，我因了好奇心，并且想拿能够独宿来自炫，就很乐意的一口气答应了。即日搬了去。晴明的夜里，星火游天，月辉铺地，一点也没有什么；尽可以在屋里看看书，写写字，玩自己喜欢玩的东西。不过到了天色漆黑，苍穹阴霾的时候，却完全是另一回事了。"②

先生早年记忆之"杨懒"："杨懒是个拣粪的老孩，他姓杨是的确的，不过名懒却非嫡出真传，只是大家因为他做事老是滥不滥散的，所以就这样叫他罢了，虽然他的真名到现在也没有人提起过。后来有人同他开玩笑，将两个字的声音故意往讹里读，竟渐渐变成羊栏了。'你喂了多年羊，羊栏羊栏的，'这是大家所常

---

①《莱芜县立高小同学齿录附本校大事记》。
②吴伯箫：《雨中的黄昏》，《吴伯箫文集》上卷，第 64 页。

说的话。"①

秋，先生考入曲阜二师。入校后参与曲阜二师学潮，罢课游行、查日货、下乡宣传，曾任学生会干事。

先生晚年回忆："五四运动后在曲阜师范学校学习五年，一九二四年夏毕业。"②

先生晚年《无花果——我和散文》回忆："在阙里读师范的时候，'五四'新潮刚刚在沂水一带激起浪头微波。学校里罢课、查日货，也讲民主，讲科学。读经是停止了，但教科书还是用文言编写的，国文课一律读古文，校长范明枢是日本留学回来的，国文教员张雪门是前清举人。课外大家也看汪原放标点的《水浒》，读高语罕写的《白话书信》，但阅览室里摆的报纸，课堂上作文，个人写信还都用文言。"③

先生晚年《且说考试》回忆："'五四'运动发生前的冬天，高小毕业，好好准备了半年，才考取了秋季始业的曲阜师范。师范学校那时有预科，连本科共学五年。自己在班里年龄最小，学习不算特别努力，入学不久就罢课，查日货，下乡宣传，后来又当学生会干事，有些社会活动，但年年考试发榜，却总是班里的第一名，有一年全校只自己一个是甲等……但图画在自己是难关。因为那需要创作，没有成规可寻。下最大的功夫，只能及格。成绩在礼堂前张贴，五年只一次。不过，各科总平均，从音乐成绩里拿出二十分，就可以补图画的不足。于是发榜名次，就年年站在前边了。"④

曲阜二师即山东省立第二师范学校，创建于 1905 年，

①吴伯箫：《醉汉》，《吴伯箫文集》上卷，第 99 页。
②吴伯箫：《吴伯箫（答〈调查提纲〉）》，《中国现代文学研究丛刊》，第 1 辑，第 228 页。
③吴伯箫：《无花果——我和散文》，《吴伯箫文集》下卷，第 486 页。
④吴伯箫：《且说考试》，《吴伯箫文集》下卷，第 663 页。

学校初名"曲阜县官立四氏初级完全师范学堂",1912 年随国体变更为"山东省立曲阜师范学校",1914 年改称"山东省立第二师范学校"。

曲阜二师的五四学生运动结局是:学校开除学生数名,孔府亲信、山东省优级师范毕业生充任校长的孔祥桐被迫辞职,北洋政府在舆论迫压下任命进步教育家范炳辰(字明枢)为校长,曲阜二师由此摆脱孔府控制①。

1920 年(民国九年)　15 岁

范明枢校长到任。

《曲阜师范考略》记载:"范校长坚主青年爱国忧民,追求真理,研究政治,钻研业务;且戮力实践之。长校八年,校风巨变。有才学的教员延揽而至,康有为、梁启超等名流学者纷来讲演。1923 年,改革了学制,分为前后师,各三年毕业,改进了教学;建立了学生会,创办'黎明书社';班有墙报,校有专刊;新建礼堂,增辟荷池……"②

　　范明枢(1866—1947),名昌麟,又名炳辰,字明枢。泰安城元宝街徐家花园人。教育家、知名人士。23 岁入邑庠,补增广生员,后任塾师数载,继考入泰山上书院深造。1906 年留学日本,就读师范专科。学成回国后,致力于教育事业。先任泰安劝学所所长,在泰安创办女子小学及县教育图书社;继赴济南创办省立模范小学,并任职于省教育厅。1914 年后,先后任菏泽山东省立第六中学教师、济南山东省立第一师范学监。支持学生参加"五四"运动。"五四"运

---

① 参见高文浩:《曲阜师范学校考略》,《山东教育》1980 年第 11—12 期。
② 高文浩:《曲阜师范学校考略》,《山东教育》1980 年第 11—12 期。

动后，1920年范明枢应聘曲阜山东省立第二师范校长。所到之处，倡导新学，宣传科学与民主，启迪学生积极进取。在曲阜师范八年间，参加蔡元培组织的中华教育改革会，任委员。主张"兼容并全"，制定"真、善、美"三字校训，要求学生德、智、体全面发展。常以"富贵不能淫，贫贱不能移，威武不能屈"自励和教育学生。并带领师生参加建校劳动，亲自监理学生生活，积极推行陶行知倡导的平民教育，吸收工农群众和劳动妇女入学，创办了曲阜历史上第一所平民夜校。他支持学生集资办"黎明书社"，阅读进步书刊。他因支持新文化运动，受保守势力排挤和反动当局的指责，于1929年辞去校长职务，退居家中。

先生对范明枢有着深刻的记忆，他在《范明枢先生》一文中回忆：

记得二十年前还是"五四"时代在曲阜师范学校当校长的时候，他的头发就已经斑白了，也蓄了短短的髭须。在作为一个学生的我的记忆里，他走路是微微耸着左肩，脚起脚落，身子也跟着轻轻摆动的。干净而稍稍陈旧的缎马褂，袖子很长很长。走路极缓慢，低着的头总仿佛时时在沉思。

那时候，学校的校长不带课，星期一虽有"朝会"（还不叫"纪念周"），他也很少给我们讲话。只有当什么"名人"（曲阜是圣贤桑梓之地，年年总有人去游览古迹）到学校参观的时候，他才出来介绍给大家讲演。每次讲的人讲完了，他上台作结论，记得无论讲演的人是康有为、梁启超……他的结论总是那样几句：

"……你们要好好地记住，不要只当一句话听……"

他每天晚上查自习，总到得很晚很晚，在大家正以为"快下自习了，校长怕不来了吧？"刚要出去小便的时候，却往往在门口碰见的就是他。他很少说你,而喜欢跟到你的位子上看看你;这一看,会教人感到说不出的惭愧。他查自习,惯例走了又像忘记了什么再突然回来。所以同学们要等他二次打了回头才敢说话吵闹。若是他一出门就真的走了,那么自习室就会一直紧张到摇睡铃。

在学校他老像很悠闲,有点老子无为而治的风度。经常忙的是领导同学们种菜,莳花,栽树。他亲自掘土,亲自浇水。造成了风气,学校里便处处是花畦,菜圃,成行的树木了。学校东北角二亩大的污水池,是他计划着在旁边掘了井,种了藕,养起鱼来的。水边的芦苇,四周的垂柳,再加上砖石筑就的两列矮墙,造成了清幽的园圃风光,同学们每天傍晚在那里游散谈心,常常忽略了铃声的催促,忘记了学习的疲惫,直到池边发电机的马达响了,树丛里的灯光和天上的明月展开着优美的夜景。

先生态度是和蔼的,学生群里也从没见他发过脾气,摆过架子。

"杨先生教的不好是吧? 我已经把他辞退了。我说:'听说先生另有高就,那么下学期就请便吧。这地方实在太偏僻!'他还挽着袖子要同我打架呢。你看这样辞退他合适么?"

学期终了,他会随便抓住一个同学就这样谈起来。

可是他也有他的固执。——固执处令人想到方孝孺,只要主意拿定了,就一定要坚持到底。

他主张学孟子"养吾浩然之气",主张做"富贵不能淫,贫贱不能移,威武不能屈"的大丈夫。事事胸有成竹,却很少形于颜色,透露锋芒。不沽名,不钓誉,心安就好,人言无足轻重……他是这样的一个人。①

----

① 吴伯箫:《范明枢先生》,《吴伯箫文集》下卷,第118—119页。

上半年,先生按五年老学制在该校读完预科一年。下半年转入四年本科。

先生《旅途(四首)》诗注释记述:"'五四'时期曾在阙里孔子故里上师范学校。《论语》记孔子和他的弟子'浴乎沂,风乎舞雩,咏而归。'我们那时,到沂水洗澡,到舞雩坛乘凉,也是常事。"①

1924年(民国十三年)　19岁

夏,先生二师毕业。以考大学辞谢留校任附小教员,与同乡结伴赴南京,借住高小同学宿舍,同时报考东南大学与河海工程大学,考前遍游南京名胜,到东南大学风雨操场听章太炎讲演,因考题生疏偏僻以及准备不足,结果二校均未考取。又因为在旅馆被盗,只好借钱回家。此时先生叔父吴式贤已考入国立山西大学,因经济负担过重,家里不同意先生继续升学。

初秋,先生经同邑前辈王毓华举荐到曲阜孔府为孔子第七十七代嫡孙、末代"衍圣公"孔德成,嫡孙女孔德懋等教授英文。

孔德成(1920—2008),字玉如,号达生。1920年4月20日据中华民国大总统徐世昌令,孔德成袭封为"衍圣公"。

王毓华(1887—1952),字子英,山东莱芜寨里人,1923年开始任孔府家庭教师。

先生在孔府任教期间继续备考。

先生晚年《且说考试》回忆:

师范毕业,本分是当小学教员,要升学需要先教两年书,我却一心要考大学。到济南进行教育参观,贪着欣赏"家家流泉,户户垂杨",对千佛山、大明湖、趵突泉,都感到不如想象中那样雄奇优美。更不从师范专业出发,去向有

---

①吴伯箫:《旅途(四首)》,《诗刊》1962年第4期。

名的省立模范小学虚心学习。对大学,也无意于北京的高等师范,嫌它"旧",在发展上前途受局限(从这一点证明:五年师范教育,成绩并不佳,至少在专业教育、思想教育方面是失败的);殷殷向往的是新兴的东南大学。同学们结伴北上,自己偏要孤身南下。踌躇满志,沿津浦路直趋下关,毫无根据地以为考场上就不会有什么失败似的。

在南京朱雀桥边,借住在已经是大学生的高小同班的宿舍里。没有了解一下他考入大学的经验,也没有问问他们入学考试考些什么内容。懵懵懂懂,还不知道大学的大门朝哪,就盲目地自居大学的主人了。不珍惜考前一刻千金的宝贵时间,抓紧复习功课,反而登鸡鸣寺、逛夫子庙、秦淮河,游玄武湖、莫愁湖。连莫愁湖的对联都背得熟:"名唤莫愁湖唤莫愁天下事愁原不少,王亦有相侯亦有相世间人相此无多。"(这跟考大学有什么关系呢?)还找机会到东南大学的风雨操场去听章太炎先生的讲演。那讲演的场面倒是值得记忆的:范源濂主持,柳翼谋翻译,先生鹤发童颜,侃侃而谈,议论风生。会场上时而鸦雀无声,时而哄堂大笑⋯⋯自己格于方言,虽然一个字也听不懂,却立下一个空头志愿:一个人应当有点学问!默默自诩,仿佛对先生的渊博学识,已登堂入室,梦想考试发榜,必将是先生的及门高足。

发榜前,同考的同乡感到没有把握,要先回家,自己却一定要看水落石出。当然心里也有点不踏实(想碰机会,又考过河海工程)。往常考场出来,自己就能评定答卷的分数,因为试题问的内容都熟悉,回答对否,心中有数。这次的试题,内容连"似曾相识"都谈不到,而是生疏偏僻。国文考的都是老古董,佶屈深奥,没有一点"五四"以后提倡白话、新学的气味。主观向往的这所新兴大学,后来知道至少比老北大落后廿年!每科答卷,在场内场外一样,都像雾里看花,枝叶分不清,更不要说颜色的姹紫嫣红。

榜发了,两校都榜上无名。

事有凑巧,借路费趁津浦车北返,偏偏有人要丑小鸭陪大天鹅,介绍东南大学的校花秦素美女士(她那时是很有名的,在鸡鸣寺左右南京城的女墙上垛垛都写有她的名字)同行。一路上伺候大姐,腼腆而殷勤,表示慷慨,下车的时候,还替她代付了茶房座的小费。处境是够尴尬的。——但是,从那个时候起,自己变得虚心了一点。开始体会到:学问来不得半点虚夸,人生的道路必须脚踏实地;大海行舟,不会是一帆风顺的。

师范毕业,原可以留校当附小教员的,为升学,我辞退了。可是为什么升学?升学以后又怎么样?那时候还不懂得二十年以后才听说的为人民服务的道理,对人生的目的是茫然的。无怪南京归来,四大皆空。除了一纸文凭,什么也没有。意识到自大是没有根据的。学问不能靠别人赐予,要靠自己勤学苦练,理想不能凭空实现,要奋斗,要自力更生。这里没有窍门,也没有捷径。

昂着的头这时低下来了。说来是讽刺,别来两月,我又回到了曲阜。"圣人门前摆字摊",经人介绍当了孔家的家庭教师,过了一年"家馆""师爷"的生活。实践证明,"我非生而知之者"是句实话。那一年,蹈厉奋发,很有点像"卧薪尝胆"的样子。一天工作十小时,还自修《论语》《孟子》,达到通本成诵。代数公式,几何、物理定理,每天睡前逐条默诵一遍。温习了师范、中学的两种物理学教科书,还读了米尔根、盖尔合著的英文原著。间周写一篇作文,送师范老师批改。只有历史、地理没有再下功夫。[①]

---

① 吴伯箫:《且说考试》,《吴伯箫文集》下卷,第663—665页。

先生《自传》中回忆：

> 南京考东南大学，表示与众不同。叔父信：这种骄傲情绪恐于升学不利。

> 二十四年夏去南京考河海工程、东南大学都未取。在旅馆丢了钱，借钱回家。打击很大。在家没法见人，父亲朋友王子英介绍到孔府教国文、英文、算术。兼教孔德成英文，为邮政局长的儿子补习。①

先生晚年回忆：

> 五四运动后在曲阜师范学校学习五年，一九二四年夏毕业。在孔家教了一年家馆（教孔德成英文）。②

先生早年记忆之"A府世伯"："我迟疑着。因为虽然认识那边的老太太，我的一个世伯也在那里教馆……我，因为还没有学到这些事故，不懂得如何去周旋，于是就和几个相熟的，在靠舞台很近的一所书房里，一面闲话，一面听戏。内里边自然有我那位世伯，而同时是A府的先生底那一位"③。

王乐侔口述："我父亲在孔府任教期间，吴伯箫同志正在曲阜二师求学，二人因同乡关系成为忘年交，过从甚密，除研究学问外，我父亲也从经济上给以帮助。后吴伯箫学成毕业，正好孔府需要一名英语教师，我父亲赞赏吴伯箫的品格和学问，全力举荐，孔府遂聘吴伯箫为孔德成的英语教师。"④

---

①吴伯箫：《自传》。

②吴伯箫：《吴伯箫（答〈调查提纲〉）》，《中国现代文学研究丛刊》，第1辑，第228页。

③吴伯箫：《那一天》，《吴伯箫文集》上卷，第72页。

④王乐侔口述，赵亮、张同祯整理：《末代"衍圣公"的启蒙老师——回忆我的父亲王毓华》，《联合日报》1999年8月10日。

第三章　北京师范大学
（1925—1930）

1925 年（民国十四年）　20 岁

1 月 10 日,农历甲子年十二月十六日,由家里安排,未满十八岁的先生与同龄女子刘淑德举行婚礼。

> 刘淑德,莱芜蔡家镇村人,其父刘莲亭与先生之父吴式圣曾为高小同学,以此为双方儿女结下婚约。作为吴、刘两家定下的旧式姻亲,刘淑德以长媳身份终其一生,1949 年后在吴家花园村受到革命家属待遇,1967 年夏病逝,享年61 岁。

对这门亲事,先生坚决反对。婚礼虽然举行,先生视刘淑德如路人,夜晚和衣而眠,白天则到县城同学家里躲避,并在县城街道张贴反对包办婚姻、提倡自由恋爱的标语。三天之后,先生离家返回曲阜。

先生《自传》记述:"1924 年冬由父母包办结婚,不满意,有脱离家庭的思想。"①

> 关于先生的旧式婚姻,笔者曾多次与吴熙振讨论。
> 1995 年 4 月 11 日在吴家花园吴熙振家里(也是吴氏祖宅),

---

①吴伯箫:《自传》。

吴熙振谈到以下数点：一、父亲吴式圣少时在大冶村读私塾，同学共四人，其中之一为刘连亭。刘为人忠厚老实，育有一女四子，女孩名淑德，后来父亲与刘连亭商定双方做亲家，淑德嫁吴家长子熙成；二、大哥与刘淑德结婚后，虽迫于压力在新房休息，但从未与刘有任何接触，他总是自己和衣蒙头而眠。后来偶尔回乡，亦在母亲房中，被母亲训斥后才回到自己房里，但仍旧和衣蒙头，不与刘搭话。刘因为害怕、自卑，也从不敢接近大哥；三、大哥与大嫂结婚时，因不满父亲对自己的包办婚姻，在县城高小等处张贴标语、传单，反对包办婚姻，提倡自由恋爱，白天不回家，躲在姓何的高小同学家里；四、大哥在青岛与郭静君恋爱后，曾经回家向父亲提出与刘淑德离婚，父亲说："你在外头娶八八六十四个老婆我管不着，但家里这一个，不能离！"父子为此闹翻；五、大嫂嫁到吴家后，独守空房，很自卑。曾想提高自己的文化水平，央求我教她识字读书，我也试着教她扫盲，可是基础太薄弱了，最后不了了之；六、母亲去世后，郭静君的父亲郭占庭送了两幅挽幛，大嫂一定要自己拿起一幅来，大哥不愿意，父亲解劝大嫂："咱家好幛子有的是，你何必非要拿那一幅。"大嫂说："我就是想致致气。"七、解放后大哥在东北工作，我去探亲时向他提到大嫂对父母尽孝、对兄弟们的照顾和她自己的病体，大哥深表同情，对我说："都是女人呵！我虽然无法解除她精神上的痛苦，但我得在物质上帮助她。"从那时开始往家里给大嫂捎钱、捎物、捎茶叶。现在家里还存有那时大哥寄来的茶砖。

关于先生与刘淑德结婚的时间，先生外甥亓举安曾在1993年11月28日致笔者信中提及，认为是"1925年农历十二月十六日"，并将刘淑德误为"刘淑贞"；在笔者约请下，1994年夏亓举安起草一份《吴伯箫的旧式婚姻》，其中涉及

的时间仍为 1925 年"古历十二月十六日",实则与先生 1965
年自传"1924 年冬"不一致。笔者判断,所谓"农历十二月
十六日"应该是来自吴熙振记忆,这与先生"冬"的说法是吻
合的,但如果是 1924 年的农历十二月十六日,实则已是
1925 年的 1 月 10 号了。

初夏,先生以升学考试辞别孔府家馆。末代"衍圣公"孔德
成以手书"云鼎汤盘有述作,留略班易供研叟"条幅赠送老师作
为留念,落款"孔德成时年八岁"。

> 此说来自于吴熙振。是笔者 1982 年下半年去吴家时
> 吴熙振老人口述,其中说到孔德成落款为"孔德成时年八
> 岁",查文献,孔德成生于 1920 年 2 月 23 日,1925 年虚岁六
> 岁,与八岁说有距离。据此推断,条幅当为两年后所写,因
> 为二人在抗战前一直有联系。另外,关于吴伯箫任教于孔
> 府一事,或者还可以参考孔德懋口述,其女儿柯兰整理的
> 《孔府内宅轶事》一书。该书第三章第四节"家学"对幼年
> 时期孔府家学情况有不少回忆,提到莱芜人王毓华老师和
> 其他几位老师,但没有涉及吴伯箫[1]。笔者曾致信柯兰向她
> 了解,回信称其母亲平日未提及,答应帮助询问,但后来没
> 有进一步的答复。

> 孔德成题联第一句"云鼎汤盘有述作"或出自李商隐
> 《韩碑》:"汤盘孔鼎有述作,今无其器存其辞。"

6 月,先生报考北京师范大学。

---

[1] 参见孔德懋口述、柯兰整理:《孔府内宅轶事》,天津人民出版社 1982 年
版。先生早期散文《塾中杂记》七篇有对自己任教于孔府的一些日常生
活记录,亦可参看,见《吴伯箫文集》上卷。

先生《自传》记述："原想考北大,先考师大。"①

9 月,先生考入国立北京师范大学,初选理预科。

> 北京师范大学,其前身为 1902 年 12 月 17 日创办的京师大学堂师范馆,后改称北京高等师范;1923 年 7 月,正式改为国立北京师范大学,学校宗旨是:"造就师范与中等学校教师及教育行政人员,并研究专门学术。"②范源廉任校长至 1924 年 9 月辞职离校。1925 年 10 月由本校数理系主任张贻惠出任校长,时鲁迅在师大和女师大任教,黎锦熙先生在师大讲授大一国文。

先生晚年回忆:"五十年前在北京师范大学,黎锦熙先生教我们大一国文,记得讲一篇《雨》(我的印象中那是冰心的散文,但问她,她否认),黎先生用湖南话读:'刚上去电车,那铃声就叮……叮……地响起来了。'读得很认真,仿佛解释的很详细,当时想:为什么语体文还要这样讲呢?"③

9 月 25 日,学校举行开学仪式,梁启超、陈宝泉、邓翠英等董事到会。会议由评议会主席查良钊教授主持。

10 月 9 日,新任校长张贻惠举行就职典礼。

先生开始尝试白话写作。

本年冬,先生参加平民学校工作。

先生晚年回忆:"一九二五年考北京师范大学,临时翻一翻的历史成绩最好,而下过苦功的物理学却仅仅及格。'性相近,习相远'么? 一年级选理预科,二年级转文预科了。"④

---

①吴伯箫:《自传》。

②北京师范大学校史编写组编:《北京师范大学校史(1902 年—1982 年)》,北京师范大学出版社 1984 年版,第 73 页。

③吴伯箫:《谈语文教学》,《吴伯箫文集》下卷,第 617 页。

④吴伯箫:《且说考试》,《吴伯箫文集》下卷,第 665 页。

先生晚年回忆:"从满是陋巷井、舞雩坛、子贡手植楷一类文物古迹的曲阜,看过陈焕章在孔庙随着古乐三跪九叩,分吃过丁祭猪肉,忽然迈进火烧赵家楼,发动'五四'运动的北京城,喊出'打倒孔家店',看溥仪搬出故宫,对那时一个青年说无疑是一次思想大解放。记得刚看罢师范大学的新生榜,立刻就跑到天安门参加声援'五卅'惨案的游行示威。跟着浩浩荡荡群情激昂的队伍,高喊'打倒列强''锄军阀'。满怀是一种冲破黑暗、探求光明如饥似渴的心情。""新生报到,选了理预科,目的是科学救国。参加一个山西同学比较多的群众团体叫'群新学会',喜欢它组织水夫、粪夫,深入贫苦市民;不久又参加了 C.Y 的生活。秘密传阅《共产主义 ABC》、《夜未央》等油印书刊,也学着刻钢板,印传单,坚持写日记。"[1]

先生《自传》记述:1925 年冬,"跟高年级同学武新宇、张希贤、李名正接近,参加平民学校工作。"[2]

先生晚年回忆:"老的北京师范大学,除附属中学和小学而外,还附设过平民学校。那是师大同学自由结合创办的。同学自己想办法学着办学校,教育学生……我大概是因为学过五年师范又当过家庭教师,被朋友看中,1925 到 1927 年当过两年的班主任的……平民学校校部就设在和平门外老师大进大门往北的地方,过去春夏秋三季是操场,冬季是溜冰场。北头西侧是两间办公室,办公室对面是两个三间的低年级教室。很少其它设备,条件是很简陋的。学生下午上课,更多的教室分别借用大学的和马路对面附小的。"[3]

---

①吴伯箫:《无花果——我和散文》,《吴伯箫文集》下卷,第 489 页。
②吴伯箫:《自传》。
③吴伯箫:《办平民学校》,《吴伯箫文集》下卷,第 638—639 页。

1926年(民国十五年)　21岁

3月18日,"三一八"惨案发生。

《北京师范大学纪事(1902—2011)》记载:"3月18日,师大、北大、女师大等校学生和各界群众5000余人在李大钊等人的领导下,在天安门前召开国民大会,要求段祺瑞政府拒绝日、英、美、法、意、荷、比、西八国提出的撤除大沽口国防设备的最后通牒,抗议日舰12日对大沽口的炮击。会后举行游行示威,师大学生队伍由黄道(共产党师大支部书记)、邵式平(师大学生会主席)带领。2000多人往铁狮子胡同向段祺瑞执政府请愿,段命令卫队开枪射杀请愿群众,死者达数十人,伤者200余人,制造了'三一八'惨案。师大在这次革命斗争中牺牲的烈士有范士荣,女师大的有刘和珍、杨德群。"①

3月24日,学校召开范士荣追悼大会,全校师生及各界人士约万人参加,张贻惠校长主持追悼会。

3月26日,女师大刘和珍、杨德群两烈士出殡,北师大举行范士荣纪念碑奠基礼。

3月29日,北师大、女师大、北大等校学生会以及北京各界昭雪会等200余团体,在北大一院举行"三月十八日殉难烈士国民追悼大会"。

4月8日,先生撰写日记谈及"三一八"惨案:"自从上月18日惨案以后,每因白天枪杀了一个人,到夜里便恐怕有谁来暗杀……"日记后以《清晨——夜晚》为题,刊载于《京报副刊》1926年4月14日。此为先生第一次公开发表作品。

先生晚年回忆:"那时坚持写日记,看到自习室同桌杨鸿烈

---

① 北京师范大学党委办公室、北京师范大学校长办公室:《北京师范大学纪事(1902—2011)》,北京师范大学出版社2012年版,第51页。

每天为商务印书馆写小册子引起动机,请他看一篇题为《白天与黑夜》的日记,问他:'这样的东西能发表么?'他说:'能.'很肯定,便立刻抄一遍,寄给了《京报副刊》。几天后竟然见报了。月底并寄来了稿费(大概是千字一元)。从此就陆续写。以《塾中杂记》为题写一组约五六篇,以《街头夜》为题写一组约四五篇,又一题一文写十多篇。"①

春,先生参加组织群新学会,办《新生》杂志一期。

先生《自传》记述:"1926年春参加组织群新学会,任南区干事,办过《新生》,出一期。"②

先生档案记载:"1926年春或25年冬参加 C. Y,27 年春消极脱离(未声明)。"③

《北京师范大学校史(1902 年—1982 年)》记载:"自从'北京政变'和孙中山北上以来,北京师范大学校内的革命活动有较大的开展。进步学生组织了'新华学会'。当时,中国共产党通过'新华学会'组织学生积极参加了欢迎苏联首任驻华大使加拉罕,声援取消沙皇俄国在我国攫取的特权,废除不平等条约,促成《中俄条约》早日缔结等一系列活动。以后北京师范大学学生和其他学校的学生一起,在中国共产党领导下,成立了'群新学会',并出版刊物《新时代》,'群新学会'的主要成员有武新宇、张苏、吴伯箫、王之平等人。"④

4月16日,先生写新诗《希望》,刊载于《京报副刊》1926 年4月19日。

①吴伯箫:《吴伯箫(答〈调查提纲〉)》,《中国现代文学研究丛刊》,第 1 辑,第 228 页。
②吴伯箫:《自传》。
③《吴伯箫 1947 年履历表》,中国社会科学院吴伯箫档案。
④北京师范大学校史编写组编:《北京师范大学校史(1902 年—1982 年)》,第 80 页。

5月30日,鲁迅在女师大"五卅"惨案纪念会发表演讲。

夏,先生由理预科转文预科。

7月,周作人、徐祖正以"骆驼同人"名义创办之《骆驼》杂志第1期出版。对此,姜德明有过记述:

> 1926年7月,北平北新书局印行了一本文艺杂志《骆驼》。刊物方型,道林纸印,内附精美插图十余幅,都是法国米勒的名画,配合张定璜本期的译作《米勒传》。封面"骆驼"二字为草书,中间有一静物水彩小品。扉页上贴有小纸条,书曰:"这个小杂志出版,承下村泰三君作封面画,沈尹默君题字,并承别的诸位朋友帮助,至为感谢。民国十五年七月,骆驼同人。"每页下边又印有下一页开头的第一个汉字,这是欧洲古典印刷的方法,据说为了阅读和检验是否缺页的方便。中国读者未必习惯。
>
> 所谓"骆驼社同人"或"骆驼社",实际仅周作人和徐祖正二人,或者说主要是徐祖正。后者自号的室名即"骆驼书屋"。他是日本东京高等师范学校的毕业生,后在北京大学任教,也是《语丝》杂志的撰稿人。①

8月,鲁迅迫于形势,离开师大和女师大南下厦门大学。

10月,奉系军阀首领张作霖由沈阳至天津,12月1日在天津就任安国军总司令,随后进入北京"主政"。

1927年(民国十六年)　22岁

1月14日,先生在师大撰写散文《寄给一个小死者》,刊载于《世界日报副刊》1927年2月26日。

---

① 姜德明:《〈骆驼〉和〈骆驼草〉》,《姜德明书话》,北京出版社1998年版,168页。

2月1日,农历丙寅年除夕。

2月2日,丁卯年正月初一日,春节。

寒假,先生没有路费回家,要在北京过年。没有钱,只好在除夕去大栅栏"观光",回来赶写《除夕时记》送《京报》发表,换取五块钱在北京度过年关。

先生晚年回忆:"记得一九二七年寒假,没有路费回家,旧年要在北京过。年跟前手头一个钱也没有。想到:琉璃厂初一到十五庙会,住琉璃厂师大校内,连招待赶会的朋友喝杯茶的钱都没有,怎么办? 便在除夕逛大栅栏,回来赶写了《除夕时记》;誊清已五更,亲自送给《京报副刊》,说明稿费要现钱;编辑迟疑一下,认为'文章应时',又照顾老主顾,当场给我五块大洋,算勉强渡过了年关。"①

2月21日,学校举行开学仪式。

3月12日,学校举行孙中山先生逝世两周年纪念大会。

3月18日,"三一八"惨案周年纪念,北京各校放假一天,师大与女师大分别召开纪念大会。

4月24日,师大所办平民学校举行成立一周年纪念大会。

4月28日,李大钊等20人被奉系军阀杀害。政治形势严酷。先生晚年回忆:"厂甸校园里几乎已见不到一个曾在一起开过会或者编过《新生》、《新时代》(都只出版一期就被反动政府查禁了)的同志。偌大一个范围里揭露军阀的黑暗统治,只能只身摸索着战斗。钢板,铁笔保存在自己手里,照习用的战术依旧刻钢板,印传单,抨击残暴,作正义的呐喊,趁夜深人静的时候,在胡同里从袖筒或长衫襟底散发出去。"②

---

①吴伯箫:《吴伯箫(答〈调查提纲〉)》,《中国现代文学研究丛刊》,第1辑,第229页。
②吴伯箫:《无花果——我和散文》,《吴伯箫文集》下卷,第489页。

5月3日,撰写《花的歌颂》,刊载于《现代评论》1927年第6卷第135期。

6月10日,撰写《痴恋》,刊载于《世界日报周刊之五·文学》1927年6月17日。

6月17日,北京政府任命蔡元培为中华民国大学院院长。此举乃采用法国教育制度,以大学院总理全国教育,在地方教育行政制度则试行大学区制,取代教育厅。

6月18日,张作霖在北京就任陆海空大元帅职,刘哲出任了中华民国教育总长。北京师范大学改称京师大学校师范部,张贻惠为师范部学长。

6月22日,"风雨之夜,于师大",撰写《火红的羊》,刊载于《世界日报周刊之五·文学》1927年7月8日。

7月14日,撰写《昨日》,刊载于《世界日报周刊之五·文学》1927年7月29日。

作品《夜的朦胧里》刊载于《世界日报周刊之五·文学》1927年7月15日。

7月27日,写新诗《夏之午》,刊载于《世界日报周刊之五·文学》1927年8月19日。

8月,北京9所国立大学合并为一,名曰"国立京师大学校",刘哲兼校长,是为北京大学历史上第十五任、京师大学第一任也是唯一一任校长。国立北京师范大学被并入国立京师大学校,改称国立京师大学校师范部,张贻惠为师范部学长。

《北京师范大学校史(1902年—1982年)》记载:"一九二七年以后,国民党政府在江苏、浙江、直隶三省取消教育厅,试行大学区制。这种教育制度源于法国。蔡元培、李煜瀛都曾主张在中国实行这种制度。主张大学区制的理由是:教育学术化、行政独立、事权统一。一九二八年一月修订的《大学区组织条例》规定:全国分为若干大学区,每一大学区设大学一所,每个大学设校长一人综理区内一切学术与教育行政事宜,每个大学区设秘书处辅助校长办理行政事务,设评议会为立法机关,设研究院为研究专门学术之最高机关,设高等教育处、普通教育处及扩充教育处分掌教育事宜。高等教育处下设文、教、法、商、理、工、农、医等学院。"①

作品《舅母家去》连载于《世界日报周刊之五·挣扎》1927年9月2—16日。

中秋夜,先生撰写《艳谈——塾中杂记之一》、《初试——塾中杂记之二》,分别刊载于《世界日报》星花副刊1927年9月19、27日。

本年,先生由文预科转英文本科。

《北京师范大学纪事(1902—2011)》记载:"9月14日,《世界日报》报道,京大师范部事务、教务两方面组织就绪:(1)教务方面,为节减经费,裁撤教务长。一切教务由学系主任商承学长办理。全校共有8系2专修科:国文系,教育系,史地系,物理系,化学系,英文系,生物系,数学系,体育专修科,手工图画专修科。(2)事务方面,不设事务长。分设文书、注册、图书、仪器、斋务、会计、庶务各课,旧日职员裁去50多人,留20余人。(3)班次,平均本科每系4班,共32班,预科4班,专修科3班,总计39班。学生人数800余人。"②

12月4日,先生听辜鸿铭、顾维钧在风雨操场演讲。

张中行记述:"少半由于余生也晚,多半由于余来也晚,辜鸿铭虽然曾在北京大学任教,我却没见过他。吴伯箫来北京比我

①北京师范大学校史编写组编:《北京师范大学校史(1902年—1982年)》,第80—81页。
②北京师范大学党委办公室、北京师范大学校长办公室:《北京师范大学纪事(1902—2011)》,第56页。

早,上师范大学,却见过辜鸿铭。那是听他讲演。上台讲的两个人。先是辜鸿铭,题目是 Chinaman,用英文讲。后来顾维钧,上台说:'辜老先生讲中国人,用英文;我不讲中国人,用中文。'这是我们在凤阳干校,一同掏粪积肥,身忙心闲,扯旧事时候告诉我的。"①

王国铨记述:"在廿八周年的时候,虽然四围的妖魔鬼怪,已有取北大而吞之之势,但是北大还能勉力自存;到廿九周年,那可大事不好了!那时张胡子已经做了大元帅,伪教长刘哲硬把我们整个的北大劈为三块,和其余八校合为什么京师大学。两年前的今日,刘哲请了辜鸿铭、顾维钧等在一院风雨操场来演讲。那时候,我们的旧教授几乎全体星散,同学们也多半暂抛书本去实行革命;至于那些想保存北大固有的一线精神而隐忍待时的同学也是亡校之痛,莫可言喻!所以我们对于辜鸿铭的小辫虽然都感到特别的兴味,可是我们还是不愿到会场上而只是在场外围着他来鉴赏鉴赏。那时革命势力,已到长江流域,我们以为到北大卅周年的时候,那些妖魔鬼怪,一定已经铲除净尽,我们正可以扩大的来纪念一下,吐一口冤气;可是事实上竟大谬不然了。"②

12 月 23 日,原北京师范大学校长范源廉在天津寓所病逝,享年 52 岁。

1928 年(民国十七年) 23 岁

1 月 18 日,学校为前校长范源廉开追悼会。

2 月 28 日,是日起,学校实行晚间点名制。

---

①张中行:《辜鸿铭》,《负暄琐话》,黑龙江人民出版社 1990 年版,第 1 页。
②王国铨:《我们为什么要举行北大卅一周年纪念会》,《当代》2000 年第 1 期。

6月4日,张作霖由北京退回沈阳途中,在皇姑屯被日本帝国主义者阴谋炸死。同时,南京国民党政府任命阎锡山为京津卫戍总司令,全权接收北京事务。阎锡山进驻北京后,南京政府于15日宣布"统一告成"。

6月18日,学生、自治两会组织召开庆祝北伐胜利大会。

6月20日宣布改直隶省为河北省,改北京为北平。

本年6月,奉系军阀退回关外,国民党势力到达直隶、京、津一带。国民政府在北方推进大学区制,将北平九所国立高等学校合并为北平大学。李煜瀛任校长,原北京大学改为国立北平大学北京大学院,被并入国立京师大学校的师大(师范部)又改为国立北平大学第一师范学院,黎锦熙、张贻惠先后任院长。先生在第一分院英文本科一、二年级学习。

据先生晚年回忆,在师大一年级时,他以学生代表名义到清华大学请清华文学院长杨振声先生转达意见,敦请傅斯年出任师大校长。

《且说考试》记述:"考省款留英……监考傅斯年(在师大本科一年级的时候,我曾以学生代表的名义到清华大学烦杨振声先生转达想请他出任师大校长的,闻名,没见过面)"①。

暑期,先生在北平登记参加国民党并在学校附近某区党部任秘书工作两个月。

先生杂文《打倒袍褂》(上、下)连载于《京报》复活副刊1928年12月3—4日。

散文《爱的余润——塾中杂记之三》刊载于《新中华报副刊》1928年第94期。

先生《自传》记述:关于"第一次政治上的大错误":"1928年6月张作霖要往关外逃跑在皇姑屯被炸以前,警察总监陈兴业害

①吴伯箫:《且说考试》,《吴伯箫文集》下卷,第666页。

怕北京各大学革命力量高涨,按名单要各大学可能列入黑名单的学生写保证书,或者由学校开除,让他们逮捕。师大校长张贻惠告诉,师大列入黑名单的大多离京,只剩我和胡玉升,要我写保证书,或者到别处躲躲。""保证:安心求学,不作轨外行动。"

关于"第二个政治上的大错误":"1928 年暑假在北京由萧采瑜(南开大学生物系主任)、李颉两人介绍登记为国民党员。并且为了 C. Y 一层关系,曾在北京师大附近一个国民党区党部当过两个月的秘书(萧采瑜、关眛辛——山东师范学院地理系,是委员)。以后区党部改组,没再担任其他职务。"①

1929 年(民国十八年)　24 岁

本年,先生在国立北平大学第一师范学院英文本科二、三年级学习,并以教育系为副系。

1 月,国立北平大学第一师范学院院长改由张贻惠担任。

散文《雨中的黄昏——塾中杂记之四》刊载于《新中华报副刊》1929 年 1 月 7 日。

散文《那一天——塾中杂记之五》刊载于《新中华报副刊》1929 年 1 月 13 日,文后落款"1929 年,一师院"。

1 月,吴伯箫写新诗《恳求》,刊载于《新中华报副刊》1929年 1 月 25 日。

2 月 3 日,写散文《醉汉》;散文《病》刊载于《新中华报副刊》。

2 月,写散文《点心的馈送——塾中杂记之六》,连载于《新中华报副刊》1929 年 2 月 17—18 日。

2 月 18 日,清华大学校长罗家伦到学校演讲。

2 月 20 日,国立北平大学第一师范学院学生大游行。

---

①吴伯箫:《自传》。

3月18日,"三一八"惨案三周年纪念日,北平市政府在圆明园公葬死难烈士。

3月,写散文《影》,连载于《新中华报副刊》1929年3月9—10日。

本年春,校内学生约三十人发起组织成立"我们的读书会",又以英文our译音称为"麈尔读书会"。

散文《小儿小女之歌》刊载《新中华报副刊》1929年4月8日。

散文《太客气了——塾中杂记之七》刊载于《新中华报副刊》1929年5月27、29日。

6月2日晚,先生在师大听鲁迅讲演。

先生晚年回忆:"鲁迅先生那次讲演是1929年6月2日晚上在北平第一师范学校(即师范大学)风雨操场讲的。那时鲁迅先生在阔别三年之后从南方重返他生活、战斗过十四年的北京。先在燕京大学、北河沿北大三院和第二师范学院讲演,那是第四次。""那次鲁迅先生讲演的场面,真像烈火在燃烧一样,一直是热气腾腾的。不用说风雨操场里挤得水泄不通,就是讲台上、窗台上也站的、坐的都是人。还有因人多挤不进风雨操场,就簇拥在门口窗口外边。"[1]

6月中旬,写散文《念——代邮》,连载于《华北日报副刊》1929年6月27—29日。

《念——代邮》一文,《吴伯箫文集》上卷标注发表于《东北日报》,或系排印错误。

6月,迫于各校学生请愿压力,国民政府宣布大学区制停止试行。随后教育部通令恢复原来的北京大学,北平大学第一师

---

[1]吴伯箫:《我所知道的老艾同志》,《吴伯箫文集》下卷,第517—518页。

范学院恢复为北平师范大学,校务由评议会维持。

7月17日,学校全体教职员致电教育部,请将第一师范学院改称师范大学。

7月,写散文《在一块儿》,刊载于《华北日报副刊》1929年7月27日。

系列散文《残篇之什》刊载于《华北日报副刊》1929年7—10月。分别为:《"我不让你进来"》、《拜访》、《咖啡馆之女》、《盲妇同她底孩子》、《夏夜幽栏》、《足印》、《寂》、《微醉》、《伴》、《"别踩俺的杏花!"》,凡10篇。

8月7日,国民政府行政院第32次会议决议:国立北平大学之北大学院改为国立北京大学,第一师范学院改为国立北平师范大学,研究院改为国立北平研究院,第二师范学院仍令划出独立,并组织筹备委员会。

散文《小伙计》连载于《华北日报副刊》1929年9月6—7日。

9月,先生到山东省立第三中学(泰安)任教务主任约两个月,因学校风潮离开。

先生晚年回忆:"二十年代每年寒暑假,往返曲阜、北京,总经过泰安。泰安三中田珮之同志任校长时,我曾担任过教务主任,虽然因国民党党棍挑动风潮离校,但留下的感情是深厚的。牺牲在西藏的夏辅仁同志,那时是一年级新生,十年后我们在延安会面,成为战友,至今我怀念他。"[1]

先生《自传》记述:"1929年暑假后,泰安中学任教务主任约两月,因国民党员张含清、邓同舫捣乱,学校闹风潮,回师大继续

---

[1]吴伯箫:《致〈语文小报〉编辑小组》,山东泰安一中语文组:《语文小报》1981年7月15日。

学习。"①

根据《吴伯箫文集》上卷,本年还写有散文《涂鸦》,刊载于《新中华报副刊》第 2 册。

1930 年(民国十九年)　25 岁

散文《海上的七夕》连载于《华北日报副刊》1930 年 2 月 16—17 日。

2 月 17 日,国民政府任命李煜瀛为北平师范大学校长,在其未到任前,派李燕代理。

2 月,先生写散文《通舱里的一幕》,刊载于《华北日报副刊》1930 年 3 月 16 日。

在师大,先生与成启宇、曹未风办《烟囱》油印小报,触怒有关方面,被捣毁,报界称为"《烟囱》"事件。此后被选为学校山东同乡会会长。

先生晚年回忆:"等到跟曹未风、成启宇我们三个人办《烟囱》的时候,传单升了一级,散文初具格局,有点半成品的样子了,《烟囱》是一张蜡纸的油印小报,针对学校内外弊政说话,心里有火喷发不出,只能冒烟。笔锋保持着传单的犀利。每周一期,定时定点,秘密张贴,关心时事和学校生活的人竟然可以三五成群挤在《烟囱》下边看八九分钟。共鸣的,议论的,点头或摇头的大概都有吧? 有反映对笔者就是安慰和鼓励。另有 30 多份,分寄敌友:对朋友是礼物,对敌人是箭枝。一边欢迎,一边疾视,那是勿庸讳言的。出到十来期的时候,怕是烟冒得太冲把学校当局呛厉害了,竟教唆打手把《烟囱》捣毁了。因为曹未风的一篇杂文刺痛了某些人,来信质问,成和我照约定的时间提前等他们的代表来谈判。两个代表还没说话,三四十个打手已经把

---

①吴伯箫:《自传》。

谈判地点钢琴室包围了。打手误认我们是人多势众的一支大军，虎狼扑来，利爪下却不过是两名小兵（未风因主持英语讲演会缺席了）。打手动了手，成启宇被打伤。曹未风和我把他送进医院。报纸新闻叫'《烟囱》'事件。"①

　　曹未风（1911—1963），原名崇德，浙江嘉兴人，翻译家，中国莎士比亚戏剧主要译者之一。北京师范大学毕业，自1931年起翻译出版莎士比亚剧本与十四行诗，计划将莎士比亚戏剧全部译出。1935—1944年间，翻译出版11种莎剧，1955—1962年间由上海新文艺出版社先后出版所译莎士比亚戏剧12种。1949年前曾任上海培成女中教务长，大夏大学教授兼外文系主任及暨南大学、光华大学教授，1949年后曾任上海高等教育局副局长，上海外文学会副会长等职。

　　成启宇（1906—1989），贵州石阡人。早年就读于贵州政法大学，1933年7月毕业于北京师范大学英文系，先后在广西、北平、贵阳等地任教。1940年6月返乡办学，1945年任石阡中学校长。1949年后历任石阡第一区区长、石阡中学校长、石阡县副县长、铜仁专署建设科长、地区政协副主席，1956年调贵州民族学院任预科部主任、副院长。1960年9月调任贵州大学图书馆首任馆长。

课余，先生兼职于北平西城察院胡同熊观民家，为其两个儿子补习英文、数学。

先生晚年回忆："《街头夜》是北京市民生活的写实。那时在西城察院胡同熊观民（当过山东教育厅厅长）家给他两个儿子补习英文、数学。单日晚一次，一次两小时，往往晚饭后从和平门

────────────

①吴伯箫：《无花果——我和散文》，《吴伯箫文集》下册，第491页。

外出发,徒步或坐洋车,趁华灯初上,一路看行人车辆来往,商店在招呼顾客,摊贩在竞相叫卖,嘈杂的喧闹,缭乱的彩色,匆忙的,悠闲的,欢乐或阴郁的人群,在脑海里留下变幻繁乱的印象。'写点什么?'一路走,一路酝酿。"①

7月8日,写散文《人生——一席话》,刊载于北平《骆驼草》杂志1930年第18期。同期另有废名《桥》续五和《莫须有先生传》续七,以及署名"法"的译者翻译的泰戈尔诗作。

据刘增人、刘泉、王今晖编著《1872—1949文学期刊信息总汇》载,《骆驼草》为周刊,1930年5月12日创刊于北平,未署出版发行者,实际主编是周作人,废名、冯至、徐祖正编辑,1930年11月3日出至第26期后终刊,共出26期,16开本,主要刊发散文、小品等。

主要作者有岂明、平伯、至、废名、丁武、祖正、秋心、鹤西、其无、艾卒、天行、T. W、难明、廖翰犀、冯至、玉诺、惠敏、苦水、丁文、永坤、聚仁、[古希腊]海罗达思、[俄]莱芒托夫、石民、F、马风、史济行、玄玄、非命、启、岂、[德]G. Fuchs、林如稷、高沅、大雪、[印度]泰戈尔、法、吴伯箫、沉、李一冰、补白子、G. Gissing、杨晦、偶影、李健吾、蔼一等。

先生在散文《话故都》、《我还没见过长城》中都曾忆及其与徐祖正关系。《话故都》:"当我进退维谷,左右皆非,感到空虚的时候,我想到在你这里过骆驼书屋,听主人那忘机的娓娓不倦的谈话……"②《我还没见过长城》:"曩昔,在骆驼书屋,听主人告诉:有一次趁平绥车,过南口车站,意欲去青龙桥,偶尔站台小立,顺了一目荒旷的山麓望去,遥瞻依地拔天的万里长城,那雄伟的气象,使你不觉要引吭高

①吴伯箫:《无花果——我和散文》,《吴伯箫文集》下卷,第491页。
②吴伯箫:《话故都》,《吴伯箫文集》上卷,第240页。

呼……很记得,主人说时,从沙发椅上跳起来,竖起大拇指,蔼然的脸上满罩了青年的光辉,拿破仑的气度。记得从骆驼书屋出来的归途,披了皎洁的三五月,自己迈的是驼鸟般的大步。"①

姜德明记述:"如果说《骆驼》是发表创作和翻译的纯文学刊物,那么4年后于1930年5月12日在北平创刊的《骆驼草》则接近于《语丝》的形式,特点是增加了评论。""刊物为16开本,每期8页,共出26期,至同年11月3日终刊。主要撰稿人还是《骆驼》的成员周作人和徐祖正。扩大的作者有冯至、俞平伯、徐玉诺、吴伯箫等。不过从刊物上连载废名的《莫须有先生传》,以及他不断与读者、作者通信联系来看,应是废名执行编务。《骆驼草》的发刊词标榜只当'秀才',不管政治,为此宣告:'不谈国事。既然立志做秀才,谈干什么呢?'又主张:'文艺方面,思想方面,或而至于讲闲话,玩古董,都是料不到的,笑骂由你笑骂,好文章我自为之,不好亦知其丑,如此而已,如此而已。'"②

下半年,先生在师大专心读书。

9月19日,国立青岛大学正式成立,20日举行开学典礼,杨振声宣誓就校长职。

中秋,先生写散文《归——燕与狗的消息》,刊载于《华北日报副刊》1931年4月8日、10日。

系列散文《街头夜》开始刊载于《华北日报副刊》,1930年11月2日—1932年2月13日。分别为:《街头夜》(1930年11月2日)、《俺的更夫》(1930年11月9日)、《欲曙天》(1930年11月15日)、《巡夜的警察》(1930年11月26日)、《摊担与叫卖》(1930年12月10日)、《霜》(1931年1月29日)、《茅店的一

---

① 吴伯箫:《我还没见过长城》,《吴伯箫文集》上卷,第280页。
② 姜德明:《〈骆驼〉和〈骆驼草〉》,《姜德明书话》,第168页。

宿》(1932年2月1日)、《这座城》(1932年2月13日),凡8篇。

先生晚年回忆:"写更夫,写老豆腐摊,也写警察。顺利的话,起草,誊清,当夜付邮,若《京报》《晨报》编辑部的稿子不太拥挤,编辑杨晦等师友是会叫稿子十天内见报的。蜜蜂采不到花汁,蜂蜜就歉收,不顺利的时候十居七八。那时刊物少,除了晚些时候巴金主编的《水星》,我的稿子多半用在京津报纸的副刊上。《大公报·文艺》我经历过杨振声、沈从文、萧乾、杨刚几任主编。萧乾,赞赏他手勤,往而必来,通信不少,20年后才见第一面;杨刚,只通过信。"①

先生《自传》记述:"1930年与英文系同学成启宇(贵州中学校长)、曹未风(上海华东教育部高教处处长)办《烟囱》,触怒体育系……'《烟囱》'事件后,选为师大山东同乡会会长……30年暑假后的一学期算是自己学习最专心的时期……和曹未风去青岛教书。接替萧采瑜,教英文而外任训育主任。"②

周泉根、梁伟记述:"《大公报·文艺》也表明散文亦是京派作家的胜场……周作人、俞平伯、冰心,这些大家的作品点缀于其中,后起者如方令孺、何其芳、李广田、李健吾、吴伯箫等,亦为着此一副刊之荣誉而书写。"③

11月15日,学校举行建校二十二周年纪念大会,代理校长李燕作报告。

①吴伯箫:《无花果——我和散文》,《吴伯箫文集》下卷,第492页。
②吴伯箫:《自传》。
③周泉根、梁伟:《京派文学群落研究》,上海三联书店2012年版,第86页。

第四章 青岛、济南、莱阳:办学与写作
(1931—1937)

1931年(民国二十年) 26岁

2月,国民政府教育部决定北平师范大学与北平大学第二师范学院合组为国立北平师范大学,任命陈炳昶为合组后的北平师范大学校长。

2—5月,先生与英文系同学曹未风到山东青岛谋职,任青岛女子中学训育主任兼英语教员,结识初三女生郭静君。

先生夫人郭静君青年时期相片

郭静君(1911—1991),山东即墨人,在青岛出生、读书并与吴伯箫相爱,1936 年与吴伯箫在济南结婚,1942 年到延安,后随吴伯箫先后到张家口、佳木斯、沈阳等地,1954 年以后定居北京,在人民教育出版社图书科工作至退休。1991 年去世。

3 月上旬,先生与友人曹未风拜访时任青岛大学校长的杨振声先生不遇。13 日星期五,杨振声致吴伯箫等二人,为二人来访扑空致歉,并约翌日星期六在家"相候"。

自述:"在大学学习期间曾有两次离开北京教书:1929.9—10,泰安省立三中任教务主任;1931.2—5,青岛女子中学任训育主任兼英语教员。"①

散文《鸥之一·别前夜》刊载于《华北日报副刊》1931 年 5 月 13 日。

暑假前回北师大参加毕业考试,进行教学实习。

自述:"1931 年暑假女中换校长,辞职。暑假前回师大参加毕业考试,进行教学实习,结束了大学生活。"②

先生与郭静君由通信而建立恋爱关系。

关于先生与郭静君认识、恋爱一事,郭静君在 1950 年 1 月所写个人《自传》中有十分生动的描述,但对于二人相识、相处的时间与先生似有不同。据郭静君说,吴伯箫是 1929 年初来青岛女中的,任训育主任,又兼任高一和初二的国文。郭是初三学生,是 1930 年"吴先生"去北京之后二人开始通信的。此说或是郭静君误记,还应进一步求证。

先生北师大毕业前将六年所写散文结集为《街头夜》,与北

---

① 《吴伯箫 1964 年履历表》,中国社会科学院吴伯箫档案。
② 吴伯箫:《自传》。

平人文书店签订印行合同，因"九一八"事变发生，书店迁址，稿本散失，未果。当时报刊曾刊登人文书店《街头夜》出版广告。

先生晚年回忆："一九三一年以前写的短文，先后用在《京报》《晨报》和杨晦同志所编的副刊上。《新生》《努力周报》也用过。六年写了约四十篇，曾集为《街头夜》，跟北京一家小书店订了印行合同，不久'九一八'事变发生，作罢了。剪贴的稿本也散失了。"①

《吴伯箫文集·编后记》记载："根据作者生前的回忆和我们迄今所搜集到的资料判断，刊载于 1926 年 4 月 14 日《京报》副刊署名吴熙成的《清晨——夜晚》，是吴伯箫发表的第一篇散文作品。自此以后，到 1931 年大学毕业，他在《京报》《世界日报》《新中华报》《华北日报》诸报副刊及《现代评论》《骆驼草》等北京出版的期刊上，陆续发表了约 50 篇作品，除两首新诗、两三篇小说，其余均为散文；至于署名，除个别采用'吴熙成''小亭''天荪'等，则多用'吴伯箫'。1931 年夏，吴伯箫曾把这四五十篇散文剪辑成册，拟名《街头夜》，交北平人文出版社，准备出版。不意'九一八'炮火震动了古都，人文出版社在搬迁中把稿本遗失。"②

6 月 6 日，南京、上海教育界举行庆祝首次教师节活动。

6 月底，先生自国立北平师范大学毕业。本届毕业生为师大第 19 届学生，共毕业 175 名学生，其中英文系共毕业学生 39 名。

散文《鸥之二·闷》刊载于《华北日报副刊》1931 年 7 月 2 日。

7 月 20 日，第 12 期《国立青岛大学周刊》报道："山东省二

①吴伯箫：《吴伯箫（答〈调查提纲〉）》，《中国现代文学研究丛刊》，第 1 辑，第 229 页。
②鲍霁、刘开朝、吴光玮：《编后记》，《吴伯箫文集》下卷，第 681 页。

十年度考送国外留学留学生，已订于本年 8 月 10 日在济南举行，教育厅何（思源）厅长为慎重起见，特聘国内著名学者为招考委员会委员。"[1]

8 月，先生考山东省款留英，以第二名未录取。

先生晚年回忆："考省款留英，情况是另一回事了。谁考也不一定先学过留学的课程，完全是碰机会。英文试题，一篇作文而外，要英译杜甫举进士不第在齐赵一带漫游时写的那首《望岳》。英文系刚毕业，翻译起来总可以凑付。在社会学的考题上却出了岔子。我是用社会科学的理论观点回答的。监考傅斯年（在师大本科一年级的时候，我曾以学生代表的名义到清华大学烦杨振声先生转达想请他出任师大校长的，闻名，没见过面）当场站在我的考桌旁边大声说：'这样答，在你也许以为是对的，但我要的是另一种答法。'（考场上不好声辩，我心里想：谁知道你要的是什么？从反对社会科学这一点上，你白白参加过'五四'运动了。）结果录取一名，我的成绩是第二（这是几年之后，我在教育厅管留学生工作的时候，翻过档案的）。"[2]

9 月，先生到山东青岛任《民国日报副刊》编辑，兼任青岛大学教务处事务员。

《国立青岛大学一览》记载："吴伯箫，山东莱芜，国立北平师范大学毕业，教务处事务员，二十年（1931）九月（到校）"[3]。

9 月 1—3 日，青岛大学新学期注册选课。

9 月 7 日，星期一，青岛大学第一学期始业。

1928 年，南京国民政府发动第二次北伐战争，国民革命

---

[1]《鲁教厅聘本校杨校长黄院长及梁主任为国外留学生招考委员会委员》，《国立青岛大学周刊》1931 年 7 月 20 日，第 12 期。
[2]吴伯箫：《且说考试》，《吴伯箫文集》下卷，第 666 页。
[3]国立青岛大学编：《国立青岛大学一览》，国立青岛大学 1931 版。

军进入山东。几经周折,以省立山东大学为基础,同时接收了私立青岛大学校产的国立青岛大学,终于在 1930 年 9 月20 日挂牌宣告成立,21 日举行开学典礼,校长是杨振声先生。由于杨振声先生离校后青大改名为山大,他便成了国立青大唯一校长。关于青岛大学的校址与环境,据 1931 年秋考入该校的学生柳即吾回忆:"国立青岛大学校址在青岛大学路东端,离开了闹市,以旧有的所谓'卑士麦'兵营(德国占领时期建的兵营,日本占领时期改名为'万年'兵营)为校舍。学校没有院墙,只有一座座的建筑物,也自然形成了一个大的院落,校门西向,两个石柱,右边挂着校牌'国立青岛大学',校牌是蔡元培写的,落着下款。进了校门,南北并列着两座工字形大楼,就作为学校西垣吧。这两座大楼,就是办公大楼(100 号楼)和教学大楼(300 号楼)。校院的东边是坐落在东山坡上的南北并列的两座宿舍大楼(200 号楼、400 号楼),校院的北边是东西并列的图书馆、女生宿舍楼、大礼堂、饭厅楼。校院的南边是东西并列的科学馆、化学馆(两座新建的大楼),自然就形成一个大的校院,虽然没有院墙,也觉得有个院里院外。院里的广场是柏油的,原来是个足球场,周围树木参天,使人有一种整齐、清洁、安全、幽静的感觉。校门外大学路的南边是一个有 400 米跑道的运动场。""学校的周围环境相当雄伟瑰丽。南面是宁安山,东面是五号炮台山,北面是茂林幽谷,据云这都是由政府划归山东大学使用的地皮。"①

时任青岛大学理学院院长兼数学系主任的黄际遇(字任初)

---

① 柳即吾:《三十年代的山东大学》,中国人民政治协商会议山东省济南市委员会文史资料研究委员会编:《济南文史资料选辑》第 3 辑,山东省出版总社济南分社 1983 年版,第 31—32 页。

著有《万年山中日记》,其中有对万年山的记载:"万年山者,国立山东大学旧国立青岛大学之所在也,地居青岛之西南。当日德人聚兵于此,筑营其间。三面环山,一面当海,东海雄风,隐然具备。今则修文偃武,弦歌礼乐,三年于兹。余于己巳五月,罢官河洛,假馆是邦。鞅掌半生,风尘盈袖,甫入斯境,诧为仙乡,窃吹草堂,撄情幽谷,有菟裘终焉之志矣。"①

先生《自传》记述:"原答应到济南女中教书,赌气不去。回青岛找秦亦文(市党部委员),趁《民国日报》改组任副刊编辑,兼青大教务长室办事员。"②

先生晚年回忆:"编辑两个半月的报纸副刊,联系一些新露头角的诗人、作家:李广田、臧克家、李辉英等,曾梦想以写作为业,挤进他们的行列。结果针对'不抵抗'才写了一篇《黑将军挥泪退克山》,报馆就被日本浪人放火焚毁了。从此黑云压城,直到'西安事变',六年没见过晴天。"③

又:"自己在青岛大学(后改为山东大学)当了三年职员,拜识了闻一多、洪深、老舍,也跟王统照、孟超、李同愈等交游。坐办公室的空隙里跟着他们写点短文。约有半年的时间,曾三五熟人定期聚会,各带小说、诗或散文,大家传看品评议论。相约不吹捧,倒免不了吹毛求疵;也不自惭,自卑,说自己的作品不好(为什么不尽量往好里写?),但争取彼此推敲。这就自然形成了鞭策与鼓舞,各自拼命下功夫,互争下一次或者再下一次聚会时的一点点进步。都作它山之石,切磋琢磨。"④

---

① 黄际遇:《万年山中日记》第 10 册,序,1933 年 5 月 3 日,见黄小安 gdphoto 的博客:http://blog.sina.com.cn/u/1340797271。数据截止日期:2011 年 12 月 21 日。
② 吴伯箫:《自传》。
③ 吴伯箫:《无花果——我和散文》,《吴伯箫文集》下卷,第 493 页。
④ 吴伯箫:《无花果——我和散文》,《吴伯箫文集》下卷,第 493 页。

　　臧克家记载:"青岛,在工商业方面是相当繁荣的一个都市,在文化上确是一个荒岛。自从在这里创办国立青岛大学,情况就大大不同了。许多全国知名的学者和作家来到我们的学校,在文艺方面说,'青大'称得起当代文苑的一角。校长是'五四'时期的老作家,写过小说《玉君》的杨振声先生……他作了两年校长,便辞职了。'青大'虽名为国立,但经费大半出自山东,省政府主席韩复榘不甘心权益外溢,遂改为国立山东大学,原任我们英文教师的赵太侔先生当了校长,学生大闹,不愿改校名,援引'北京大学'为例。有的同学,说不出什么理由,只一口咬定,说'青岛大学'就是好:'又青,又岛!'"①

　　9月18日夜,在日本关东军安排下,铁道"守备队"炸毁沈阳柳条湖附近日本修筑的南满铁路路轨,并栽赃嫁祸于中国军队。日军以此为借口,炮轰沈阳北大营,是为"九一八"事变。次日,日军侵占沈阳,又陆续侵占了东北三省。1932年2月,东北全境沦陷。

　　9月20日,国立青岛大学建立一周年纪念日,学校全体教职员和学生在大礼堂举行纪念活动,校长杨振声作报告,教育学院黄敬思院长演讲日本侵暴行为事②。

　　10月1日晚,青岛大学在学校大礼堂召开反日救国大会,校长、职员及全体学生参加。此后青岛大学成立抗日救国会,校长杨振声、教师沈从文与3位学生为领导小组;又成立学生军,组织请愿代表团赴南京请愿。

　　10月10日,国庆纪念日放假。

────────────

①臧克家:《悲愤满怀苦吟诗》,《诗与生活》,四川人民出版社1981年,第110页。
②《本校举行一周年纪念仪式》,《国立青岛大学周刊》,1931年9月28日,第22期。

11 月 19 日，徐志摩搭乘邮政飞机"济南"号在山东济南南郊失事，消息当夜传至青岛大学（何思源致电杨振声），沈从文于翌日晚受杨振声等人派遣去济南料理后事。

12 月 15 日，上海《申报》刊载《青岛大学杨校长辞职》电文，电文称："本校学生 179 人为抗日事，签名赴京请愿，屡经劝导，俱无效果。临行时联名请假，未经准假，即行离校，已于本月 2 日出发，当经电达。此举揆之部令校章，皆难认许。惟其行动系激于爱国之热忱，加以惩处，则青年爱国锐气，有挫折之虞；不加惩处，则学校风纪不严，无维系之法。振声忝长斯校，处置无方，惟有恳请准予辞职，以重职责而肃纲纪，实为德便。"①

1932 年（民国二十一年）　27 岁

"一·二八"后脱离国民党，报社被日本人捣毁，开始主要在山东大学工作。

先生档案记载："1932 年'一·二八'后脱离国民党（未声明，只从此后未参加任何组织生活），未换党证（旧有的缴了）。"②

先生《自传》记述："'一·二八'后，报社被日本人捣毁，主要转到青岛大学，后又兼女中国文。"③

2 月 4 日，青岛大学第二学期始业。

2 月 24 日，青岛市市长沈鸿烈来校参观，杨振声校长，赵畸（太侔）教务长，闻一多、黄敬思等教员陪同。

散文《牢骚语》，刊载于北平《鞭策周刊》1932 年第 3 卷第 2 期。

---

①《青岛大学杨校长辞职》，《申报》1931 年 12 月 15 日。
②《吴伯箫 1947 年履历表》。
③吴伯箫：《自传》。

春,先生在青岛"成文堂"购《词源》(1930 出版)一套两册,有题签"1932 年春购于青岛'成文堂'"并钤印。此书 1957 年 12 月寄赠外甥亓举安。

5 月 5 日,杨振声在天津再次向教育部提出辞职。9 日教育部电令慰留。11 日,杨振声第三次电请辞职。

5 月 29 日下午,章太炎在青岛大学演讲。

6 月 4 日,杨振声与前往北平劝留任职的闻一多等人回到青岛。

6 月 9 日,闻一多致吴伯箫:"伯箫先生:我们这青岛,凡属于自然的都好,属于人事的种种趣味,缺憾太多。谈话是最低限度的要求,然而这一点便不容易满足,关于这一点,我也未尝没有同感。我是星期一、三、五整天有暇,随时来我都欢迎。即候文安。闻一多六月九日"①。

6 月 15—22 日,青岛大学举行学期考试。

6 月 23 日,因学生全体不参加期末考试,校方宣布提前放假。

6 月 24 日晨,青大学生二百余人赴校长杨振声宅请愿,提出四条要求②。

6 月 29 日,上海《申报》报道:"(青岛)青大学生二十九日发宣言,否认杨振声校长,并驱逐教务长赵畸、图书馆馆长梁实秋、赵、梁及其他教职员均离校。""(南京)青大校长杨振声二十九日晨抵京,向教育当局报告学潮经过,并引咎辞职,听候中央处分。"③

之后,杨振声去职,赵太侔继任。闻一多去了清华。

---

①《闻一多书信集》,群言出版社 2014 年版。
②《青岛》,《申报》1932 年 6 月 25 日。
③《青大学生反对杨振声》,《申报》1932 年 6 月 30 日。

《青岛高等教育史·现代卷》记述:

　　6月29日,非常学生自治会发表了《国立青大全体学生否认杨振声校长并驱逐赵畸梁实秋宣言》,否定学校对学生的一切处置,否定杨振声为校长,驱逐教务长赵太侔、图书馆馆长梁实秋。宣言指出"原事变之起,学生向学校建议数项,要求经费为学校生机所系,祈向中央力争,学则第四十三条之规定,妨害学生前途,恳于修改,不良教师危害学生学业,乞为取缔","乃杨振声不顾数百同学之苦衷,唯信闻一多、梁实秋、赵畸等之谮计,压抑公意,听用奸言,厉行专制,不予容纳,我同学等,忍无可忍,乃一致议决罢课,以促学校之觉悟,而待公理之伸张"。"我青大同学一致决议,除电教部声明经过,并请另派贤能,接替校长外,誓不承认为青大校长,所有在校一切非法处置学生行动,概不承认。"

　　7月3日,国民政府教育部电令解散青岛大学,一切"听后整理","现尚留校学生,应于三日内一律离校,听后甄别"。学生们纷纷离校回家。俞启威、王弢、张福华等进步学生依然坚持留在学校,编辑罢课专刊,并打算联系离校的同学,继续坚持斗争。当稿件编好以后,准备拿去印刷所印刷时,遇到国民党便衣来校搜查,指名逮捕王弢。王弢觉察后从后窗逃走,随即离开青岛前往上海。俞启威等同学闻风也离开了学校。至此,这次罢课斗争也宣告结束。①

　　7月9日,济南政务会议改国立青岛大学为国立山东大学以维持,决定青岛、济南两处分办文、理、农、工等。

_____

①《国立青大全体学生否认杨振声校长并驱逐赵畸梁实秋宣言》,刘增人、王焕良主编:《青岛高等教育史·现代卷》,人民出版社2008年版,第142页。

　　7月15日，青岛大学整理委员会在济南山东省教育厅开会并作出决议。上海《申报》报道："济南十五日电，今青大整委会在教厅开会，出席蒋梦麟、丁惟汾、王向荣、何思源、赵畸、张鸿烈，列席杨振声，主席蒋梦麟。决议：（一）改名国立山东大学；（二）文、理两院并为文理学院，设青岛理学院，数学、物理两系并为数理系，教育学院停办，在文学院内设教育讲座……本年中国、外国文学两系暂不招生，工院招一年级新生暂在青上课，明年移济，农院亦明年开办，设甄别委员会，甄别学生，其为此次罢课致主动及平时学行不良者，不再收入，并不给转学证书，由校方拟整理该校二年计划。蒋今返平，杨、赵返青，甄别学生。"①

　　8月23日，杨振声致电教育部："南京教育部朱部长钧鉴：窃职前于七月初间晋谒请示处理青大办法，并呈请处分。青大当经奉令解散改组，又势不容缓，是用负疚待罪，勉励完成中央之命令。今者甄别学生、改组内部、招考新生等，皆已大体就绪，只使继任有人，必能进行无碍。中央之命令，既已经毕行，个人之意志，从此可伸，若勉强为之，不独罪戾在躬，愧为师长，且恐纵容成风，有败风纪。为此恳请转呈国府，准予辞职，实感盛德。"②

　　9月2日，南京国民政府行政院会议通过杨振声辞职案。

　　9月16日，南京国民政府正式任命赵畸为国立山东大学校长。先生改任校长室办事员。

　　　　赵太侔（1889—1968）中国戏剧家，现代教育学家。原名赵海秋，曾用名赵畸，太侔为其字，后来即以字行（也有说法认为他又名赵畸，字海秋）。山东益都（今青州市东关青龙街）人。原以戏剧创作与教授著名，后脱离戏剧工作，曾任山东大学校长。中华人民共和国成立后在山东大学、山

---

①《青大改为山东大学》，《申报》1932年7月17日。
②《青大校长杨振声请辞》，天津《大公报》1932年8月23日。

东海洋学院执教。

赵太侔曾于1932—1936年、1946—1949年两度在山东大学任校长。1930年6月国立青岛大学筹备工作完成并正式组建。经蔡元培先生推荐，杨振声出任校长，赵太侔辞去省立一中校长的职务，专职任文学院教授，后任教务长。1931年"九一八"事变后，校长杨振声辞职，他暂代校长职务。1932年7月南京政府教育部决定改青岛大学为国立山东大学，调整院系。9月30日，正式受命为国立山东大学校长。

梁实秋记载："二十一年（即1932年）青岛大学人事有了变化。为了'九一八'事件全国学生罢课纷纷赴南京请愿要求对日作战，一批一批的学生占据火车南下，给政府造成了困扰。爱国的表示逐渐变质，演化成为无知的盲动，别有用心的人推波助澜，冷静的人均不谓然。请愿成为风尚，青岛大学的学生当然亦不后人，学校当局阻止无效。事后开除为首的学生若干，遂激起学生驱逐校长的风潮。今甫去职，太侔继任。一多去了清华。决定开除学生的时候，一多慷慨陈词，声称是'挥泪斩马谡'。此后二年，校中虽然平安无事，宴饮之风为之少杀。"①

黄际遇1932年7月9日，日记记载："疾少间，季超、康甫来作长谈。仙搓书来云：'校局几于不可为，主张停办。经政务会议维持改云国立山东大学，青、济两处分办文、理、农、工云云'。太侔来书，并云文理并为一院之说。余早已知之。"②

9月14日，先生上午列席青岛大学第52次校务会议并做会

---

①梁实秋：《酒中八仙——忆青岛旧游》，《百年梦忆：梁实秋人生自述》，国际文化有限公司2014年版。

②黄际遇：《万年山中日记》第1册，见黄小安gdphoto的博客：http://blog.sina.com.cn/u/1340797271。数据截止日期：2011年12月21日。

议记录。

9 月 29 日,先生下午列席青岛大学第 53 次校务会议并做会议记录。

10 月 13 日,先生下午列席国立山东大学第 1 次校务会议并做会议记录。

自述:"1932 年暑假,杨校长辞去,赵畸教务长升为校长,改山东大学,改任校长办办事员。""以后三年自由职业者,文德女中英文,认识老舍、游国恩、臧克家、郭雨林、江清等。"①

11 月 27 日,星期日,鲁迅应"师范大学代表"潘炳皋、王志之、张松如(公木)之约请,下午在北京师范大学讲演《再论"第三种人"》。此为鲁迅"北平五讲"之第四讲,也是先生离开北师大后鲁迅再次应约来校演讲。

本年先生在青岛大学,由教务长室转至校长室任职员。与王统照先生结识。

先生散文《怀剑三》记述:"记得 25 年前,像一个学生就教老师,我开始认识你,你那样厚道,谦逊,平易近人,使人一见如故。在青岛观海二路你的书斋里,我们不知道一同送走过多少度无限好的夕阳,迎接过多少回山上山下的万家灯火。你写好了《山雨》,我以初读者兴奋的心情,一气读完;写读后感,把《山雨》跟《子夜》并论:一写中国农村的破产,一写城市民族资产阶级的败落。我称 1933 年为'子夜山雨季'"②。

　　王统照(1897—1957),字剑三。山东诸城人。1924 年毕业于北京中国大学英文系。1918 年办《曙光》。1921 年与郑振铎、沈雁冰等人发起成立文学研究会。曾任中国大学教授兼出版部主任,《文学》月刊主编,上海开明书店编

①吴伯箫:《自传》。
②吴伯箫:《怀剑三》,《北极星》,人民文学出版社 1963 年版,第 327 页。

辑,暨南大学、山东大学教授。1949 年后历任山东省文联主席,山东大学中文系主任,山东省文化局局长。著有《山雨》等众多文学作品。吴伯箫在青岛大学任职时与之结识,散文集《羽书》即由王统照转托巴金列入《文学丛刊》在文化生活出版社出版。

1933 年(民国二十二年) 28 岁

4 月 30 日,先生写《海上鸥》,以书信向北平友人描述自己的生活状态,包括 4 月初与女中师生游览济南、乘海琛舰游崂山之事,后被收入《羽书》1941 年版。

自述:"我近来生活的营幕里又添了一种你从前所有的爬山逛海穿树林的习惯,无论是黎明,是黄昏,或是亭午时辰,我常是背了手或叉了腰独自个昂首举步地去各处遨游呢……我也曾在晴朗的大好安息日,雇下一叶扁舟,请它漂我到深碧的海面去,吃饼干,捉乌贼,看闪烁万张银波,洒欢欣的眼泪,居然也是海上的户口哪!又曾于料峭的初春寒夜,披了满月,踏着吱格碎沙走那段漫长的汇泉路,孤零零一只瘦影都引起了那寂寞的警察的注意……也做了些儿事,念了几册书,即便是目下还攀了 Esperanto 拼命的干呢,为身体健康,我要三天五日的玩一次网球,怕过甚忧郁,要在饭后狠狠地笑一次……月初,春尚好,曾随她们那帮快从学校出阁的女孩子去了一趟济南;那是有着'小江南'之称的好玩的地方。往返五日,收获还不坏:参观了一所监狱,将从前'坐坐囚牢也是一种经验'的好奇心打消了,味儿确实不好;穿过大巷,看见不少的灰色士兵;游大明湖默记了'三面荷花一面柳,一城山色半城湖'一副对联;再就是车上她们的歌声嬉笑声,别无可述。济南夜车归来,翌晨又趁了海琛军舰去崂山;萧同行。女孩子们都去了。人虽多,嚷嚷而已,去年的游兴却没处找。留一宵,拾墨晶一小块,谁争都不给;同去年的青竹一样那是留念呢。"①

郭静君在青岛女子中学高中毕业。

初夏，先生入住青岛大学后面房舍，自名"山屋"。

《山屋》记述："搬来山屋，已非一朝一夕了；刚来记得是初夏，现在已慢慢到了春天呢。"②

臧克家回忆："伯箫的住处，就在我们宿舍的身后，在一个小土坡上新盖了两间小土房，起名'山屋'。'山屋'，门北向，外间墙上挂一幅中堂。伯箫下班后，在这里写作，读书。这'山屋'很幽静，也很孤高，他的不少作品在这儿产生。""'一多楼'原与伯箫的'山屋'隔街斜对，不过二百步远。今天，一堵高墙不可逾越，举目不见'山屋'，它已化身高楼冲天而去了。"③

夏，写散文《话故都》，刊载于《每周文艺》1934 年第 13 期，后被收入《羽书》1941 年版。此文所写，似为离开北平两年后的"重来"，如文章开头："一别两易寒暑，千般都似隔世，再来真是万幸了。际兹骊歌重赋，匆匆归来又匆匆归去的时候，生怕被万种缱绻，牵惹得茶苦饭淡。来！尔座苍然的老城，别嫌唠叨，且让我像自家人似的，说几句闲杂破碎的话罢——重来只是小住，说走就走的，别不理我！连轻尘飞鸟都说着，啊，你老城的一切人，物。"④

---

①吴伯箫：《海上鸥》，《吴伯箫文集》上卷，第 298—300 页。

②吴伯箫：《山屋》，《吴伯箫文集》上卷，第 235 页。

③臧克家：《五十二年友情长——追念伯箫同志》，《人民文学》1982 年第 10 期。

④吴伯箫：《话故都》，《吴伯箫文集》上卷，第 239 页。由此或可推测先生本年暑期重回北平数日，造访文津街国立图书馆之外，并"温习了多少陈迹，访问你底每一条大街，每一条小巷，抚摩着往日的印痕，追忆着那些甜酸的苦的故事，又是一度欢欣，又是一度唏嘘，又是一度疯狂。"吴伯箫：《话故都》，《吴伯箫文集》上卷，第 242 页。还可参见吴伯箫：《我还没见过长城》，《吴伯箫文集》上卷，第 297 页。

9月,王统照长篇小说《山雨》由开明书店出版,先生写读后感,将《山雨》与茅盾《子夜》并提,称1933年为"子夜山雨季"①。

本年,先生在山东大学校长办公室工作。

1934年(民国二十三年)　29岁

2月28日,散文《岛上的季节》,刊载于天津《大公报》文艺副刊,后于1935年4月被姚乃麟编选入《现代创作游记篇》,由上海书店出版。此为吴伯箫作品第一次被选入他人编选的作品集。

3月7日,先生与臧克家、杜宇等人到大港码头为王统照先生赴上海送行。

臧克家记述:"剑三出国旅游,我与伯箫码头送行,轮船鸣笛启碇,载人远行,彼此留恋,依依不舍。船开动了,远了,更远了,我们手中的彩纸越拖越长,像一条永远挚不断的友情的长丝。"②

刘增人记述:"1934年3月7日,王统照乘'青岛丸'客轮由青岛赴上海。这天海风凛冽,大港码头上行人如织……房舱里是专程前来送行的臧克家、吴伯箫、杜宇等朋友,客人们话别结束了,他才到甲板上告别家人。"③

3月,写散文《马》,刊载于天津《大公报》文艺副刊1934年4月1日,1940年刊载于北平《沙漠画报》第3期第26期时署名"柏萧",后被收入《羽书》1941年版。

4月,写散文《山屋》、《野孩子》,后均被收入《羽书》1941年版。

---

① 吴伯箫:《怀剑三》,《吴伯箫文集》下卷,第327页。
② 臧克家:《五十二年友情长——追念伯箫同志》,《人民文学》1982年第10期。
③ 刘增人:《王统照传》,北京十月文艺出版社2000年版,第222页。

上半年,先生在山东大学校长办公室工作。下半年,调教务处注册科工作。

8月9日,先生访旅行青岛的郁达夫,12日,复到车站为郁达夫送行。

郁达夫记述:1934年8月9日,"午后,友人俱集,吴伯箫君亦来访。"8月12日,离青岛赴济南,"七时由青岛上车,昨夜来大雨,天气极凉。来站相送者,有房主人骆氏夫妇及伊子汉兴,市中汪静之,卢叔恒,山大吴伯箫,王瑢(碧琴),李象贤,闵氏叔侄,《正报》蜂巢,社会局萧觉先,《北洋画报》记者陈绍文诸君。"①

8月20日,散文《山屋》刊载于《人间世》1934第10期。同期另有林语堂、蔡元培、吴稚晖、周作人、俞平伯、李长之、曹聚仁等人作品。

8月28日,写散文《天冬草》,刊载于《水星》1934年第1卷第1期。

初秋,作家老舍应聘到青岛山东大学中文系担任讲师,先后住莱芜一路(今登州路)、金口二路(今金口三路)和黄县路6号(今黄县路12号)至1937年8月,1936年辞教职后专事写作。先生与其结识。

先生晚年回忆:"'九一八'后在青岛,老舍是大学文学教授,而我是文艺学徒。我比他小六岁,在他滨海的书斋里却是常客。他那住房进门的地方,迎面是武器架,罗列着枪刀剑戟;书斋写字台上摊着《骆驼祥子》的初稿,一武一文,给我留下很深的印象。论仪态风度,老舍偏于儒雅洒脱;谈吐海阔天空,幽默寓于

---

① 郁达夫:《避暑地日记》,《郁达夫全集》第5卷,浙江大学出版社2007年版,第360—361页。

严肃。"①

　　老舍1934年暑假后受聘国立山东大学讲师,到青岛,
吴伯箫时任教务处办事员,因与老舍相识,并成为老舍"滨
海的书斋里"的常客。与老舍的交往,吴伯箫在1978年写
的回忆录《作家·教授·师友——深切怀念老舍先生》中有
较多记述。

　　10月7日,写散文《雨》,刊载于《北晨学园》1935年2月
21日。

　　10月,写散文《蹄晓鸡》,后被收入《羽书》1941年版。

　　11月底,应《青岛时报》编辑约请,先生写散文《说踽踽独
行》,刊载于《青岛时报》明天副刊1934年12月18日,署名"吴
伯箫"。

　　12月,写散文《海》,刊载于《水星》1935年第1卷第5期,后
被收入《忘年》1982年版。

　　本年底,先生结束青岛两年半的工作和生活。对青岛时期
的文学写作,先生晚年有一段话概括:"那时不自量力,曾妄想创
一种文体:小说的生活题材,诗的语言感情,散文的篇幅结构。
内容是主要的,故事,人物,山水原野以至鸟兽虫鱼;感情粗犷、
豪放也好、婉约、冲淡也好,总要有回甘余韵。体裁归散文,但希
望不是散文诗……收入《羽书》集里的有些篇目,也是'画虎'之
作。那些篇目出世是我的梦做得最熟的时候。好友杨朔同志的
《茶花赋》有点像从我的空中楼阁里采撷的花枝。"②

---

①吴伯箫:《作家·教授·师友——深切怀念老舍先生》,《吴伯箫文集》下
　卷,第523页。
②吴伯箫:《无花果——我和散文》,《吴伯箫文集》下卷,第494页。

1935 年（民国二十四年）　30 岁

1 月，先生调任济南简易乡村师范学校（又称济南乡师、济南乡村师范学校）训育主任兼语文教员。

自述："1934 年暑后，由校长室调教务处注册科，心里有点不高兴，那年年底因为萧（采瑜）当了济南乡师校长，约去办学。"①

夏，济南乡师迁址，自北园白鹤庄迁至黄台桑园。

自述："白鹤庄和黄台是济南乡村师范先后校址所在地。那里出来的教师和学生，抗日战争期间大多数都参加了革命队伍。"②

李克记述："济南乡师是山东省立济南简易乡村师范学校的简称。校址原在北园白鹤庄，即现在济南明湖中学周围。这里环境宜人，校门前有一条小溪，清水长流，岸上杨柳，粗壮成荫。学校附近有许多荷塘，同学们常沿着塘边散步交谈。1935 年夏天，省政府将乡师的校舍征做他用，让乡师迁到黄台附近的桑园，即现在的省农机研究所宿舍周围。这里也很优美，学校东边是实验农场，花木很多，校门前一片果园，同学们经常在园中活动。"③

王克、朱德兴记述："1935 年夏天，济南乡师从北园的白鹤庄迁址到济南东郊黄台车站东北的桑园。此处环境优美，林木茂盛，密密的树林中昼不见阳光，夜不见灯影，是学生课外活动读

---

① 吴伯箫：《自传》。
② 吴伯箫：《旅途（四首）》，《诗刊》1962 年第 4 期。
③ 李克：《革命熔炉　育人丰园——忆济南乡师党组织》，张凯军主编，中共济南市委党史资料征集研究委员会、中共济南市天桥区委员会编：《坚强的战斗堡垒——中共济南乡师支部》，济南书刊印刷厂印刷，济南市新闻出版局准印证（1991）第 6 号，第 124 页（下文脚注中《坚强的战斗堡垒——中共济南乡师支部》编者不再出注）。

书谈心的乐园,学校东边是农作物试验场,颇像地主的大庄园,每天晚饭后,乡师学生三五成群信步漫游于学校东南方和东郊的原野;党团活动多是在此时此刻此景中进行。"①

暑期,在青岛,先生与老舍、洪深、王统照、臧克家等创办《避暑录话》,第1期刊载有吴伯箫写济南北郊风光的散文《边庄》。

先生晚年回忆:"1935年暑假,王统照、老舍带头,我们还借《青岛民报》的篇幅,编了几期《避暑录话》。刊名是教授、戏剧家洪深起的,意取双关:一避溽暑,二避炎威。以文会友,几十年就只有那么两段不太长的时间。那是在阴霾灰暗的天空下黄金一样的友谊啊!五十年后追忆,皓首指点,克家和我,两人而已。"②

6月29日晚间,老舍设宴招待自济南来青岛旅游的李长之等,先生与臧克家、李同愈、洪深等出席。

李长之记述:"二十八……晚间晤高哲生,次日与老舍作竟日谈,访得克家,老舍请晚宴,席间见了李同愈,洪深,赵少侯,王亚平,吴伯箫,刘西梦,杜宇,王余杞等,皆是新识。饭罢,我即登车,老舍、克家、伯箫、同愈皆送行,哲生亦赶到,殊可感。在四方会齐大千,便一同返济了。"③

7月7日,写散文《萤》,刊载于《青岛民报》1935年7月28日《避暑录话》第3期,后被收入《羽书》1941年版。

7月31日,写散文《阴岛的渔盐》,刊载于《青岛民报》1935年8月4日《避暑录话》第4期,后被收入《羽书》1941年版。

7月,海之萍编选的现代小品文选《春风》由长春益智书店

---

①王克、朱德兴:《济南乡师后期党的活动回顾》,《坚强的战斗堡垒——中共济南乡师支部》,第185页。

②吴伯箫:《无花果——我和散文》,《吴伯箫文集》下卷,第493页。

③李长之:《青岛忆游》,《李长之文集》第8卷,河北教育出版社2006年版,第331页。

出版,该集收入先生散文《马》。同年,《马》被收入孙席珍编选的《现代中国散文选》下卷,由北平人文书店出版。

8月4日,散文《梦到平沪夜车》发表于天津《益世报·益世小品周刊》第20期。

9月,在济南桑园写新诗《秋夜》,刊载于《青岛民报》1935年9月15日《避暑录话》第10期。

> 《避暑录话》为王统照、洪深、老舍、吴伯箫、孟超、赵少侯、臧克家、王余杞、王亚平、杜宇、李同愈、刘西蒙共12位作家依托《青岛民报》创办的文艺副刊,1935年7月15日创刊,同年9月15日出了最后一期,前后两月,共出十期。创刊号上有戏剧家洪深写的《发刊词》,第十期则以小说家老舍的《完了》作终刊词。

10月25日(农历乙亥年九月廿八日),母亲亓氏去世,享年55岁。先生回莱芜奔丧一个月,孔德成送挽幛,题"福寿同归"四字,郭静君父亲郭占庭送挽幛两幅。

> 此说来自吴熙振的两次口述,分别是在1983年和1993年。

先生晚年回忆:"你外祖母的忌日是一九三五年九月廿八日,那时我从济南回家住了一个月。"①

11月3日,散文《灯笼》发表于天津《益世报·益世小品周刊》第32期。

本年底,平津学生"一二·九"救亡运动发生,济南乡师学生停课响应,学校根据韩复榘指令提前放寒假。

先生晚年回忆:"济南三年,办乡村师范,站在管学生的地

---

① 吴伯箫:《致亓举安》,1980年4月29日。

位。主观上爱护学生，免遭军阀的逮捕杀害；'一二·九'学生运动，'奉命'提前放寒假，个人给每个学生发油印信，鼓励他们在家乡作组织宣传。客观上却给有的学生以印象：跟他们走的不是一条路。解放后一位要我写字的省委书记对人说：'那时候我们把他看作是革命对象。'听说了心里感到非常惭愧。'文化大革命'中又有人向我来调查，责问：'丁到西北（那边）去，你送过他路费么？'我感到光荣，却不记得了。"[1]

自述："苦恼的是那时候跟革命队伍我没有组织的关系。记得在济南黄台乡村师范的农场里，跟同时在乡师教书的武新宇同志一道散步，是谁随便问：'你还是 C. Y 么？'又是谁漫然反问：'你呢？'彼此都没有作肯定或否定的正面回答。"[2]

高启云、周星夫、陈熙德回忆："在'一二·九'救亡运动中，济南乡师的教员对我们学生是持同情支持态度的。训育主任吴伯箫还在我们学生出的救亡刊物《求生》创刊号上发表文章。同学们被韩复榘勒令回家后，学校还给学生们普遍发过一次联络信，信中写道：'同学们，自你们离开学校之后，济南又刮了几场风，下了几场雪呢！'暗示同学们韩复榘还在济南刮政治风雪。"[3]

1936 年（民国二十五年） 31 岁

1 月，先生改任济南乡村师范学校教务主任兼语文教员。

2 月 4 日，写散文《惊沙坐飞之一·羽书》，刊载于《益世报》1936 年 2 月 16 日《益世小品周刊》第 46 期，后被收入《羽书》1941 年版。

---

①吴伯箫：《无花果——我和散文》，《吴伯箫文集》下卷，第 495 页。
②吴伯箫：《无花果——我和散文》，《吴伯箫文集》下卷，第 496 页。
③高启云、周星夫、陈熙德：《回忆济南乡师党组织的活动》，《坚强的战斗堡垒——中共济南乡师支部》，第 158 页。

2月17日，写散文《惊沙坐飞之二·我还没见过长城》，刊载于天津《大公报》文艺副刊1936年7月10日，后被收入《羽书》1941年版；写散文《惊沙坐飞之三·黑将军》，刊载于天津《大公报》文艺副刊1936年9月30日。

3月16日，写散文《说忙》，刊载于天津《大公报》文艺副刊1936年5月22日，后被收入《羽书》1941年版。

4月20日，写散文《荠菜花》，后被收入《羽书》1941年版。

春，郭静君转托同学的丈夫向父亲提出与吴伯箫结婚要求，得到同意。

春，先生带济南乡村师范学校学生到泰安登泰山，拜访范明枢先生不遇。

自述："1936年春天，我和济南乡村师范的学生去爬泰山，曾在一个料峭的清晨去访问就住在泰山脚下的先生底家。没想到七点去叩门还是迟了。他的那个小孙女伶俐地答着我的问话：'爷爷六点钟就上山了。要找他就上山吧。'听了很令人惆怅，有'只在此山中，云深不知处'的感触。其实那时先生过的还不是什么隐逸生活，倒是一天跑到晚，很忙碌的。那时他正替冯焕章先生在山上办了十多处小学，他是每天都要山上山下巡视一趟的。""泰山归来的次日，先生底信就来了。是一纸明信片……"①

5月30日，左翼学生冲破韩复榘禁令，在学校礼堂召开纪念"五卅"运动大会，先生出面阻止，遭到学生指责。

先生在济南乡村师范学校先后任训育主任和教务主任，校长萧采瑜不在时亦代理校务。因管理方面与学生接触多，特别是与左翼学生的校内政治活动会产生冲突，故在一些左翼学生印象中，先生是保守、甚至"反动"的管理者，

①吴伯箫：《范明枢先生》，《吴伯箫文集》上卷，第122页。

但也有不同记忆,如对于1935年"一二·九"时期的学生运动,高启云、周星夫就认为先生是"同情支持态度"。

白学光回忆:"1936年5月,韩复榘严禁纪念'红五月',我们冲破了他的禁令,于'五卅'这一天在学校大礼堂召开了一个纪念大会。当时的训育主任吴伯箫冲了进去,对着主持会议的我大声喊叫:'当局禁止开纪念会,你们为什么违犯禁令?你是主席,要负责任。'我说:'我是大家推选出来的,你还是听听大家的意见吧。'说罢,我随即走下主席台,坐入人群当中。这时群情激愤,又是质问,又是提抗议,弄得吴伯箫没有办法,就叫我主持开了会。最后我请吴老师讲话,吴伯箫敷衍了几句,随即在'纪念红五月''打倒日本帝国主义'等口号中散了会。""吴伯箫为了防止学生看课外书籍,经常查夜,有一次我们听到吴伯箫来了,大家都假装睡着了。他质问是谁值日,无一人做声。吴即查看了一下值日牌,叫值日生把灯熄了。以后,我们把值日牌统统翻过来,以同样的办法对付他,他再去看值日牌时,却无人值日,气得吴伯箫没有办法,只好亲自熄灯。有一个训育员叫徐启周,狐假虎威地按吴伯箫的办法行事。他教公民课,在考试时,我们两个班的学生以统一行动交了白卷。从此,他们的气焰有所收敛,我们亦适可而止。"[①]

5月底,写散文《几棵大树》,后被收入《羽书》1941年版。

暑期,先生去青岛赁屋居住。散文《记岛上居屋》有记述。

关于先生所记"岛上居屋",不少文化学者曾撰文介绍,此处引述伴农《寻吴伯箫旧居记》一文片段,以见一斑:"偶读鲁海先生的一篇文章,说是吴伯箫的旧居是'平原路55

---

① 白学光:《济南乡师党支部大发展的时期——对1935年至1937年的回忆》,《坚强的战斗堡垒——中共济南乡师支部》,第139—140页。

号'。有一天下午,我再次去考察。平原路 55 号是个小院,二层楼房的窗户正对着观象一路 43 号楼房。我想,如果按年老师的说法 1936 年观象一路 43 号还没有盖的话,那么平原路 55 号楼房的窗户正好对着观象山。看来鲁海先生说的符合《记岛上居室》的原意。这次考证很有收获。"①

8 月,调任山东省教育厅第一科高教股主任,任职半年。

自述:"1935 年 1 月去济。1936 年暑假萧采瑜考取省费留学,我也离开了乡师。"在济南乡村师范学校"处事较严,萧不在时又常代行校务,学生对自己有些害怕。""由庄仲舒(山东大学文书科科长,时任教育厅第一科科长)介绍在教育厅任第一科高教股主任。管留学生和专科学校。半年。"②

秋,在济南青年会,先生与郭静君结婚。

先生与夫人郭静君在济南的家庭生活照(约 1936 年)

---

① 伴农:《寻吴伯萧旧居记》,《青岛早报》2013 年 4 月 9 日。
② 吴伯萧:《自传》。

关于结婚一事，先生夫人郭静君女士自撰《个人简历》称："三年后(1936)同吴伯箫在济南市青年会结婚。转年就是'七七'事变。吴去大后方，我留在青岛自己家里。那时我刚生完孩子三十二天，不可能随上他们行军。"在1950年撰写的一份《自传》中，郭静君又谈及结婚一事："一九三六年春天，由我的一个同学的丈夫向我父亲提出，即刻得到同意。我父亲说：'我早就知道了。'早知道他不反对，我们还可以早提出几年呢。""当年秋天在济南青年会结婚。那时伯箫在山东省教育厅工作。我在家看家、做饭、看小说。"①又，泰安师专齐崇文老师1990年代告诉笔者，他曾于1936年秋天与几位同学到吴伯箫家中访问，吴住在济南杆石桥附近的平房中，家中布置较新，仿佛是新婚的样子，吴当时已在山东省教育厅工作，齐为济南乡村师范学校学生。

9月，写杂文《理发到差》，刊载于《中流》1936年第1卷第4期，后被收入《忘年》1982年版。

中秋，写散文《记岛上居屋》，后被收入《忘年》1982年版。

本年，散文《绿的青岛》，刊载于《青年文化（济南）》1936年第3卷第3期。

1937 年（民国二十六年）　32 岁

1月，先生调任莱阳乡村师范学校校长，教务主任为姜守迁，训育主任为杜仁山。何其芳此前来校任教，同年臧克家来校任教。

《自传》记述：莱阳乡村师范学校"原校长董凤宸离去，争者很多，何思源为难，临到寒假开学前不久，决定派我去。""对校外

---

① 郭静君：《个人简历》、《自传》，人民教育出版社郭静君档案。

与梁乘琨(莱阳县县长)应付,请他到学校参观,担任运动会名誉会长,对校内请优秀教师,使学生能好好学习。教务主任姜守迁,女生指导员蔡得琪。"①

罗竹风回忆:"吴伯箫同志一生从事文教工作,尤其在教育界工作的时间最长。我们相知是偶然的,也是间接的。记得是1935年(时间不确,子张按)他担任莱阳乡师(二乡师)校长,当时我在青岛流浪,何其芳同志受聘任莱阳乡师语文教师,曾在我家住过。谈起吴校长的为人,说是他对于国民党教育当局所规定的那一套'党化'制度,例如在纪念周上读总理遗嘱,升旗时毕恭毕敬,对学生训话等等,在表面上都应付得很好;但内心里却存在着矛盾,对国民党实行法西斯专制抱怀疑态度,认为毒疮化脓,终有溃烂的一天。他担任莱阳乡师校长,很想有所作为,例如聘请有真才实学的教师,对青年学生在品德、学业两方面都有所帮助,使他们在毕业后成为优秀的乡村小学教师。但事与愿违,在教师当中也难免良莠不齐,以所谓'底包'的办法,被塞进一些饭桶、党棍之类。当时吴伯箫同志对革命并没有明确的认识,更谈不上景仰共产主义了。"②

卞之琳记述:"(何其芳)却还是以一九三六年(时间待考,子张按)到胶东半岛莱阳师范教书(吴伯箫拉去的)才显出了进一步的思想转变。""一九三六年除夕,其芳是和我一起在青岛过的(现在想起来该说是冷冷清清的,当时却毫无此感)……其芳趁学校放阳历年短假到青岛看我,带来了不少著名的莱阳梨。他就在我那个房间里住了几天。他对我闲谈的主要话题,就是他所接触到的莱阳学生及其家庭使他惊讶不止的贫困生活条件。但是忧愤情怀,还是被刚在耶诞节和平解决西安事变,造成

①吴伯箫:《自传》。
②罗竹风:《悼念吴伯箫同志》,《语文学习》1982年10月号。

全国各地人民欢腾的爆竹声里的吉庆气氛压倒了一时。"①

卞之琳记述："当时其芳也被吴伯箫同志从天津南开中学找去胶东莱阳教书，我们年终倒又在小青岛对面的一家休冬闲的旅馆里有了一个团聚几天的机会，共同迎接西安事变和平解决，全国抗日已经势在必行的新的一年。"②

春，路经泰安，拜访范明枢先生。

散文《范明枢先生》记述："1937，卢沟桥事变的那年，也是春天，我因事路过泰安，又上山拜望先生一次。那时冯焕章已到南京去了，山上留下小学，烈士祠，苗圃果园数处，就都由先生经理主持。访谒先生是上崖下坡赶了几处小学才碰到的。远远地望见就招手，多少年没见，仿佛还认识。'××么？'叫着我当学生时的名字，只两个字就把我的眼泪唤出来了。"③

7月7日，日军在北京卢沟桥挑起事端，悍然发动侵华战争，史称"七七"卢沟桥事变，中国人民抗日战争全面爆发。

事变后，山东省教育厅没有成熟主张，莱阳乡村师范学校按时开学，但教学内容有调整，安排了"游击战""军训""防空""救护演习"等教学内容，并邀请作家老舍到校讲演、宣传抗日。

先生《自传》记述："1937年夏初，何思源邀去兖州参加壮丁检阅。第一次在那里听一个新回国的德国留学生张某宣传希特拉一个党一个主义一个领袖的谬论，回校后也向学生讲了。""'七七'暑后开学，教育厅都没有成熟的主张，按时开学。教学方面采用变通方法。讲各国革命史、游击战，组织军训，进行防空、救护演习，演剧，油印每日电讯。""胶东几个学校曾在烟台开

①卞之琳：《何其芳与〈工作〉》，《新文学史料》1983年第1期。
②卞之琳：《〈李广田散文选〉序》，《卞之琳文集》中卷，安徽教育出版社
　2002年版，第367页。
③吴伯箫：《范明枢先生》，《吴伯箫文集》上卷，第123页。

会(文登乡师、烟台中学),没有一致意见,各行其是。"①

先生晚年回忆:"特别是'七七'事变后,他(指作家老舍,子张按)不顾乘长途汽车的劳顿,慨然答应去莱阳简易乡村师范讲学,宣传抗日。像闻一多,以教授给中等学校学生上课,在那种社会里是难能可贵的。所以,一晃四十年,那时的学生到现在还无限怀念地谈到他,连他早晨很早就起来在操场打太极拳的事都还记得。"②

9月4日,长子吴光琦在青岛出生。

离开莱阳前,先生将剪贴的《羽书》稿本托付给即将离开青岛去上海的王统照。

10月底,按教育厅命令先生以校长身份带学生到临沂集中,等候安置。

先生《自传》记述:"10月底,教育厅命带学生在临沂集中。住临沂乡师,临时上课,等候安置。"③

散文《记乱离》记述:"我们,四百人,为了救亡,将我们底学校,那和平日子弦歌的乐土,忍着痛白白地抛弃了。总还记得吧,出发的那天早晨,大家冒了大雨后仲冬的寒冽,鸡叫就起来,不点亮灯,彼此摸索着收拾行囊,四百人竟也听不到一点什么杂乱的声息。沉闷是那时的悲歌啊! 一声集合的号音,将我们赶到广阔的操场去,记得微茫的星光下,黑黝黝整齐的队伍里发出了多少悲壮的嘘唏。我们不是也点了灯去礼堂么? 举行休业式,顺便也互相话别。记得静默后大家不约而同地呼'中华民族万岁!'那响彻霄汉的声音,真足振顽起懦,吓破敌人底狗胆……

---

① 吴伯箫:《自传》。
② 吴伯箫:《作家·教授·师友——深切怀念老舍先生》,《吴伯箫文集》下卷,第524页。
③ 吴伯箫:《自传》。

后来我们终于出发了,校门前大家郑重地举手敬礼,落在'枪在我们底肩膀'那歌声后边的,是那么整齐的房舍,精致的校园,满藏的图书仪器,同千万种回忆与怀念。""离开学校,命令是集中训练,从东海边岸以产梨著称的莱阳到临沂去,旱路是七百里遥远,代步的虽也有脚踏车,但大半却只能步行。记得晓行夜宿,风霜苦辛,凡过即墨、高密、诸城、莒县,整整走了九天。"①

臧克家回忆:"一九三七年十月,我从临清回到了故乡。盼望已久的抗日战争已经成为事实,自己应当怎样投入这救亡的洪流呢? 心里正在盘算着,吴伯箫同志带领他负责的莱阳乡村师范全体师生到了我县,老友相逢,各道别后情况,他的学校,将迁往临沂,作暂时之计,坚约我同往。一二年前,何其芳同志离开了莱阳乡师,伯箫曾邀我前去顶其芳国文教师的缺,'临中'不放,没能成功。这次机会正巧,我就随着他们一道到了临沂。一个县城,突然浩浩荡荡的来了几百人的队伍,因陋就简,得到安身,就不容易。我只给同学们上过一两次大课,抽空到城外沂水河边去溜了一下。"②

臧克家回忆:"一九三七年七七事变后四个月,临清中学放了'长假',我回到了故乡。恰巧莱阳乡村师范的学生流亡过我村,伯箫约我作为学校的教师一道到了临沂。"③

11月中旬,在得不到省教育厅计划与经费情况下,先生不得不在临沂遣散所带学生,分别与学生作彻夜长谈,并一一登记去向,又等到学生来信后,先生方离开临沂到徐州,拟转道徐州再到济宁交代工作。

---

① 吴伯箫:《记乱离》,《吴伯箫文集》上卷,第439—440页。
② 臧克家:《高唱战歌赴疆场》,《诗与生活》,133—134页。
③ 臧克家:《五十二年友情长——追念伯箫同志》,《人民文学》1982年第10期。

　　《记乱离》记述:"可是临沂的集中,使我们失望了。混蛋的,只知逃退的那时的山东长官,不给训练的经费,没有训练的计划,不派负责的人员,像烈火上浇了冷水一样,人们底心全灰了。那时候,前面是火急地需要工作,周遭却布满了那样多牵扯的绳索;你们抑制不住内心的热情,胸际的郁闷,你们继续地前进了。有的去西安,预备参加八路军,那曾用游击战获得辉煌胜利的队伍。有的去洛阳、开封,准备学驾驶飞机。也有的到徐州加入了某战区的军队。记得你们走的时候,与你们分别作过彻夜的长谈。把各种将来会遇到的困难详细说给你们听。""你们走后,在临沂有几天我像失群的老雁,又像一个勤苦的老农离开了他底锄头和田园,流不出眼泪,也唱不出歌。孤寂、烦闷、无聊,使我犯了日常劝止你们的那些坏习惯:喝了两次酒,也吸了够多的纸烟。后来,你们远远从西安寄信来了,我才稍稍高兴了一点。那长长的信里,说你们怎样乘免费火车,又怎样步行;翻山越岭,走过多少崎岖的路;早起晚睡,吃过多少异乡的苦头。怎样遇着敌人底飞机,躲飞机将护身的借读证书都失掉了。又怎样宿野店,逛古迹,遇散兵……读你们的信,一会喜悦,一会兴奋,一会悲酸,心绪真复杂得无可言说,当时曾按你们告诉的通讯处写过回信给你们,不知收到没有? 翘首云天,令人悬念不止!"①

　　《引咎篇·二》记述:"但离散的当时,我是都曾亲手安排过;你们恳挚的嘱托在默默中监视着我,我问过他们底路费多少,检查过他们身体的强弱,替他们找妥旅伴,吩咐年纪大些的要对年小的提携照顾。我登记了他们要去的地址:徐州啊,洛阳啊,西安啊,青年军团啊,航空学校啊……那登记的名册都随时带在我底身边,现在我还查考得出。"②

---

① 吴伯箫:《记乱离》,《吴伯箫文集》上卷,第 440—441 页。
② 吴伯箫:《引咎篇·二》,《吴伯箫文集》上卷,第 472 页。

12月，先生从徐州到蚌埠，在安徽第十一集团军政训处任上尉处员，负责招考学生军。

《旅途（四首）》诗中注释记述："一九三七年底过徐州，参军抗日，到达的时候和离开的时候都是黄昏。"①

先生《自传》记述："原想绕道徐州去济宁（听说教育厅到此）交代工作，在徐州遇蔡得琪朋友王深林（师大同学王笑房之兄），曾任山东省政协副主席，时在第五战区司令长官部当李宗仁秘书，劝我们参加十一集团军……"②

《踏尽了黄昏》记述："是的，我早就想受一点严格的军事训练，跟着广西军在安徽一带跑了半年，对行伍的事我也感到了极浓厚的兴趣。"③

> 第十一集团军，即国民革命军第十一集团军，1937年底奉令组建，首任集团军总司令李品仙，下辖韦云淞的第三十一军桂系部队，属第五战区指挥管辖，曾参加徐州会战，在明光、滁县一线顽强抗击日军。后该集团军历经改编，于1944年创造过中国军队对日作战单一战场战绩的重大胜利。

12月30日，先生随军出发往淮南古城寿州。

《怀寿州》记述："一九三七年十二月三十日早晨，雾是那样的浓重，像一幅野鸭绒的絮被将安徽田家庵周围的田野都笼罩了起来，庐墓房舍也都荫蔽得一塌模糊……其实田家庵村头那时正集合着××集团军总部底大批人马准备出发；即便人们都默守着严格的军纪肃然无哗，'沙场秋点兵'的那俨然的行列，同前

---

① 吴伯箫：《旅途（四首）》，《诗刊》1962年第4期。
② 吴伯箫：《自传》。
③ 吴伯箫：《踏尽了黄昏》，《吴伯箫文集》上卷，第448页。

前后后萧萧的马鸣,对一个初入行伍的人还是极紧张极热闹的。'出发吧'!——命令下来了,新任上尉处员的我跟了大家一块儿跨上了马。那次出发的目的地就是寿州。""将民众安定下来,替商店开了门,招来了主顾使卖菜卖鱼肉的朝市重新苏醒了活了起来的,是总部底'戎'字招牌。老百姓说:'你们戎字兵好,戎字远看像"成"字,不打人,不骂人,公买公卖,替我们打日本。'""学生军的青年朋友,你们还记得么? 是在寿州我们聚在一起的。照壁街复兴居是我们底招生场。记得你们从邻近的县分爬山越岭地跑来,家失了,偶然凑巧就兄弟般挤在一家小店里等一个入伍的机会。"①

年底,写散文《记乱离》,记述带学生从莱阳到临沂过程以及自己参军入伍经历,其中写到从正阳关带学生军乘船往寿州进发情形:"入伍以来虽不过二十多天,经历却颇多新奇、紧张,值得记忆的事。将来有机会,愿意一件件告诉你们。写这些话的时候,我正在淮河舟中,带了一帮像你们样的男女新兵向寿州进发。昨天在正阳关,听旅馆隔壁一个剧团排演《放下你的鞭子!》,唱各种救亡歌曲,令我特别想起了你们。"②

本时期所写收入《羽书》集内的《岛上的季节》、《夜谈》、《梦到平沪夜车》、《灯笼》、《边庄》诸篇未注明具体写作日期。

---

①吴伯箫:《怀寿州》,《吴伯箫文集》上卷,第 450—452 页。
②吴伯箫:《记乱离》,《吴伯箫文集》上卷,第 442 页。

第五章　延安:革命与抗战
（1938—1945）

1938 年(民国二十七年)　33 岁

1 月 30 日,农历丁丑年腊月廿九日,先生与学生军在寿州驻地度过除夕。

1 月 31 日,农历戊寅年正月初一日,先生带学生军第二中队在寿州八公山打靶训练。

《怀寿州》记述:"记得平时我们都忙着学生军底训练工作,彼此想不起朋友,也无暇想家。不过旧历除夕却将我们底记忆搅醒了;委屈着,眉间都锁紧了郁悒……那晚总部有化装晚会,怕热闹我们没去参加,你说:越热闹的地方越感到寂寞。看学生军聚餐之后,半培仓小学一间小屋里才开始了我们底除夕大年夜。将木炭火烧得旺旺的,踏着黑沉沉夜底街巷去买一瓶酒,买一些肴菜,糖果,很像过年的样子啊! 不过喝了酒,却想不起那时为什么都没有话说。沉默,沉默! 忽然你自言自语似地:'不知家里怎样了'? 听那酸酸的语尾知道你在落泪用话岔开,你笑着,微微不好意思。""就那样,烤着柿红的炭火,送完那一个漫漫长夜。""元旦,绝早,第二中队去八公山打靶。人人都很兴奋。"①

----

① 吴伯箫:《怀寿州》,《吴伯箫文集》上卷,第 453—454 页。

先生随第十一集团军向潢川第五战区抗敌青年军团集中。

2月初(或为4月初,臧克家在其老年回忆录《诗与生活》中回忆他在4月23日到武汉,几天后在街上遇到先生。子张按),先生到汉口,住海陆饭店,在汉口住了二十多天。其间,先生曾以"来宾"身份在汉口总商会会堂参加全国学生会成立大会。在汉口也与老舍、臧克家重逢,并谈及赴延安事。

先生离汉口过郑州到西安,学校钤记留给庄仲舒,存款和图章留王深林处,经十八集团军办事处同意介绍,决定去延安。

先生《自传》记述:"1938年1月向潢川青年军团集中,1月底2月初到汉口住二十来天,住海陆饭店。蔡得琪、王同羽也一同到了。一因是工作感苦恼,二因对蔡有些个人感情。""庄仲舒介绍去看庄明远(政治部),可介绍到部队,杨鹏飞(山东流亡生)邀去国立六中。未去。""向十八集团军办事处要求两次同意介绍去延安。""蔡得介绍信去延安。四五天后也只身去西北,钤记留庄仲舒处,存款、图章留王深林处。离汉口过郑州到西安是一个人。"①

先生晚年回忆:"我们(指先生与老舍二人,子张按)从莱阳分手后,不久山东沦陷,我们各自逃亡出来,1938年春在武汉又再见了。老舍正在冯玉祥将军那里。两个人在街上吃小馆的时候,我告诉他要到陕北去,他热情支持。"②

4月底,先生只身到延安,被编入抗日军政大学(下文简称抗大)第四期第一大队三支队政治班学习四个月,任班长,至8月。其间,写第一篇壁报《抗大,我的母亲》。

先生晚年回忆:"我一九三八年四月到延安。从此真正走上

①吴伯箫:《自传》。
②吴伯箫:《作家·教授·师友——深切怀念老舍先生》,《吴伯箫文集》下卷,第524页。

革命的道路。先在抗日军政大学第四期一大队政治班学习四个月,于当年十一月参加八路军总政治部组织的抗战文艺工作组第三组,任组长。到晋东南前方工作。写了《潞安风物》、《沁州行》两组通讯报道和《响堂铺》、《路罗镇》等几篇散文,多寄给老舍转《抗战文艺》。"①

又:"抛却一切牵挂,家庭,戚朋,学校铃记(趁教育厅一科长还昏睡未醒的时候弃置在他的床头),只身跑到延安,就为了找党,归队。一望见嘉陵山的宝塔,凤凰岭东麓的古城,立刻感到心情舒畅,呼吸自由,到家了。在抗日军政大学跟济南乡师的学生编在一个队里,年龄相差十岁,出操却一样先迈左腿。在瓦窑堡一大队我写的第一篇壁报稿题目是《抗大,我的母亲》。我们的政治委员胡耀邦同志,四十年后还记得我。新时期在新侨饭店举行的第一次文艺茶会上,他说:'你不是带学生一起进抗大的么?'"②

臧克家回忆:"一九三八年四五月间,伯箫将去延安,我到他住的旅舍的斗室中话别。"③

臧克家回忆:"见到王莹的第二天,在街上不期而遇伯箫,他说明天就要动身去延安,我到他住的旅社的斗室中话别一番,他说有的朋友已于最近离武汉到延安去了。这时'抗大'正招生,我曾看到一张招生广告,负责人是罗瑞卿同志。"④

5月5日,马克思诞辰一百二十周年纪念日,先生在延安城内抗大听哲学家艾思奇演讲,并得到其题词:"团结全国为争取

---

① 吴伯箫:《吴伯箫(答〈调查提纲〉)》,《中国现代文学研究丛刊》,第 1 辑,第 230 页。
② 吴伯箫:《无花果——我和散文》,《吴伯箫文集》下卷,第 496 页。
③ 臧克家:《五十二年友情长——追念伯箫同志》,《人民文学》1982 年第 10 期。
④ 臧克家:《高唱战歌赴疆场》,《诗与生活》,第 148 页。

抗日最后胜利及建立自由幸福的民主共和国斗争到底。"

先生晚年回忆:"我认识老艾同志是1938年初夏,在延安城里。那时他正给千多名抗大学员上露天大课。学员们坐在地上,各就膝头作笔记,既肃静整齐,又愉快活泼。灰色军装汇成的湖面上,阳光灿烂,微波荡漾。周围还站着一伙一伙衣着斑驳的听众,那多半是像我一样,刚刚到延安,像渴了找水喝,饿了找饭吃,由于慕名而鹜集旁听的。""散课后,我到他简陋的平房住室去看他,作了自我介绍。我比他大四五岁,算是老学生。他给我纪念册上写了这样的话:'团结全国为争取抗日最后胜利及建立自由幸福的民主共和国斗争到底。'艾思奇的题词表达了抗日民族统一战线和《论持久战》的精神。那天是马克思诞生一百二十周年。作为新学员我被编入抗日军政大学第四期一大队。"①

5月,抗大一大队由大队长苏振华、政委兼副大队长胡耀邦率领,开赴瓦窑堡,行前听毛泽东讲话。在抗大先生写第一篇壁报《抗大,我的母亲》。

自述:"我于一九三八年春天到延安,入抗日军政大学学习,编入驻瓦窑堡的一大队三支队。三支队的学员是当时从陕甘宁边区外边像潮水一样涌进延安的又一批青年,他们向往革命,一心抗日,朝气蓬勃。队伍刚编好,毛主席就在凤凰山下窑洞门前给我们讲话。清楚地记得讲到宝塔山上有两面旗子:一面是民主,一面是自由。亲切地嘱咐我们好好学习。听了讲话的第二天,我们就行军去瓦窑堡。"②

徐懋庸记述:"大约是四月下旬或五月上旬,有一天我在城里闲逛,走到北门里的一个广场边,看到毛主席在对一个队伍讲话。原来以苏振华为大队长、胡耀邦为政委的'抗大'一大队,要

①吴伯箫:《我所知道的老艾同志》,《吴伯箫文集》下卷,第517—518页。
②吴伯箫:《"努力奋斗"》,《人民文学》1976年第9期。

开到瓦窑堡去了。我就站下来旁听，听见他这样一段话，印象特别深刻：'同志们，瓦窑堡那里还有国民党和它的政府，也有我们的党和政府，那里的老百姓，熟悉的是国民党，对共产党还不是很了解。同志们去那里，老百姓就要通过你们来观察共产党，所以你们一定要把党的政策和作风带去，使得老百姓拥护我们。同志们都是经过长征的老红军，二万五千里，这很光荣。但是二万五千里也是一个包袱，可以使人骄傲；背上这个包袱，而骄傲起来，老百姓就不喜欢我们，我们就会脱离群众。'这是我第一次听到'背包袱'这句话。"①

徐懋庸记述："第四期——猛烈发展的一期（一九三八年四月—十一月）。学员五千五百六十二名，绝大部分是外来知识青年。校址仍在延安，但在十一月敌机轰炸后，校部及延安城内各大队迁至城外（校部、二、三、四、八大队——八大队为女生大队——均驻延安）。苏振华为大队长、胡耀邦为副大队长的一大队于五月开赴瓦窑堡……这一期学习了毛主席的《论持久战》和党的扩大的六届六中全会文件。在这一期中，开展了纪念建校两周年的盛大活动并对来延安参观的国际学生联合会代表团举行了盛大的欢迎活动，扩大了国际影响。"②

8月，先生抗大结业返回延安。其间，通过他人，得到毛泽东题词："努力奋斗"。

自述："我们是抗大第四期政治队。在团结、紧张、严肃、活泼的氛围中学习了四个月结业。一部分同志编入军事队继续学习，我随另一部分由一位区队长带队回延安，准备分配到前方去工作。要跟区队长分手的时候，很留恋，想请区队长在一本纪念册上留言。区队长是纯朴憨厚又刚健坚强的农民出身的干部，

①徐懋庸：《徐懋庸回忆录》，人民文学出版社1982年版，第100页。
②徐懋庸：《徐懋庸回忆录》，第114页。

担任过毛主席的警卫员。他说:'我请毛主席给你写吧。'我高兴而又激动地把纪念册交给他。当天,毛主席就用毛笔亲笔题了'努力奋斗',并签署了光辉的名字:毛泽东。"①

　　在延安准备分配到晋东南前线的一段日子中,当时在延安鲁迅艺术学院(下文简称鲁艺)暂留任教的卞之琳有记载:"当时延安城早被日本飞机炸成了一座空城,已不见北门外沿延水一带小饭馆林立的景象。因为大家平时在各自的学校、机关、民间团体吃惯了小米饭加胡萝卜的缘故,外来知识青年总是特别嘴馋,爱凑钱吃吃小馆子。我在还等候过黄河去前方的一段时间内,暂住城里文化协会(当时戴爱莲、欧阳山尊等也住在那里)。大家可以只花几分钱从街上买一大抱花生回去共享。吴伯箫晚间还常带我到城中十字街头的小吃摊上,花几分钱吃一碗醪糟鸡蛋,也感到其乐无穷。半年后我在1939年五六月间回到空城,市场已迁到城南一个山沟里了。"②

　　11月11日,香港《大公报》文艺副刊《作家行踪》专栏刊出吴伯箫致萧乾函。

　　11月12日开始,先生参加抗战文艺工作团(下文简称抗战文工团),到晋东南长治一带,任三组组长,组员有卞之琳、马加、林火、野蕻,至1939年4月。此行先生写了十余篇战地报道,先后发表于《大公报》、《抗战文艺》等报刊,其中《潞安风物》、《沁州行》分别在香港《大公报》连载十余次,影响甚大,1947年结集为《潞安风物》由香港海洋书屋出版。卞之琳此行也写了总题为《晋东南麦色青青》的长篇报道,发表于1939年重庆《文艺战线》杂志。

---

① 吴伯箫:《"努力奋斗"》,《人民文学》1976年第9期。
② 卞之琳:《"客请"——文艺整风前延安生活琐忆》,《卞之琳文集》中卷,第112页。

雷加记述:"当年组织抗战文艺工作团去前方,共分三批……第三组:吴伯箫,卞之琳,马加,林火,野蕻。三八年十一月出发,去晋东南长治一带。三九年四月回延安。"①

《延安文艺史》记载:"自1938年开始陆续派出了六个为前方服务的文艺小组,毛泽东亲自给它定名为'抗战文艺工作团'。'抗战文艺工作团'得到了党中央和八路军的大力支持。团员们不畏艰险,长途跋涉,走遍了晋西北、晋察冀、晋冀鲁豫、冀中、鲁西北和晋东南等地。他们共开展了六个方面的工作:建立战地文艺通讯网,搜集各地关于抗战的现实史料,有系统地编写前方通讯报告,收集民间文艺,进行实地摄影,培训文艺干部,推动与组织文艺宣传工作。"②

马加记述:"刘白羽严肃而正经地对我说:'这是毛主席提倡的。希望作家和工农兵相结合,深入敌后抗日根据地,写出能够鼓舞人心的好作品。现在延安文艺工作团已经组织了两批。第一批有我和金肇野,第二批有雷加,第三批报名的有卞之琳、吴伯萧〔箫〕、韩冰野、朱野蕻。如果你愿意去,你就是第三批的团员。'我报名参加了第三批延安文艺工作团,只带了一些随身用的东西,轻装上阵,就出发了。""1938年初冬,霜降刚过,第三批延安文艺工作团出发了。一行共是两辆敞篷大汽车。朱总司令和警卫员乘坐第一辆车,我们延安文艺工作团和地方干部乘坐另一辆汽车。"③

11月12日,先生随抗战文工团第三组从延安乘坐汽车到西安再到河南灵宝。

---

① 雷加:《四十年代初延安文艺活动》,《新文学史料》1981年第2期至1982年第1期连载。
② 艾克恩主编:《延安文艺史》上册,河北教育出版社2009年版,第43页。
③ 马加:《漂泊生涯(三)》,《新文学史料》1996年第4期。

　　诗作《炮声在呼唤》题记记述:"诗记一九三八年深秋十一月十二日抗战文艺工作团第三组由延安出发赴前方时心情,——:上车吧,马达响动,好凉的,十一月多霜的风。回头望嘉岭宝塔,——望清凉山,问延安:'会不会留恋?'"①

　　《马上底思想》记述:"西安到灵宝的路上,我见他(指朱德,子张按)坐载重汽车,穿一身灰布军装和汽车司机挤在驾驶室里;华阴县岳镇底北关头上,同警卫员一块吃煮白薯,吃带芝麻的关东糖,从他毫无骄矜的谈吐,纯正自然的态度,谁知道他就是千百万人常常念道的人物呢。灵宝到渑池坐夜车,悄悄地走过,连站长都不晓得。"②

　　马加记述:"第二天,我们这个文工团的成员都去了八路军的总部,见了朱总司令。八路军总部的办公室陈设得很简单,墙上挂着军用地图,桌上放着牛皮制的图囊。那工夫,朱总司令刚送走一位包着羊肚子手巾的农村干部,又戴上老花眼镜,接着看刚送来的一份电报。他看完了电服,用四川话和我们打着招呼:'我们一路从延安出发,没有工夫和你们摆龙门阵。'""文工团的团长是吴伯箫,他善于外交,也客气地回答说:'我们知道朱总司令很忙,没有敢打扰。'""朱总司令说:'现在抗战了,我们八路军在山地打游击,处处需要群众配合。动员参军,交纳公粮,抬担架,站岗放哨,送信,哪一样也离不开群众。没有了群众,八路军就不能打胜仗。'"③

　　11月17日,在河南灵宝,先生率抗战文工团第三组成员换乘火车往渑池方向进发,继而从渑池北渡黄河进入山西垣曲县

————————

①吴伯箫:1938年11月28日诗作《炮声在呼唤》题记,《吴伯箫文集》上卷,第508页。
②吴伯箫:《马上底思想》,《吴伯箫文集》上卷,第361页。
③马加:《漂泊生涯(三)》,《新文学史料》1996年第4期。

境内。

《夜发灵宝站》记述："东开的辎重汽车，在函谷关下被阻于弘农河窄窄的木板桥，我们便有了在灵宝车站改乘火车的机会……时候是初冬，一九三八年十一月十七日。"①

《露宿处处》记述："从豫北渑池县的南村渡过了黄河，就是山西南部的山峦地带了。东是太行山脉，西是中条山脉，中间又横亘以王屋，析城。行路的艰难，虽不像'危乎高哉'的西蜀栈道，但山径的崎岖处，峰崖的峭拔处，也颇使落脚时费些斤两与踌躇……这次我们就于八天的功夫在晋东南蜿蜒跑了整五百里。"②

11月18日，先生率抗战文工团第三组成员进入山西省境内垣曲城。

卞之琳记载："合上地图，跨上南村渡口的渡船，一会儿你就过了黄河，到了垣曲城外了。""初冬的垣曲城郊还只是晚秋景象，天气暖和。树叶还颇有些绿的。黑河流在城西，清极了。修长的白杨到处都是。站定了望望黄河南岸一座特别奇峻的蓝色的远山，听听近旁的水声，树声，你会想起这里有江南的秀丽而又是道地的北方。尤其是，一听到黄河湾里的特别多的雁声，看到像别处农家挂在檐前的红辣椒一样，一大串一大串挂在村树上，预备做柿饼的红柿子，那么鲜明的，你会想起这里又确是垣曲。""慢慢的从西门进城吧……拉住了一个过路的市民问问看。'这里老百姓只回来了三分之一'是你听到的回答，也确是我在11月18日下午亲自听见的回答。城里没有做买卖的吗？热闹

---

① 吴伯箫：《夜发灵宝站》，《吴伯箫文集》上卷，第343页。
② 吴伯箫：《露宿处处》，《吴伯箫文集》上卷，第354页。

的地方在哪里？'在南关。'"①

在垣曲,先生与抗战文工团第三组其他成员借宿垛底村积善堂王宝书家,第四天,进入沁水流域阳城县境内,并继续往长治走。(参见吴伯箫《露宿处处》和卞之琳《山道中零拾》、《阳城在动》、《向上的道路》等,子张按)

卞之琳记载:"大体上是一条向上的道路,这 500 里路,从垣曲斜向东北行,穿过阳城到长治,在地势上,自然这也不是一条直线,而是像统计表上的曲线,中间有升降,而一般的是逐渐向上。尤其是,到长治附近,大致走的是平地,实际是高原,不知不觉地上了太行山区的脊背了。"②

11 月 22 日,抗战文工团第三组一行自山西垣曲县往阳城县,当夜入住阳城县候井村汤王庙。

《送寒衣》记述:"十一月二十二日,我们同行五人,在垣曲县境的李圪塔村到阳城县境的候井村途上。清晨,一开路,自己就仿佛有些颓丧,脚懒得抬,心头也积蕴着深深的悒郁。走不快,索性让别人头里先走,乐得自己跟了行李挑子在后边蹒跚逍遥。这样也好吧,一个人在孤寂的时候,倒更容易用思想,做白日梦,看沿途的风光。"③

《露宿处处》记述:"阴历十月一,我们住过候井汤王庙,夜深亥时起来,看村人敲锣鼓,送鬼灯(日人在那里曾杀过上百的百姓)。阴森森的,一线新月的光里仿佛真有什么幢幢的幽魂。"④

卞之琳记载:"……我记起了,先一日从李圪塔到候井途中

①卞之琳:《晋东南麦色青青》,《卞之琳文集》上卷,安徽教育出版社 2002 年版,第 506 页。

②卞之琳:《晋东南麦色青青》,《卞之琳文集》上卷,第 523 页。

③吴伯箫:《送寒衣》,《吴伯箫文集》上卷,第 349 页。

④吴伯箫:《露宿处处》,《吴伯箫文集》上卷,第 359 页。

听歌的一幕。那是 11 月 22 日，1938。我们一路听到妇人的哭声，先觉得奇怪，随即明白了那天是旧历十月初一日。"①

　　11 月 23—24 日，先生与卞之琳在阳城县参加各界为抗战文工团第三组举办的座谈会，采访游击司令唐天际，并由其安排，借宿魏氏楼。

　　《游击司令唐天际》记述："阳城开福寺大雄宝殿的西厢里，椅子放在一张长长的香案的一端。自然，这香案是从前敬神摆供的，现在却是游击队拿来开会议用了。去会见他的时候，他像家里人一样招呼你，伸伸手，意思是让你坐下，自己却坐在那事先放在案头上的椅子上了……跟着就吩咐，安排你的住处……你好好的睡一夜，第二天绝早唐司令就来看你了……再见面的时候，他已摆好了酒席等你……吃了请之后，如果你请求，唐司令可以同你谈他的经历，和他手下队伍的生成。""又一次夜里访唐司令，面对了一张小桌子，一盏油灯，我们曾谈到半夜。"②

　　《露宿处处》记述："阳城，借宿魏氏楼。""住处是唐司令给事先安置的。房子真雅致，四面二层的楼房挤成一个小小的院子；堂屋柱子上一副抱柱对联：'青萍叶动知鱼过，朱阁帘开看燕归。'知道房主人是雅人。楼上有字有画，字是华世奎写的四幅炕屏，里面有'诗成枕上常难记，酒满街头却易赊。'那样的句子，很喜欢。摆设是很精致的桌椅木器。很久不看书了，搁板上也竟找得到阳城县志，唐诗，青楼梦；睡前翻阅一过，很像多年漂泊，忽然回到了故乡那样亲切。"③

　　卞之琳记述："街道小而花样多，人多，阳城到底有哪些机关，哪些团体呢？这样想，我在 11 月 23 日，1938 年，阳城各界从

①卞之琳：《晋东南麦色青青》，《卞之琳文集》上卷，第 523 页。
②吴伯箫：《游击司令唐天际》，《吴伯箫文集》上卷，第 503—507 页。
③吴伯箫：《露宿处处》，《吴伯箫文集》上卷，第 356 页。

百忙中抽出时间来招待我们的座谈会上,从签到簿上抄下了他们所代表的名字(照原来的次序)……""可惜我们这次在阳城只停了一天半,忙得来不及到把出了许多豁口的南城垣上去看看那个铁锚是否还在那里。"①

11月28日,先生写战地通讯《踏尽了黄昏》,刊载于香港《大公报》文艺副刊1939年2月4日,随后被上海《火花月刊》转载。又于同日"红花场,途中"写新诗《炮声在呼唤》,记述离开延安往晋东南前线时情形。

12月1日,在"潞城故彰",先生写战地通讯《夜发灵宝站》,刊载于《抗战文艺》1939年第3卷第7期,后被收入《潞安风物》1947年版。在故彰还写了《游击司令唐天际》。

12月3—4日,卞之琳在故彰写作《垣曲风光》、《山道中零拾》。

12月5日,先生写战地通讯《送寒衣》,刊载于《抗战文艺》1939年第3卷第5—6期合刊。

12月10日,先生写散文《怀寿州》,刊载于《抗战文艺》1939年第3卷第2期,后以《怀寿州——随军草之一》为题刊载于香港《大公报》文艺副刊1939年2月3日第519期,也曾发表于福建永安《改进》杂志1939年第1卷第1期。

萧乾记述:"刊物(指香港《大公报》文艺副刊,子张按)问世后,很自然地引起香港及大后方文化界的注意。《文艺》终于雄赳赳地走上抗战的前哨。接着又刊出美国友人史沫特莱的《冬夜行军》和《八路军随军记》(译者艾风),黑丁的《我怀念吕梁山》,吴伯箫的《随军草:怀寿州》等一系列直接来自战场的文章,其中还有几篇将军访问记,如谢冰莹的《会见赵侗将军》。"②

①卞之琳:《晋东南麦色青青》之《阳城在动》,《卞之琳文集》上卷,519页。
②萧乾:《文学回忆录》,北方文艺出版社2014年版,第210页。

12月12日,毛泽东在延安作《在抗大干部晚会上的报告》,提出"自己动手"开展生产运动的主张。同日,先生随抗战文工团第三组到达晋东南第一座大城长治,当晚写战地通讯《潞安风物》第一、第二节,14、16日,又分别写第三、第四节,该文自1939年6月27日至7月24日在香港《大公报》文艺副刊连载13次。

《潞安风物》记述:"到长治了。在去年冬季第一个冷天里,我们到了这太行山晋东南的第一座大城。""一行五人,用了总部两匹日本俘虏马,驮行李,走了大半天的工夫。在路上刺骨的冷风里并没耽误了我们想:这劫后的长治城到底是怎样的呢? 探听着,热烈地希望着,有访问一位受伤的将军的那种提心吊胆的心情。""今天下午我特别去凭吊了一番被敌炮轰残了的北门城楼,也去访问了几户受难的家庭。"①

12月13日晚,先生参加当地举办的"士绅座谈会",朱德与会演讲。

卞之琳记载:"12月13日,1938,在民族革命中学的民族革命室里又开了一个特别长,意味也特别长的座谈会:士绅座谈会。""八路军朱总司令是座谈会中被包围的中心人物。"②

在长治,先生与卞之琳分别,卞回总部,先生自己冒雪出发去沁州。沿途经长子城、鲍店镇、余吾、关上、榆林村、李家社、老庄、襄垣县首镇簸亭,"雪行三日"到乌苏村,住联络处招待所,听"安主任"介绍小游击队员王翰文并采访。

12月27—29日,先生在乌苏村整理《潞安风物》,并在这里迎来新年。

《沁州行》记述:"晋东南,人们告诉说,长治是政治、文化的中心;沁州是民众运动的模范。在我正是离开了长治到沁州的

---

① 吴伯箫:《潞安风物》,《吴伯箫文集》上卷,第365、368页。
② 卞之琳:《晋东南麦色青青》之《长治马路宽》,《卞之琳文集》上卷,532页。

途中:季陵则是专为访问山西新军决死三纵队而来的。以来宾资格而被优渥招待留了一宿的翌晨,正大雪纷飞。季陵回总部,我开始我底漫漫长途。"①

先生晚年回忆:"朱德同志在长治嘱咐我们:'时代是伟大的,你们要好好地写啊。'我们跟着他过新年,参加在沁县城外举行的万人群众大会,又从另一处沙滩野地搭起的舞台上听他给整装待发的部队讲话:'变敌人后方为前线,继续东进!'谆谆的教导,山岳一样镇定宏伟的气度,至今还响在耳边,屹然显现在眼前。就是那时候,写《潞安风物》,写《沁州行》,写《响堂铺》、《神头岭》。叫通迅也好,报导也好,从前线寄给远在重庆的老舍转《抗战文艺》,都是作为散文发表的。"②

卞之琳记载:"12 月 18 日起下了一场大雪,把一切都暂时掩盖了。"③

1939 年(民国二十八年)　　34 岁

1 月 1 日,先生在乌苏村迎来新年。

《沁州行》记述:"在乌苏,赶上阳历年,联络处的人大家会餐:十个菜,吃面食,还有酒喝,是相当热闹的。招待所的人大家一桌,王翰文和唱秧歌的小鬼都在座。唱一会歌,喝一会酒,大家都非常快乐"④

在"下乡"的"山西省第三行政区专员公署",先生采访沁县专员、八路军决死游击一团政委薄一波不遇,过郭村后另一小村

①吴伯箫:《沁州行》,《吴伯箫文集》上卷,第 382 页。
②吴伯箫:《无花果——我与散文》,《吴伯箫文集》上卷,第 497 页。
③卞之琳:《晋东南麦色青青》之《沁县来的消息》,《卞之琳文集》上卷,549 页。
④吴伯箫:《沁州行》,《吴伯箫文集》上卷,第 392 页。

见到。

《沁州行》记述:"誓师大会底台前眼看已经黄昏了,赶到另一处小村子,赶到另一所下了乡的衙门我才会见也是决死队政治委员的薄专员。""白皙的面孔,刮得青虚虚的络腮胡子,有点西洋美的是那样一个精干漂亮的人物。听说曾为了思想进步坐过六年监狱哩!态度是从容而亲切的。给他谈谈话吧,他绝不会使你感到一般作客的局促。像在自己家里,笼了火盆的屋里是姓张、姓梁、姓傅的他那么一些部下;谈话中勤务员也插嘴,真是又自然又洒脱。他是健谈的,话到深夜,精神还很饱满。传闻他有'铁嘴'的绰号,若然没有更好的暗示,至少是对他一开口便滔滔不穷的一个特写。"[1]

先生参加"晋东南二十四县的群众大会"并作记述《八万只臂膀》,这是战地通讯《沁州行》的最后一节(此会或即八路军抗战史上山西省第三、第五行政专员公署于沁县召开的晋东南各界"反汪拥蒋大会",子张按)。

《沁州行》记述:"晋东南二十四县的群众大会,是四万个人底人海,带了四万个响亮的喉咙,八万只坚韧的手臂……会场坐落在沁县城南关外的广场上,北靠被轰炸得破碎不堪的城阙,南边是蜿蜒东去的小漳河。小漳河结冰了,映带着沿河起伏的丘陵,将广场绕成了一个小小盆地。""报到了,正午日当头,按了三路行军纵队挨了村庄次序站成一个扇面,山曲编村,漳源镇,松子村,长街……团体代表不计,村与村是八十六个单位,总数是三万六千四百一十八人。""司令台上朱德将军,专员,各军各界底团体代表;司令台下,一队过去了,喊:'努力奋斗!'两队过去了,妇女们也微笑着红喷喷的脸向右看开正步走。"[2]

①吴伯箫:《沁州行》,《吴伯箫文集》上卷,第396页。
②吴伯箫:《沁州行》,《吴伯箫文集》上卷,第397—399页。

本月,先生写完长篇战地通讯《沁州行》,共四节,分为《雪行三日》、《"调皮捣蛋"》、《衙门下乡》、《八万只臂膀》,自1940年2月19日至3月18日在香港《大公报》文艺副刊连载13次。

李辉记述:"首先提到的是吴伯箫的散文。在《文艺》上他发表了近十篇散文、特写。其中《潞安风物》连载十三次,《沁州行》连载十三次。他的散文均是反映根据地人民的斗争生活,文字朴素,真实地记录了他的所见所闻。上面两篇长文,虽不直接写延安,但那是他从陕北到太行山一带前线之行的收获。"①

1月11日,先生从山西黎城到河南涉县(现属河北省)境内的响堂铺并留宿,后写成战地通讯《踏过响堂铺》。

2月2日,中共中央在延安召开生产动员大会,中央财政经济部部长李富春作报告《加紧生产,坚持抗战》,毛泽东讲演号召开展"伟大的经济战线上的斗争。"

2月,写战地通讯《踏过响堂铺》,追写1938年3月31日发生在这里的八路军以一个团的主力截击敌人一百八十辆汽车、毁其九十三辆战绩的三小时战斗史,以及遭敌侵略后响堂铺的惨状。刊载于《抗战文艺》1939年第4卷第2期。

《响堂铺》记述:"在村子里看到了敌人焚毁的我们底房舍,在河滩里看到了我们捣毁的敌人底汽车。站在烂汽车的旁边,让同行的季陵兄给照一张相,留它一个纪念;对战绩我们虽只是读者,也分它一份光荣吧。"②

先生晚年散文《忘年》记述:"跟韦,在前方我们相处得久些。在武安,涉县一带游击队里,一身棉衣,一条被单(轻装,棉花抽了)过冬。每到夜晚睡觉的时候,每人把自己的棉裤腿扎住,被

①李辉:《延安文学在香港〈大公报〉》,《新文学史料》1991年第3期。
②吴伯箫:《响堂铺》,《吴伯箫文集》上卷,第406页。文章发表时名为《踏过响堂铺》,收入文集时改为《响堂铺》。

单的一头绪进裤腰里,上身被单上盖棉袄,几个战友挤到一起,同样做春夏天温暖的好梦。"①

先生晚年回忆:"我在晋东南写的《潞安风物》、《沁州行》等通讯报导,就是寄给他(指老舍,子张按)转《抗战文艺》的。"②

先生与卞之琳路过河北邢台路罗镇。

《路罗镇》记述:"南边紧掠过镇子是路罗川。石子河底,水清澈而湍急,市镇坐落在北岸,街道虽不甚整齐,但是极干净。商家居住户十分之八,多杂货、客店、粮栈、饭馆。是通冀晋的孔道呢。听说有一年川水大涨,冲去了半条镇街,买卖便萧条了下来。我和季陵路过那里的时候,逢着市集,又逢着好日子,却相当热闹。附近八起娶媳妇的,家家都奏着鼓乐从镇上穿过。新娘子坐轿,轿帘是敞着的,能看得见新人的娇羞;新郎骑马,多十一二岁甚至八岁的孩子,还都带着一团稚气。"③

3月,写战地通讯《路罗镇》,刊载于香港《大公报》文艺副刊1940年7月29日。

先生访问山西黎城与潞城之间的神头岭,此为1938年3月16日八路军歼灭日军一千二百余人的战场。后据此写成战地通讯《神头岭》。

返程中,先生经山西垣曲县城到据县城三里路的小赵村访抗战传奇人物"郭老虎",不遇,后据此写战地通讯《郭老虎》(此处据吴伯箫《郭老虎》推测,或为1938年11月间,确切时间待考。子张按)。

返程时,先生与卞之琳自垣曲南渡黄河,再搭乘送子弹的回

①吴伯箫:《忘年》,《吴伯箫文集》下卷,第508页。
②吴伯箫:《作家·教授·师友——深切怀念老舍先生》,《吴伯箫文集》下卷,第524页。
③吴伯箫:《路罗镇》,《吴伯箫文集》上卷,第412页。

程汽车于午夜到河南渑池,微雨中入住一个退伍军人开的"交通饭庄"。

《微雨宿渑池》记述:"我们那次是带着复杂的情绪渡黄河的。我们是从火线回来。想想前面还开展着激烈的战斗,我们却回来了。仔细听不是还听得见隆隆的炮声么?有炮声的地方就免不了有争夺,有肉搏,有牺牲。将万千弟兄留在火力网里,倒觉身子底逍遥成了心灵底重负了,过黄河又适逢夕阳西沉的黄昏时候。""晋东南二十六县底抗日根据地借它的滋养才能一天天扩大,一天天坚强。也为此,七天走六百里山路之后,我们才有缘趁黑夜摸过黄河,又趁黑夜沾光搭送子弹的回头汽车。渡船是辛苦的,我祝福撑渡船的舟子。""'交通饭庄'是新开张的,房间里,床、桌、盆架,悉仿都市风光安置,素朴,也雅洁。苇席作隔壁,和另一家旅客可以息息相通。实在有些倦了,照行军规矩擦擦脸、洗洗脚,季陵占床,我用一张席打一个地铺,便草草就睡了。窗外开始落着渐渐飒飒的微雨。"①

马加记述:"按照延安文艺工作团计划,是经过晋东南军区、冀南军区、冀中军区、晋察冀军区、平西军区、晋西北军区,然后再返回延安。当时,有一支由朱瑞率领的山东总队,准备到山东开辟工作,要通过平汉路封锁线。我们于是跟着这支队伍,一夜急行军百里,准备过平汉路。可是由于敌情的变化,还是没有过平汉路,而在河南的武安一带停止了前进。这一停顿就是一个多月,毫无消息。在焦急等待的情况下,韩冰野到《太行日报》去做了主编,吴伯箫和卞之琳回了延安,朱野蕻开了小差,只剩下我一个了。"②

4月,先生与卞之琳过西安回延安,被安排到陕甘宁边区文

---

① 吴伯箫:《微雨宿渑池》,《吴伯箫文集》上卷,第433—434页。
② 马加:《漂泊生涯(三)》,《新文学史料》1996年第4期。

化界救亡协会工作。

先生晚年回忆:"四月跟卞之琳又过西安回延安,见刘子衡、李子丹(山东大学学生,莱芜同乡)。"①

又:"一九三九年五月从晋东南回延安,编《文艺突击》。后任秘书长。也在中国女子大学教书。写作很少。""一九三九年'五四'青年节,听了毛泽东同志的著名讲演:《青年运动的方向》,开始领会知识分子要与工农群众相结合的教导。"②

又:"从1939年5月起,在陕甘宁边区文化协会我们相处了三年。编《文艺突击》,筹备文化代表大会,接待从'大后方'先后到延安的文艺工作者,成立延安文艺界抗敌协会,都是在这个时候。""老艾同志会游泳。在狄青牢崖下延河那处水深的地方,我们一道跳水,潜水,他的功夫最深。仰泳他能手叠脑后躺在水上。"③

　　陕甘宁边区文化协会,成立于1937年11月14日,原称"陕甘宁特区文化界救亡协会",同年12月改名为"陕甘宁边区文化界救亡协会",1941年改名为"陕甘宁边区文化协会",通常简称"边区文协"或"文协",是"陕甘宁边区文化运动的总领导机关,也是一个极其广泛的群众性的文化组织。"据艾克恩主编《延安文艺史》云:《文艺突击》,创刊于1938年9月,是"边区第一个纯文艺性刊物",后改名《大众文艺》,1941年后又改名为《中国文艺》④。边区文协主任由哲学家艾思奇兼任,副主任是柯仲平,1939年冬丁玲亦被中

---

①吴伯箫:《自传》。
②吴伯箫:《吴伯箫〈答〈调查提纲〉〉》,《中国现代文学研究丛刊》,第1辑,第230页。
③吴伯箫:《我所知道的老艾同志》,《吴伯箫文集》下卷,第518—519页。
④艾克恩主编:《延安文艺史》上册,第42—43页。

组部派到文协任副主任,负责文协日常工作,另有党支部书记师田手,秘书长雷加,成员有刘白羽、柳青、李又然等。

5月4日,青年节,先生听毛泽东讲演《青年运动的方向》,冼星海指挥鲁艺合唱队演唱《生产大合唱》。

先生晚年回忆:"毛主席讲话的会场,是在延安城北门外靠山傍河的坪坝上。露天,夜晚,围着闪亮的煤气灯,到会的足有上万人。印象中都是青年。少数中年人也是青年的神采、青年的襟怀。男的,女的,都一律穿着八路军的灰布军装,朴素整洁,飒爽健壮,又各有各的打扮得不同的漂亮的地方。那是五四运动二十周年纪念日,我国第一个青年节。人们熙熙攘攘,说说笑笑,都非常欢乐。毛主席讲话的时候,上万人的听众却肃静得几乎能隐约听到近边延河的流水声。没有麦克风扩音,讲话也能听得很清楚。听完讲话,鼓掌声山呼河应,情绪热烈极了。"①

朱子奇回忆:"我和伯箫同志是一九三八年春在延安'抗大'第三期的同学,但因不在一个大队;同学又多,未能相识。我们是在一次偶然而又激动人心的场合相识的。那是一九三九年五月初,他从前线刚回延安,我留'抗大'政治工作训练队学习。我们同在延安北门外靠山傍河的广场上,听毛主席作纪念'五四'运动二十周年的那篇著名讲话《青年运动的方向》。虽然那时没有扩音器,但毛主席清晰响亮的湖南音听得很清楚,一万多延安党政军民及学生参加大会。同志们热烈地围着呼呼响的闪亮的汽灯,静听人民领袖发言。主席讲完话休息时,我们经一位东北作家介绍相识,一面交谈,欣赏夜景,一面听音乐家冼星海指挥鲁艺合唱队第一次演唱《生产大合唱》。夜深了,大家还留恋广场,不愿离去。在群众的欢迎声中,星海同志又站在一张临时搬

①吴伯箫:《"努力奋斗"》,《人民文学》1976年第9期。

来的小桌上指挥全场合唱《青年进行曲》(田汉词、星海曲)。万
人放声高歌,歌声震响四周群山,就像要把这黑夜震破,迎接东
方黎明的到来。"[①]

　　陈学昭记述:"'五四'的晚上,有一个盛大的露天火炬游行
晚会。毛泽东先生作了一个报告(已载在第三期《中国青年》
上),青年代表向毛泽东先生献旗。接着,游艺开始,鲁艺几十个
人的秧歌舞,十分动人,热闹。'五四'以后,接连有运动会,各种
比赛,赛球与赛马。"[②]

　　5月14日,成立于1938年9月的陕甘宁边区文艺界抗敌联
合会(简称边区文联)正式更名为中华全国文艺界抗敌协会延安
分会,简称延安文抗,原属边区文协所办的《文艺突击》杂志改归
延安文抗领导。

　　5月,作为边区文协驻会作家参加编辑本月25日刊出的《文
艺突击》杂志革新号[③]。

　　5月25日,先生写的通讯《文化人在战斗着》刊载于延安
《文艺突击》1939年新1卷第1期(即革新号,总第5期)。

　　6月13日,先生写战地通讯《神头岭》。

　　6月15日,在延安杨家岭,将书信体散文《致同学》改写为
《引答篇(一)》,刊载于《抗战文艺》1940年第6卷第2期。

　　6月25日,延安《文艺突击》1939年新1卷第2期刊载先生
译文《纪念高尔基——献给玛克辛·高尔基》(苏联莫洛托夫
作)。同期另刊有卞之琳与先生合写的《从我们在前方从事文艺

---

① 朱子奇:《怀抱理想　俯首耕耘——悼念吴伯箫同志》,《文艺报》1982年
　第10期。
② 陈学昭:《延安访问记》,《陈学昭文集》第3卷,浙江文艺出版社1998年
　版,第309页。
③ 雷加:《四十年代初延安文艺活动》,《新文学史料》1981年第2期至1982
　年第1期连载。

工作的经验谈起》。

9月5日，先生翻译白求恩演讲稿《国际和平医院开幕词》，刊载于延安《解放日报》1942年11月13日，该文后被收入《吴伯萧文集》1993年版。

9月12日，在延安杨家岭，先生写晋东南战地通讯《夜摸常胜军》，记八路军第一二九师七七二团战斗史。该文刊载于重庆《七月》1939年第4卷第4期。

9月16日，延安《文艺战线》1939年第1卷4期《关于战地文艺工作》栏亦刊载先生与卞之琳合写的《从我们在前方从事文艺工作的经验谈起》。

9月，作家老舍以"全国慰劳总会北路慰问团"文艺界代表名义到延安，先生出席欢迎会，但未打招呼。统战部宴请慰劳团，通知先生，亦未参加。事后给老舍写信致歉，老舍复信云："见而不谈，你真该打！"。

先生晚年回忆："1939年9月，老舍以'全国慰劳总会北路慰劳团'文艺界代表的名义到过延安。团长是西山会议派的老顽固张继，在大礼堂举行的欢迎会上，我的座位在慰劳团的后边五六排的地方。我没有走过去招呼老舍。当台上演出《黄河大合唱》，锣鼓铙钹齐鸣加惊天动地的呼号声，把张继吓得几乎从座位上跳起来，老舍却表现兴奋、泰然，稳稳坐着，两种反应都引起我内心的快意，一念浮起：老舍为什么同这样的家伙结伴同行呢？应当是耻与为伍才对。因此，统战部欢宴慰劳团，通知我参加，我没去。"①

12月16日出版的上海《宇宙风》第90期刊载韦佩（王统照）《〈羽书〉序》，谈及先生在香港《大公报》文艺副刊的近作并忆及青岛时期的交往。

----

①吴伯萧：《作家·教授·师友——深切怀念老舍先生》，《吴伯萧文集》下卷，第524—525页。

王统照记述："伯箫此集存在我的乱纸堆里已两年半了，那时本想为找一出版处，恰逢大战突发，印刷困难，遂尔搁置。幸而这个稿本随我留此，否则也要与我的存书同一命运——即免劫火，定遭散失。现在他能有与阅者相见的机会殊不易易。""伯箫好写散文，其风格微与何其芳、李广田二位相近，对于字句间颇费心思，这是我一向素悉的。他与何君同校任教，尤有交谊，现在听说都在痛苦的荒地服务。伯箫自从领导一校青年流离各地以后，曾数在前方尽文人的义务。奔走，劳苦，出入艰难，当然很少从容把笔的余暇。然而在《大公报》文艺栏上我读到他的文艺通讯，不但见出他的生活的充实，而字里行间又生动又沉着，绝没有闲言赘语，以及轻逸的玄思、怊怅的怀感。可是也没有夸张，浮躁，居心硬造形象以合时代八股的格调。生活是解剖思想的利器，经验才是凝合理智与情感的试金石。写文字，文才固居第一，但只凭那点'文才'，不思不学，其结果正是所谓非'罔'即'殆'。怎样方能开辟出思的源泉备办下学的资料，还不是要多观察，多体验，多懂人生那几句常谈？不必说当此水深火热的时代，就在平时，如果只隐伏于自造的'塔'上，徒凭想象的驰骋，徒炫弄文词的靡丽，至多也不过会涂几笔呆板彩绘的工细山水，或写意的孤松怪石罢了。伯箫好用思，好锻炼文字，两年间四方流荡，扩大了观察与经验的范围，他的新作定另有一样面目——我能想到不止内容不同，就论外貌，也准与这本《羽书》集有好大区别。""回想作者写这些文字时，我少不了与他有晤面的机会。那软沙的海滨；那黑石重叠的山谷；那大公园的海棠径上；那个小小的庭院中——饮'苦露'（酒名），斟清茗。或当风雪冬宵烧饼铺外的匆匆招呼；在炫彩的碧波上隔日相遇；在老舍的二黄腔调的猛喊之下，彼此纵笑。现在！——现在，不需说什么感伤话，然而凡记得起的熟人，哪个不曾捧一份真诚心愿，切望着总有一天大家从历劫的挣扎后再得欢颜相向？纵使头发白了多少，皱纹多了几条(其他的损失当然不必计算),算什么呢!"①

王统照为《羽书》写的序先行发表于上海《宇宙风》杂志第 90 期,署名"韦佩",1941 年《羽书》出版时却没有此篇序言,直到 1982 年广东花城出版社重新出版《羽书》时才将王《序》置于卷首,仍署名"韦佩"。

1940 年(民国二十九年) 35 岁

本年先生在延安,任边区文协秘书长(同时也在文抗工作,任理事)兼延安女子大学教授。

1 月 4—12 日,边区文协在延安女子大学礼堂召开第一次代表大会,中共中央书记处书记、中宣部部长洛甫(即张闻天)作《抗战以来中华民族的新文化运动与今后任务》工作报告。1 月 9 日毛泽东到会并作长篇报告《新民主主义的政治与新民主主义的文化》(发表于《中国文化》1940 年创刊号),艾思奇代表边区文协作了题为《抗战中的陕甘边区文化运动》的报告。大会通过了边区文化协会简章,决定将"陕甘宁边区文化界救亡协会"改为"陕甘宁边区文化协会",选出毛泽东、张闻天、李维汉、吴玉章、艾思奇等为执委,吴玉章为主任,艾思奇、丁玲为副主任,先生被选为秘书长。

延安《新中华报》记载:"大会选出边区文协主任吴玉章,副主任艾思奇、丁玲,秘书长吴伯箫。选出执委会委员有毛泽东、洛甫、王明、罗迈、吴玉章、林伯渠……"②

雷加回忆:"一月召开了文协代表大会,会址在'女大'。毛

①王统照:《〈羽书〉序》,《宇宙风》1939 年第 90 期。后被收入吴伯箫:《羽书》,花城出版社 1982 年版。

②《文协举行第一次代表大会》,《新中华报》1940 年 1 月 20 日,转引自艾克恩主编:《延安文艺史》上册,第 169 页。

主席到会作报告:《新民主主义文化》一部分……当年,为了便于和大后方联系,成立了中华全国文艺界抗敌协会延安分会,选举了理事。"①

丁玲回忆:"这时文协机关人员很少,只十几个人:雷加、吴伯箫、李又然、李雷、庄栋、王禹夫、王力夫等,还有一个哲学家,一个管理员,一个炊事员。大家都住在中央机关所在地杨家岭的后山沟,除自写文章外,还在抗大、陕公、女大等处建立业余文学小组,文协的同志们分头去辅导,此外还出一个小刊物。"边区文协第一次代表大会开过之后,"就渐渐热闹起来了,机关里人增加了,萧三从鲁艺搬来,高阳也从鲁艺搬来,刘白羽从前方回来了,萧军和舒群一同从重庆也来了,舒群应鲁迅艺术学院邀请去了鲁艺。我曾建议最好萧军也一同去鲁艺,但有关方面没有同意,便留在文协了。"②

方纪回忆:"一九四〇年春天,我调到边区文协工作。秘书长吴伯箫同志派我到住在文化沟的萧三同志那儿帮助工作……后来,我从文化沟边区文协又调回在蓝家坪的'文抗'去了。当时在'文抗'的有吴伯箫、刘白羽……三十多人。"③

刘白羽回忆:"当时延安有两个文艺单位,一是鲁迅艺术学院,一是'文抗','文抗'当中有一批作家,丁玲、萧三、艾青、罗烽、白朗、肖〔萧〕军、吴伯箫、马加、罗丹、杨朔、柳青、于黑丁、魏伯,等等。有人形容作家每个人都是一个工厂,每个工厂都冒着自己的黑烟。换一句话来说,每一个人有每一个人观察人生、处理事物的不同的立场,不同的角度,因而这是一个单纯的集体,

---

①雷加:《四十年代初延安文艺活动》,《新文学史料》1981年第2期至1982年第1期连载。
②丁玲:《延安文艺座谈会的前前后后》,《新文学史料》1982年第2期。
③方纪:《新的起点》,《新文学史料》1982年第2期。

也是一个复杂的集体;这是一个亲密的集体,也是一个疏远的集体;这是一个清澄的集体,也是一个污浊的集体。"①

3月,散文《马》刊载于北平《沙漠画报》1940年第3卷26期。

本月,散文《致同学》刊载于《中学生战时半月刊》1940年第19期。

4月14日,延安《大众文艺》1940第1卷第1期出版,其中《向总会报告会务近况》云:"……分会成立,已经一年,现在第二届理事会业已于本年一月三日经全体会员大会选出,当选理事为:丁玲、萧三、周扬、塞克、何其芳、吴伯箫、曹葆华、天蓝、柯仲平、雪苇等。复于二月十五日举行扩大理事会,增选周文、刘白羽、立波、荒煤、庄启东五人为理事,并选举常务理事,当选者为:丁玲、萧三、周扬、周文、曹葆华。"

5月15日,先生所译小说《乌莱特迦第一次的旅行》(苏联,E.鲍格谢夫斯卡雅著)刊载于《大众文艺》1940年第1卷第2期以及广西桂林《十月文萃》杂志1940年第12期,译自《国际文学》英文版。

> 《国际文学》,即 *International Literature*,当时苏联出版的英文版杂志。

6月,先生所译关于高尔基的文章《他为我们战斗而死》(苏联,P.帕夫伦科著)刊载于《大众文艺》1940年第1卷第2期,署名"山屋"。

6月18日,译文《莫洛托夫论高尔基——在高尔基葬礼大会上之演说》刊载于延安《中苏文化杂志》1940年第6卷第5期,后被收入《吴伯箫文集》1993年版。

---

① 刘白羽:《心灵的历程》上册,解放军文艺出版社2003年版,第367页。

6 月 30 日,写散文《微雨宿渑池》,刊载于《新文丛·割弃》1941 年第 3 期,题名《渑池》。

8 月 4 日,写散文《引咎篇(二)》,刊载于《抗战文艺》1941 年第 7 卷第 1 期。

8 月,写散文《谈事务工作》,后被收入《吴伯箫文集》1993 年版。

9 月,写散文《范明枢先生》。

9 月 15 日,通讯《青菜贩子》刊载于《大众文艺》1940 年第 1 卷第 6 期。

10 月 19 日,鲁迅逝世四周年祭日,由延安文抗作家丁玲、舒群、萧军发起组织的"文艺月会"在杨家岭文化协会俱乐部成立,同时决定创办会刊《文艺月报》。先生是其活动参加者之一。

11 月,写散文《马上的思想》。

12 月 25 日,译著《俄国伟大的学者和批评家:俄国大批评家车尔尼雪夫斯基研究》(苏联、N. 鲍皋斯洛夫斯基著)刊载于《中国文化》1940 年第 2 卷第 4 期(未完),译自《国际文学》英文版 1939 年 10 月。

> 《中国文化》是延安综合性学术刊物,"陕甘宁边区文化界救亡协会"机关刊物,1940 年 2 月 15 日创刊于延安,以发表理论文章为主,艾思奇主编,林默涵编辑。林默涵回忆:"《中国文化》是中央的理论刊物,实际上由中宣部部长张闻天领导。"①

本月,所写"东北小故事"《大院套》刊载于广西桂林《十月文萃》杂志 1940 年第 12 期。

---

①林默涵:《林默涵自述》,《新文学史料》2006 年第 3 期。

1941 年(民国三十年)　36 岁

1 月 1 日,《文艺月报》创刊,萧军、舒群等轮流主编,先生为该刊作者。

1 月 15 日,延安鲁迅研究会在文化俱乐部成立。

1 月 25 日,译著《俄国伟大的学者和批评家:俄国大批评家车尔尼雪夫斯基研究》刊载于《中国文化》1941 年第 2 卷第 5 期(续完),译自《国际文学》英文版 1939 年 10 月。

2 月 8 日,通讯《郭老虎》刊载于香港《大公报》文艺副刊。

3 月 3、5 日散文《路宿处处》分两次刊载于香港《大公报》文艺副刊。

3 月 15 日,罗烽、丁玲、刘雪苇、舒群、萧军在文化协会召开会议,将业余文艺补习班定名为“星期文艺学园”。其宗旨是:“开展文艺运动和帮助文学青年等学习和写作”,学期两年,课程“分为基本的与一般的。前者是有顺序的,由中国新文学运动史起到读书与写作、诗学、世界文学史、文艺理论等止。后者是不拘的,由讲授人自己拟题目,自己决定钟点多少,但也要按目的性质,来配合基本课程进行。主讲人聘请在延安的诸位知名的文艺工作者来担任”①。

> “星期文艺学园”是由丁玲首先倡议,由文艺月会为开展文艺运动和帮助文学青年等学习与写作而创办的一个业余文艺补习班。最早拟叫“星期日文艺补习班”,1941 年 3 月 9 日文艺月会第五次座谈会上正式提出该方案,3 月 15 日定名为“星期文艺学园”。

---

① 《拟创办“星期文艺学园”座谈会纪要》,《文艺月报》1941 年第 4 期。

上半年,先生为延安"星期文艺学园"报告讲师及看稿委员会委员。

《延安文艺史》记载:"从1940年11月至1941年3月底,以延安文抗作家丁玲、舒群、萧军发起组织的文艺月会,深入到基层文艺小组中间,举行了12次巡回座谈会。丁玲、萧军、艾青、雷加、罗烽、草明、吴伯箫、高阳等著名作家,热心而认真地参加了辅导工作。"①

4月15日,"星期文艺学园"开始招生,5月开学。本年6月1日至12月21日,第一期讲座陆续举办。第二期自1942年3月开始在蓝家坪作家俱乐部授课,其中第11次讲座由先生主讲《契诃夫的〈套子里的人〉》②。

5月16日,中共中央机关报《解放日报》在延安创刊。毛泽东为《解放日报》撰写发刊词。博古任社长,杨松任总编辑,余光生任副总编辑,丁玲受命主编文艺副刊,1942年3月由舒群接任。

黎辛记述:"《解放日报》最早的副刊是《文艺》专栏,由毛泽东称为'昨日文小姐,今日武将军'的丁玲主编,编辑副刊的行政组织为文艺栏,文艺栏由社长博古与总编辑直接领导,丁玲参加编委会的有关会议,不是编委会委员……丁玲任主编时,编辑有刘雪苇(中央研究院文艺研究室的特别研究员,中灶待遇,借调来三个月)、陈企霞与我,报纸初期,作家马加来帮助工作过一段时间。"③

①艾克恩主编:《延安文艺史》上册,第176页。
②雷加:《四十年代初延安文艺活动》,《新文学史料》1981年第2期至1982年第1期连载。
③黎辛:《亲历延安岁月》,陕西人民出版社2016年版,第58页。

5月18日,延安"星期文艺学园举行开学典礼,约十点钟开始。"①

5月19—21日,译作《苏联红军小故事》(三则),连载于延安《解放日报》,署名"山屋",译自《国际文学》。

5月22日,写散文《向海洋》,刊载于《解放日报》文艺副刊1941年9月20日、香港《大公报》文艺副刊1941年10月29日、《文艺阵地》1942年第7卷第2期。

5月25日晚间,先生参加生活检讨会,萧军因边区文协党组织欲将L调离边区文协动怒,被艾思奇制止。

先生晚年回忆:"记得在一次俱乐部的晚会上,有人为一件生活小事向大家搞突然袭击,把匕首从皮靴筒里拔出来,猛然往桌子上一插,嘴里嘟嘟囔囔,说什么'别怪我不客气!'大概有两三秒钟,空气紧张,全场默然。就在第三秒的时候,老艾在座位上从容地说:'你这是干什么? 有意见好好讲嘛! 想吓唬谁? 别看错了地方和时间。这里驻的是长征的英雄部队,大家在抗日。我们需要的是团结一致对付日本帝国主义,拿匕首对谁?'说着,用右手食指轻轻一指,严峻地说:'收起来!'三个字,声音不大,但斩钉截铁,无可抗拒。就这样,那食指指处昂着的头低了下去。"②

萧军记述:"晚间在生活检讨会上,我终于把L调动的事情公布了,这引起了他们意外的惊骇,这不是他们所能意想的,这是一次胜利……我把我的短刀插在桌子上了,它在灯影里动着红绸,人们是沉默的。我是决心,如果真的冲突了,我决定要用刀对付他们。"③

---

①萧军:《延安日记1940—1945》上卷,香港牛津大学出版社2013,第178页。
②吴伯箫:《我所知道的老艾同志》,《吴伯箫文集》下卷,第519页。
③萧军:《延安日记1940—1945》上卷,第182页。

四五月间,为纪念鲁迅,在大砭沟举行鲁迅小说朗诵会,先生主持,其中逯斐朗诵《在酒楼上》①。

5月,先生散文集《羽书》,由文化生活出版社在上海出版,被收入巴金主持的《文学丛刊》第7集。

> 《羽书》是先生第一部得以正式出版的散文集,共收入18篇散文:《山屋》、《话故都》、《岛上的季节》、《马》、《野孩子》、《夜谈》、《啼晓鸡》、《梦到平沪夜车》、《灯笼》、《说忙》、《羽书(惊沙坐飞之一)》、《我还没见过长城(惊沙坐飞之二)》、《几棵大树》、《荠菜花》、《边庄》、《萤》、《海上鸥》、《阴岛的渔盐》。

夏,先生在延安杨家岭读到《宇宙风》杂志上王统照(署名"韦佩")《〈羽书集〉序》。

先生晚年回忆:"1941年夏天,我从杨家岭北沟走下山来,在中央所在地杨家岭谷口,要从那里走向延河的徒涉渡头,有人告诉我:'你的一本书出版了。'……'上海一种杂志上有谁给你的书写了序言。我把杂志拿来你看看。'走进山谷像走进一处院落,不到十分钟果然拿出一本杂志来。"②

先生参加张闻天在西北饭店举行的作家宴请。

马加记述:"三天以后,果然在西北饭店摆宴请客。请客的主人是中共中央书记<处书记>张闻天同志,被邀请的对象,绝大部分是从大后方来的知名作家,基本都住在'文抗'。大概因为我刚从敌后根据地回来,又在'文抗'搞专业创作,所以请客也有我一份。那天,'文抗'的作家最先来到西北饭店的,是艾青、韦

---

① 雷加:《四十年代初延安文艺活动》,《新文学史料》1981年第2期至1982年第1期连载。
② 吴伯箫:《〈羽书〉飞去》,《吴伯箫文集》下卷,第567页。

婴(应为韦莹,子张按)这对夫妇。接着陆续来到的,有来自南国的知名作家欧阳山和草明,还有来自'东北作家群'的著名作家罗烽和白朗。罗烽是在东北从事过地下活动的老共产党员,一向老成持重,话语不多。他给我们讲起周恩来副主席设法掩护他们来延安的情形,真切感人,娓娓动听。还有舒群,也是一个典型的东北汉子,性格耿直豪爽,说话也是大嗓门。他的《没有祖国的孩子》,是我们东北抗日文学短篇小说中的佼佼者,真正体现出我们东北人的反抗精神。还有著名作家萧军,他既有着我们东北人的反抗性格,又有着个人英雄主义,是个极有个性的作家。来的还有严辰、逯斐这对夫妇,他们温和文静,品质善良。令人起敬。来的还有李又然,他是一位有着书生气的散文家,他的《国际家书》,是简练精缩的典范,我很喜欢。他曾见过法国的罗曼·罗兰。接着来的散文家和画家是张仃、吴伯箫、庄启东。此外,还有著名的评论家林默涵,哲学家艾思奇等。大家热烈地交谈着,兴致勃勃。"①

本年下半年,先生由边区文协调入边区教育厅工作。

7月6日,译文《论写作与战争》(亨利·巴比塞著)刊载于延安《解放日报》,署名"山屋",译自《新群众》1941年2月18日。

《新群众》(1926—1948),是当时美国出版的左翼杂志。

8月16、19日,译著《重逢》(苏桑娜·尤姆著),刊载于延安《解放日报》,署名"山屋",译自《莫斯科新闻》1941年3月14日。

8月,先生加入中国共产党,陈云谈话。

《自传》记述:入党陈云找谈话,从早晨到下午,"午饭在他那里吃。""入党时,保留了'是否参加过 C.C'的问题,我当时向陈

---

① 马加:《漂泊生涯(四)》,《新文学史料》1997年第2期。

云同志保证,没有加入,但愿意经受保留的考验。现在这保证依然是兑现的。""直到这时,我才真正感到自己是革命的主人。""那时精神是饱满的,热情是旺盛的,工作起来不知疲倦。"①

9月1日,译文《舍甫琴科》(L. 拜特、A. 杜支合著)刊载于延安《文艺月报》1941年第9期,译自《国际文学》。

10月6日,译文《春天的天空:伦敦一九四一》(S. 斯温勒勃著)刊载于延安《解放日报》文艺副刊,署名"山屋",译自《新群众》1941年4月29日。

10月7日,写散文《书》,先后刊载于延安《谷雨》1941年创刊号、《创作月刊》1942年第1卷第3期。

刘增杰、王文金记述:"散文家吴伯箫的《书》,算得上是一首优美的散文诗。对当时广大青年读者,无疑是有着激励作用的。"②

10月,陕甘宁边区政府主席林伯渠写信调先生到陕甘宁边区政府教育厅任中等教育科科长。本月20日到任,直至1943年6月。

先生晚年回忆:"一九四一年八月光荣地参加中国共产党。不久,林老(陕甘宁边区政府主席林伯渠同志)亲笔写信调我到边区政府教育厅工作,任中等教育科科长。这前后写了《向海洋》、《书》、《忘我的境界》等几篇散文。也写了暴露小资产阶级思想感情的《山桃花》、《客居的心情》、《谈日常生活》。后四篇集印时都不收入。"③

---

① 吴伯箫:《自传》。
② 刘增杰、王文金:《有关〈谷雨〉的一些材料》,《新文学史料》1982年第2期。
③ 吴伯箫:《吴伯箫(答〈调查提纲〉)》,《中国现代文学研究丛刊》,第1辑,第230页。

11 月 11 日，译文《德国流亡作家在苏联》(M·吉特曼著)刊载于延安《解放日报》文艺副刊，署名"山屋"，译自《莫斯科新闻》1941 年 9 月 24 日。

11 月 15 日，《谷雨》创刊号发行，刊有丁玲短篇小说《在医院中时》(后改题为《在医院中》)。

《谷雨》为中华全国文艺界抗敌协会延安分会的会刊，双月刊，由艾青、丁玲、舒群、萧军、何其芳轮流主编。

12 月 5 日，散文《思索在天快亮的时候》刊载于《解放日报》文艺副刊。

12 月 9 日，译文《宣言——〈波罗的海〉一部之六》(海涅著)，刊载于延安《解放日报》文艺副刊，署名"吴伯箫"。

本年冬，写散文《论忘我的境界》，后刊载于《解放日报》1942 年 5 月 20 日、《青年文艺》1943 年第 1 卷第 4 期。

1941—1942 年，由于长期战争的消耗，日军的残酷"扫荡"与国民顽固派的经济封锁，加上自然灾害的侵袭，非生产人员的大量增加，根据地的财政经济遇到了极大的困难，陕甘宁边区进入经济困难时期，毛泽东号召更加努力开展生产运动，359 旅进驻南泥湾垦荒。

胡乔木回忆："进入 1941 年以后，由于日本侵略军对华北各根据地连续进行大规模'扫荡'，实行残酷的'三光政策'；由于国民党不但完全停发了八路军的军饷，而且对敌后各根据地尤其陕甘宁边区实行严密的经济封锁；还由于华北各地连年遭受干旱，以及根据地各类脱产人员日增而土地面积却大大缩减等原因，陕甘宁边区和敌后各抗日根据地都进入了极端困难的时期……1941、1942 年，军队、机关、学校的生产受到极大的重视，公营经济获得较快的发展。其中，359 旅开发南泥湾的成绩尤为突出，为大生产运动树立了一面光辉的旗帜。"①

1942 年(民国三十一年)　37 岁

本年，先生在陕甘宁边区政府教育厅工作，任教育厅中等教育科科长，起草中学、师范规程，受正式邀请参加延安文艺座谈会。

《自传》记述："教育厅的工作，自己是努力的。曾起草了中学、师范规程，业余译了海涅的诗，也写了三几篇文章，心情是年轻的。"②

延安《解放日报》记述："1942 年教育工作大纲，前经边府第五次政务会议讨论通过。兹摘志其要点如下：1942 年边区政府的中心工作是一、建立正规教育制度，二、提高各级教育质量，三、继续推行新文字消灭文盲。/在学校教育方面，一、中等学校教育，要确立各校正规组织及工作制度，召开中等学校校长联席会，筹设师范、中学的高级班，筹设实验师范及实验中学，以研究适合边区具体情况的教育方式。"③

1 月 1 日，译著《普式庚与西欧文学》(查尔蒙斯基著)刊载于《文艺月报》1942 年第 13 期，署名"吴伯箫"。

1 月，上海文化生活出版社 1941 年初版吴伯箫散文集《羽书》的桂林第一版出版，共 118 页(《文学丛刊》第 7 集，巴金主编)。

2 月 1 日，毛泽东在中央党校作《整顿学风党风文风》的报

---

①胡乔木：《胡乔木回忆毛泽东》(增订本)，人民出版社 2014 年版，第 236—237 页。

②吴伯箫：《自传》。

③《边区政府五次政务会议通过本年教育中心工作建立正规教育制度提高各级教育质量推行新文字消灭文盲》，《解放日报》1942 年 1 月 5 日。

告,拉开整顿"三风"的序幕。

2月3日,译诗《两个老兵的葬歌》(惠特曼著)刊载于《解放日报》文艺副刊,译自《击鼓集》。

2月9日,写作《论工作的灵魂》,刊载于《解放日报》1942年4月22日。

2月10日,译文《寂寞的普式庚》(A. Blagoi教授著)刊载于《解放日报》文艺副刊。

2月11日,译诗《船的城》(惠特曼著)刊载于《解放日报》文艺副刊,译自《击鼓集》。

2月20日,译诗《近卫兵》(海涅著)刊载于延安《诗创作》1942年第8期春季特大号,题下译者注一云:"这是海涅早期作品《年轻的忧郁》集里最好的一首诗,它充满了法国诗人龙贝热底精神,是一八一五年写的,那时海涅还不到十六岁。"

3月9日,丁玲《三八节有感》发表于《解放日报》文艺副刊。

3月11日,艾青《了解作家,尊重作家——为〈文艺〉百期纪年而写》发表于《解放日报》文艺副刊。

3月12日,罗烽《还是杂文时代》发表于《解放日报》文艺副刊。

3月13、23日,王实味《野百合花》分两次发表于《解放日报》文艺副刊。

黎辛记述:"其实,这些文章除去萧军的以外,都是丁玲住在文抗时组织来,并由丁玲先看,在稿首签署'可用。丁玲',由陈企霞带回来发表的。王实味的《野百合花》发表在文艺栏,其他稿件都是《文艺百期特刊》的稿件。萧军的《论同志之'爱'与'耐'》是舒群组织来,并且由他先看后签署'可用',交陈企霞登记并发排在4月8日的综合副刊上,与丁玲毫无关系。"①

①黎辛:《亲历延安岁月》,第72页。

3 月 15 日，译诗《哈兹山旅行记》（海涅著）刊载于延安《谷雨》1942 年第 1 卷第 4 期。本年也是集中翻译海涅《波罗的海》等诗作的时候。同期《谷雨》刊载王实味杂文《政治家·艺术家》。同日，舒群接替丁玲主编《解放日报》文艺副刊。

3 月 17 日，散文《客居的心情》刊载于延安《解放日报》文艺副刊。

3 月 18 日，延安中央研究院整风运动动员大会召开。

3 月 26 日，译文《铲形皇后》（苏联，普里什芬著）刊载于《解放日报》文艺副刊。

3 月 31 日，毛泽东、博古在杨家岭中央办公厅召集座谈会，讨论《解放日报》改版问题。

4 月 1 日，经过一段时间的准备，《解放日报》正式改版，文艺副刊停刊。

黎辛记述："4 月 1 日改版，从版面上看，文艺栏的变动最大，原来编辑的文艺栏，在第四版占半版位置，每周见报四五次，后改版为以文艺为主的综合性的杂志性副刊，占全版位置，天天见报，是中国新闻史上最早的大型副刊，仅发稿字数就增加约三倍，仍由文艺栏的三个人负责（舒群，陈企霞，黎辛）……三个人编副刊，困难很大，主要是综合性难办，人力也不够。因为征稿和编报之外，登记来稿、画版式校对清样、发稿费甚至糊信封等事务工作都要做。特别是对不用的来稿都要写信、提意见，连同原稿退还作者，哪一天没有几十份来稿呢？ 9 月份，毛主席说的难找到的人，终于由他派来了，就是著名的哲学家、文艺理论家、多才多艺的艾思奇同志……文艺栏改为副刊部，艾思奇任部主任、报社编委会委员，舒群任副主任。"①

①黎辛：《亲历延安岁月》，第 16—18 页。

　　《亲历延安岁月》一书提及艾思奇调《解放日报》时间
有多种,如本处为 1942 年 5 月,而在该书第 30 页、第 58 页、
第 108 页三处则分别为"1943 年春"、"1943 年 3 月或 4 月"
和"1943 年 2 月"。

　　4 月 7 日,《解放日报》头版刊载《中共中央宣传部关于在延
安讨论中央决定及毛泽东同志整顿三风报告的决定》(即"四·
三决定"),第 4 版刊载齐肃批评王实味杂文《野百合花》的文章
《读〈野百合花〉有感》。

　　4 月 8 日,萧军《论同志之"爱"与"耐"》发表于《解放日报》。

　　4 月 23 日,《解放日报》发表《轻骑队》墙报编辑委员会(第
三任主编童大林执笔)的《我们的自我批评》(毛泽东加题目),
不久,《轻骑队》自动停办。

　　4 月 27 日,散文《山谷里的桃花》刊载于《解放日报》。

　　4 月 30 日,译文《他们将被迫偿还》(爱伦堡著)刊载于《解
放日报》,译自《莫斯科新闻》。

　　4 月,先生夫人郭静君携长子吴光琦从青岛经安徽亳州长途
跋涉到达西安,前后用了 23 天。又在西安住了四五个月。

　　5 月 2—23 日,延安文艺座谈会在延安杨家岭中共中央办公
厅召开,中共中央宣传部副部长凯丰主持,毛泽东于 2 日、23 日
分别作《引言》和《结论》的报告,即《在延安文艺座谈会上的讲
话》。会议期间的 5 月 14 日和 20 日,《解放日报》为配合座谈
会,先后刊载列宁《党的组织和党的文学》与鲁迅《对于左翼作家
联盟的意见》。

　　先生收到毛泽东签署的通知,自 2 日起先后三次参加延安
文艺座谈会,并于 16 日第二次参加会议中作简短发言,提出欢
迎文艺工作者到学校教书的意见。这次座谈发言后,在延安南

门外河边碰见毛泽东，其发言受到毛的当面肯定①。

《回忆延安文艺座谈会》记述："清楚地记得，1942年5月2日延安文艺座谈会的通知，是由毛泽东同志署名发出的。丹红纸发着深厚鲜明的光辉。作为一个文艺工作者，那通知带来的是喜悦、骄傲和光荣。""应邀参加的同志，到会的情况是异常踊跃的。毛泽东同志准时来了，和同志们挨个握手。也约略记得，对每个到会的，毛泽东同志都有所询问或作简短的谈话。针对一个同志的特点说了什么有趣的话时，便引起邻座欢快的笑声，那谦逊和博大的气度，令人感到温暖而亲切。""记得会场是在城北杨家岭办公厅，我那时的工作岗位在城南门外陕甘宁边区政府。三次座谈会，往返都要穿过延安古城，都要渡过清流汩汩的延河。和柯仲平与《流亡三部曲》的作者张寒晖等同志一道走着，往往忘记路途的远近，时间的早晚（散会多是夜深）。精神总是兴奋着，情感总是炽热着，仿佛真理在自己周身燃烧，闪烁的火花不断把自己的眼界扩大，认识提高。那教育铭刻在心里成了永远的记忆。""《结论》是在第三次座谈会上报告的。那次人多，天气也暖了。晚上，在院子里进行。说是院子，实际就是杨家岭的山谷。以煤气灯的光亮为中心，人们围得密密匝匝的，离灯光远处，多少人也数不清，可以说是渺无涯际的人海……那晚摆在毛泽东同志面前的记得只是一张极朴素的小桌子。虽有若干板凳，但更多的同志是以各种姿势站着，或就地坐着听讲，记笔记的。记得停在附近的一辆卡车上也坐满了人。坐在司机座旁边的是徐老——徐特立同志。可惜那时照相不容易，更不要说拍电影，我们现在不能重温那诗样动人的不朽的场面。真希望那时参加座谈的画家同志能就当时情景：星空作天幕，两山作屏壁，谷口是拱门，把那样开阔宏伟的课堂，和弥漫着崇高智慧

①吴伯箫：《北极星·跋》，《北极星》，第115页。

的气氛,画出一幅写实的画来,留作长远的纪念。"①

《"努力奋斗"》记述:"座谈会在一九四二年五月开了三次:第一次毛主席讲《引言》,第二次讨论,第三次讲《结论》。记得第二次会以后的那一天,我骑了一匹马从南门外教育厅到杨家岭接洽工作。工作接洽完了,从杨家岭出来,远远望见毛主席从延河岸边散步回来,正走上渡口通大道的斜坡。这时候我有些踌躇:立刻跑到毛主席跟前去么? 怕毛主席不一定认识我;还是牵马在路旁等毛主席走过呢? 就在这踌躇的一刹那间,毛主席仿佛知道了我的心情,已经叫着我的名字挥手招呼了。我立刻跑到毛主席跟前去,紧紧握了毛主席的又大又温暖的手。毛主席问我是哪里人,问我的工作情况,还谈到我在座谈会上简短的发言,说:就应当那样讲。那时从教育厅的工作出发,正想为中学和师范请几位语文、音乐和美术教师,在座谈会上我表示欢迎文艺工作者到学校教学。说明那样做,一来可以深入实际,熟悉群众的生活,搜集陕北丰富的民歌,描绘阶级斗争、生产斗争的生动场面;二来可以接触学生和工农,做一些文艺普及工作。毛主席对座谈会上每个同志的发言都是很注意的,有时跟坐在一起的朱总司令笑笑,表示很有兴趣;可是没想到对我的那样一点简单意见也注意了。"②

王培元记述:"毛讲话以后,文艺家们纷纷发言。2 日、16 日、23 日。座谈会共开了三天。先后有萧军、丁玲、艾青、萧三、罗烽、欧阳山、李伯钊、欧阳山尊、吴伯箫、周扬、何其芳等几十人发言。在谈到某些问题时,还发生了激烈的争议和尖锐的

①吴伯箫:《回忆延安文艺座谈会》,《出发集》,新文艺出版社 1954 年版,第46—48 页。
②吴伯箫:《"努力奋斗"》,《北极星》,第 3—4 页。

辩论。"①

《延安文艺史》记载："第二次大会是5月16日召开的,会场仍是中央办公厅一楼会议室。这次大会发言,气氛非常热烈。毛泽东、朱德等到会认真地听取了大家的发言,并时有插话……这次大会讨论发言进行了一天。""第三次大会是5月23日召开的。参加会议的有一百多人。他们是……吴伯箫……会议室挤得满满的。中间休息时,毛泽东、朱德等领导人和与会者到室外草场上照了合影,摄影师是吴印咸。"

黎辛回忆："(5月)14日,《党的组织与党的文学》发在副刊头条,在题目前加框发了一个署名'编者'的《告读者》,全文是:'最近由毛泽东、凯丰两同志主持所举行的'文艺座谈会'是一件大事,尤其对于关心当前文艺运动诸问题的读者,本版决定将与此会有关材料及各作家的意见,择要续刊于此,以供参考与讨论。'这则按语是乔木送来的,笔迹不是毛泽东的,也许是乔木执笔的吧。在《党的组织与党的文学》的题目后边正文前边还刊载了博古写的'译者的话'。全文是:

> 这篇论文是列宁在1905年从国外回来加入《新生活》编辑委员会后第三天写的。发表于该年11月26日出版的《新生活》第12期。当时的政治环境是'十月政治罢工,成了全俄的罢工,它包括了差不多整个国家,一直到最遥远的区域为止,它包括了差不多所有一切的人,一直到最落后的阶层……国内全部生活已陷于停顿,政府力量早已被麻痹'(《联共党史》)。在十月总罢工的基础上,产生了第一个工人代表苏维埃,工人们用革命手段自动地实现民主改革,藐视政府和法律,实行了言论出版的自由。这便使合法的和

---

① 王培元:《延安鲁艺风云录》,广西师范大学出版社2004年版,第266页。

非法的刊物之间的区别开始泯灭了,这便使列宁尖锐地提出了党的文学的问题。

同时,列宁这篇论文,亦是针对着巴尔蒙特之类的颓废派作家的,巴尔蒙特之类的文学家,当时的确企图建立什么超阶级的无党派的文学,自以为是高尚情思的文人代表,向无产阶级要求文学的自由,也在说什么革命政党不应当攻击'对于革命其实是有益无害'的文学——超然的文学。正是列宁和布尔塞维克出来坚决的反对了这种'超然'的文学理论。列宁那篇著名的文章,《党的组织与党的文学》——部分地说起来——也是为着这个问题而写的。(《海上述林》上卷 62 页)在目前,当我们正在整顿三风,讨论文艺上的若干问题时,这论文对我们当有极重大的意义。特译出全文,以供研讨。——译者"①

黎辛回忆:"为顺利召开文艺座谈会,毛泽东又请周扬与舒群草拟出一份参加者名单,由中央办公厅发出了粉红色油光纸印的请帖,全文是:

为着交换对于目前文艺运动各方面的意见起见,特定于五月二日下午一时半在杨家岭办公厅楼下会议室内开座谈会,敬希届时出席为盼。

此致

　　××同志

毛泽东、凯丰

四月二十七日"②

---

① 黎辛:《博古与〈党的组织与党的文学〉的翻译》,《文艺理论与批评》1998年第 1 期。
② 黎辛:《亲历延安岁月》,第 167 页。

5月28日,金灿然撰写《论忘我的境界——借吴伯箫同志的题目就商于吴伯箫同志》,刊载于《解放日报》1942年6月13日。

5月27日至6月11日,延安中央研究院召开"党的民主与纪律"座谈会,对王实味展开批评。

胡乔木回忆:"6月11日,丁玲在中央研究院批判王实味的大会上,对她主编《解放日报》文艺专栏时允许《野百合花》发表及她自己的《三八节有感》一文在'立场和思想方法上的问题'作了检讨,并以生动的语言讲述了自己在整顿三风中的收获。"①

5月30日,毛泽东到鲁艺演讲。

6月15—18日,延安文抗四十余人在作家俱乐部举行座谈会,批判王实味,文抗理事会开会决定开除王实味会籍。

7月28—29日,周扬《王实味的文艺观与我们的文艺观》连载于《解放日报》。

8月6日,先生写散文《谈日常生活》,刊载于《解放日报》,后被收入《吴伯箫文集》1993年版。

8月18日,边区教育厅发布命令,要求陕甘宁边区暂行师范学校规程草案。

8月,因《解放日报》总编辑杨松离职养病(当年11月23日去世),陆定一接任总编辑。

9月,先生因公去关中,根据整理的笔记,向关中地区文艺工作者传达毛泽东《讲话》内容。

9月,延安文化俱乐部建筑街头艺术台,举办"街头画报""街头诗""街头小说"三种大型墙报,分别由张仃、艾青、鲁黎等负责编辑。音乐界也提出要使音乐活动"走向街头,面向工农

---

① 胡乔木:《胡乔木回忆毛泽东》(增订本),第265页。

兵"。10月,延安诗界举办诗歌大众化座谈会,提出由创作"大
众化"的诗到创作思想感情语言都同于工农兵的"大众的诗",以
至帮助大众诗人创作"大众自己的诗"的主张①。

10月18日,下午2时至深夜,在延安中央大礼堂召开鲁迅
六周年祭大会。

10月21日,北平《吾友》杂志1942年第2卷第88期刊载署
名"吴鼎甫"的散文《灯笼篇》。随后即有读者投书该刊,揭露
《灯笼篇》乃抄袭自吴伯箫散文《灯笼》。次年1月《吾友》1943
年第3卷第2期刊发该刊编者《一年来的抄袭》披露此事,《吾
友》1943年第3卷第8期则又刊发方坪文章《关于〈灯笼〉的
"谜"》,进一步证实《灯笼》为吴伯箫旧作,并回忆了作者在晋南
与吴伯箫结识之事。

先生晚年回忆:"再一件不愉快的事,是在敌伪侵占北平的
时候,在北平的文艺刊物上用我的名字发表收入《羽书》的文章。
搞这种伎俩的人也许穷极无聊只是为了赚点稿费,实际上那却
是硬把人往粪坑里推的行为。这种怪事是解放以后才听说的,
听了令人哭笑不得……"②

邵燕祥回忆:"大约1943年或1944年前后,沦陷区北京有
一家名为《吾友》的期刊发表了《灯笼篇》,那浓郁的乡风诗情一
下子吸引了少年的我。过后登出启事,说是投稿者从吴伯箫的
《羽书》抄袭而来。从此知道有吴伯箫其人,《羽书》一集,心向
往之。"③

10月,先生转正为中共正式党员。

11月13日,译文《国际和平医院开幕词》刊载于当日延安

①胡乔木:《胡乔木回忆毛泽东》(增订本),第266页。
②吴伯箫:《〈羽书〉飞去》,《吴伯箫文集》下卷,第569页。
③邵燕祥:《想起了吴伯箫》,《青岛晚报》1994年9月12日。

《解放日报》。

11月,译文《谢夫钦科》(L.拜特、A.杜支合著)刊载于《中苏文化》1942年第11卷第5—6期合刊。

在大生产运动中,先生被评为纺线模范。

《斥无耻的"追悼"》记述:"在生产运动中,我的成绩不坏,种菜纺线,是一名光荣的纺毛突击手。"[1]

12月,毛泽东在西北局高干会上作书面报告《经济问题与财政问题》,对1938年以来陕甘宁边区生产运动情况与经验作全面总结。

初冬,先生去关中接妻、子进边区。自述:"42年初冬去关中接妻、子(内部通过汪峰,外部通过李子丹)。"[2]

12月6日,中共中央社会部部长康生作反奸细报告,并在内部开始审干反特工作。

王培元记述:"(1942年)10月,王实味作为'隐藏在党内的反革命分子'被开除党籍……11月,毛泽东在西北局高干会上宣布,整风不仅要弄清无产阶级与非无产阶级(半条心),并且要弄清革命与反革命(两条心)的问题,要注意反特务斗争。12月6日,中共中央社会部部长康生在边区高干会上作了反奸细的报告,审干反特工作开始在少数单位内部进行。这一年年底,在整风运动深入开展的同时,延安开始了全面审查干部运动。"[3]

本年译作尚有:苏联《我的列宁格勒》(苏联,D.Shosta Kovich著),署名"山屋",译自《莫斯科新闻》;《我们不是没有家》(波兰,I.Broniewska著),署名"山屋",译自《莫斯科新闻》;《红军一日》;《雪莱剪影》,译自和格(Hogg)的《雪莱传》;《伏尔加在

---

①吴伯箫:《斥无耻的"追悼"》,《吴伯箫文集》下卷,第726页。
②吴伯箫:《自传》。
③王培元:《延安鲁艺风云录》,第290页。

为战争工作》(阿·托尔斯泰著),署名"山屋",译自《莫斯科新闻》1942年9月26日。

黎辛记述:"文艺栏发表的第一篇稿子就是译稿,是戈宝权译的苏联爱伦堡的《另一个法国》,1941年6月爆发了希特勒德国侵犯苏联的苏德战争,这是关系到世界反法西斯命运与人类命运的战争。为此,文艺栏较多地发表苏联卫国战争的报告文学作品,如爱伦堡的《墨索里尼的本领》(岳鸿译)、《列宁格勒永远是我们的》(林宁译)、阿·托尔斯泰的《希特勒军队的真面目》(识者译)和《伏尔加在为战争工作》(山屋译)、肖洛霍夫的《静静的顿河》(魏伯译)……对于外国现代与古典文艺作品也有介绍,如发表曹葆华译的左琴科的《列宁的哨兵》、《电灯匠》,萧三译的拉甫列涅夫的《人小心大》,纪坚博译的古典犹太作家白里茨的《母亲》、《明奇·塞林特》等。还发表了吴伯箫、天蓝等译的惠特曼的诗歌,吴伯箫译的英国古典小说家费尔丁的《创作漫谈》等。"[1]

本年译文《春天的天空》(S. 斯温勒著),署名"山屋",被收入立波编选的《雪山集》,由桂林华华书店出版。

1943年(民国三十二年)　38岁

1月15日,散文《客居的心情》刊载于《抗战文艺》1943年第8卷第3期。

1月25日,《解放日报》发表社论《把劳动力组织起来》,指出:"生产是目前边区的中心任务,而农业生产更是全盘生产工作的中心。"[2]。

2月5日,癸未正月初一日。春节期间,秧歌运动在延安大

---

①黎辛:《亲历延安岁月》,第53页。
②《把劳动力组织起来》,《解放日报》1943年1月25日。

规模展开。

胡乔木回忆:"到 1943 年春节期间便出现了大规模的、为陕北人民喜闻乐见的'秧歌运动'。首先是鲁艺的秧歌队扭遍整个延安城,并演出街头秧歌剧《兄妹开荒》等,得到延安人民的欢迎。"①

2 月,艾思奇到任《解放日报》,随后将林默涵、温济泽、黎辛等调到副刊部。

3 月 16 日,中共中央政治局召开会议,毛泽东作关于时局与方针的讲话,任弼时报告中央机构调整与精简方案。

3 月 20 日,中央政治局继续开会,与会者十三人表示同意中央组织机构调整与精简方案,通过了《关于中央机构调整与精简的决定》并作了人事安排调整。

本年春,先生参加教育厅整风审干,以"重大特嫌"遭审查,至 6 月份被撤职,转中央党校第三部学习。

> 关于先生在边区教育厅参加整风审干并以"重大特嫌"遭逮捕一事,曾经有过切肤之痛的韦君宜在她晚年撰述的名作《思痛录》里提及,且为先生鸣不平。她写道:"当时有一位作家吴伯箫,他在延安挨整的消息传到了'蒋管区',传说是他已被整死,西安为他开了追悼会。延安一听这消息,立即要吴伯箫亲自出来'辟谣'。于是吴伯箫也就真的出来写文章,自称在延安愉快地生活和创作,从来没有挨过整云云。这些话,我不认为是吴伯箫在压力之下勉强写的。他是一个极其老实忠厚的共产党员。写这样的文章,我想是他出自内心,愿意为了维护党的声誉忘却个人的一切不幸的。只可惜的是,到'文化大革命'期间,'四人帮'又把他

---

① 胡乔木:《胡乔木回忆毛泽东》(增订本),第 266 页。

打倒了一次。他现在已经去世了。在他的追悼会上，我不能讲这些话，我只能在我未死之前替他说出来。"①

《自传》记述："在我那是晴天霹雳。教育厅审干是从我开始的。""火从'中学规程'点着，认为那政治思想体系完全是国民党的。从此便动辄得咎，自传写得太长了，不解决实际问题；妻子来边区后的考虑；保留的 C.C 问题当然更成问题；连热心俱乐部工作也会别有用意。""那时自己虽然感到莫名其妙，但一点点朴素的'实事求是'的精神还是有的，坚持了'是就是，不是就不是'。直到被隔离反省，自己痛苦万分，向同志们发脾气，但还没有欺骗党，乱戴帽子。""在教育厅实在搞不出结果（连车轮战也用过了），才被撤职转党校三部学习。"②

高浦棠、曾鹿平记述："这次边区中等学校整学会议是在边区政府秘书长兼政策研究室主任罗迈（李维汉）的直接领导下进行的，实际工作由教育厅整风学委会具体负责。教育厅〈厅〉长柳湜，虽是以救国会代表的身份参加边区政府工作，但实际上他是没有公开身份的共产党员，因此，教育厅的整风学委会仍是由他主持。学委会成员有教育厅里党支部的主要成员和中等教育科科长吴伯箫。边区中等学校整学会议期间，教育厅学委会又吸收参加会议的边区各中等学校主要负责人组成了会议主席团，具体领导和主持这次会议。""对绥德师范和米脂中学负责人的批判并不是这次会议的重点，这次整学会议要整的重点恰恰就是教育厅中等教育科长吴伯箫，这是早有准备的，而各中等学校参加会议的人员并不知情，一直被蒙在鼓里。""整学会议结束

①韦君宜：《思痛录》（增订纪念版），人民文学出版社 2013 年版，第 20 页。
②吴伯箫：《自传》。

后,吴伯箫就以'重大特嫌'的名义被逮捕了。"①

柳湜记述:"这一时期从四一年冬起到今年各校开始整风止,各校教育实际内容一般说,无论教学科目和教材内容上,都无大的改变,只是继续前一时期,但'正规化'这一严重的倾向,在领导机关是将它发展了。这就是厅中在四二年秋,重订了边区中学、师范两个暂行规程草案。"②

3月29日,西安国民党当局在民众教育馆举行"追悼被共产党迫害致死的二十八位文化名人"活动,目的是"反共",被追悼人员中有吴伯箫名字。

高浦棠、曾鹿平记述:"1943年3月29日,西安国民党当局乘延安审干过火、使许多文化名人遭受迫害的有利时机,在西安民众教育馆搞了一场所谓'追悼被共产党迫害致死的二十八位文化名人'的反共活动。发起'追悼'活动的有五十二人,据国民党方面称都是'与被害诸先生们或为生前至好,或系同窗共砚,或属乡泽……'并说被'追悼'的二十八人'有被刀杀,有被活埋',其中就有吴伯箫。"③

4月3日,中共中央发布《关于继续开展整风运动的决定》(第二个"四·三决定"),指出:"整风的主要斗争目标,是纠正干部中的非无产阶级的思想(封建阶级思想、资产阶级思想、小资产阶级思想),与肃清党内暗藏的反革命分子。"延安整风运动

---

①高浦棠、曾鹿平:《吴伯箫:在抢救运动中》,林贤治、章德宁主编:《记忆》,第1辑,中国工人出版社2002年版。
②柳湜:《边区中等教育发展情况(边府工作总结报告参考材料之四)》,陕西师范大学教育研究所编辑:《陕甘宁边区教育资料(中等教育部分)》上册,教育科学出版社1981年版,第40页。
③高浦棠、曾鹿平:《吴伯箫:在抢救运动中》,林贤治、章德宁主编:《记忆》,第1辑。

转入第二阶段即审干阶段①。

胡乔木回忆:"还在中央领导机构调整之前,中央政治局已初步决定,延安的整风运动逐步地结束以学习文件、检查思想为主要内容的第一阶段,转入以审查干部、清理队伍为主要内容的第二阶段。在 3 月 6 日的政治局会议上,毛主席明确指出,整风既要整小资产阶级思想,同时也要整反革命……1942 年基本上是停止工作搞整风学习,是整风学习年。1943 年要以工作为主,从 5 月 1 日起恢复正常工作状态,一边工作,一边审干……延安的机关、学校,事实上从 1942 年冬季已开始审查干部。第二个'四•三决定'发布后,延安整风运动正式转入第二阶段。"②

4 月 9 日,康生在西北公学审干试点以逼供形式搞出的"特务"张克勤等五人于中央大礼堂"当众悔过自新"。

马加记述:"那天,我随着大家去参加在杨家岭中央大礼堂召开的'抢救运动'的动员大会。一进会场,我看见在主席台上贴着'抢救失足者'的大标语,旁边还贴着一副小标语'无事不可对党言'。标语的内容再加上会场上的气氛,使空气都显得非常沉闷和严肃,仿佛预示着不祥的兆头。""会议一反常态,大家所盼望的中央领导同志都没有来,而平时不大受欢迎的康生却来主持大会。交代坦白的对象是已经被关押在延安保卫处的一个青年,名字叫张克勤。他承认自己受国民党的'红旗政策'的蒙蔽,误入歧途,混到延安做了特务。""康生站在主席台上,一副细弱的身体,一张黄瓜皮的脸,一只鹰钩鼻子,两只狡狯的眼睛。他摆布张克勤,就像猫摆弄老鼠那样自如,可以随意掌握猎物的命运。他指着张克勤,对大家说:'大家看看,他就是张克勤,国

---

① 华世俊、胡育民:《延安整风始末》,上海人民出版社 1985 年版,第 66—68 页。

② 胡乔木:《胡乔木回忆毛泽东》(增订本),第 277 页。

民党的军统特务,混到延安来搞破坏。像张克勤这样的披着红旗外衣的特务,还大有人在……'""我听了康生这些耸人听闻的爆炸性的话,觉得神经都要麻木了,浑身发抖……会场上顿时变得鸦雀无声,人们屏住呼吸,静得都没有咳嗽的声音。"①

5月1日,朱德在《解放日报》发表文章,提出"建设革命家务"。

5月4日,中共中央决定,中央研究院和中央党校合并,改为党校第三部,主要以知识分子或文化理论工作者为主。

6月,先生被撤职,到中央党校第三部学习,与杨朔、马加等住在一起并编入一个学习小组,被迫违心地到鲁艺等单位作"坦白",直至1945年10月。

杨渡记述:"老人家谦虚地说,'我和你爸爸在延安住一个窑洞,彼此很了解,他是个好同志,好同志啊!'"②

杨玉玮记述:"在党校时,杨朔恰好与马加、吴伯箫二同志住在一起,编在一个学习小组里,因而彼此一直有着很深的友谊。"③

7月9日,延安举行有三万人参加的保卫边区大会。

7月13日,中央政治局作出"加紧进行清查特务奸细的普遍突击运动与反特务的宣传教育工作。"

7月15日晚,先生参加在杨家岭中央大礼堂召开的中央直属机关干部大会。大会由彭真主持,康生作"抢救失足者"动员报告。

胡乔木回忆:"但是,审查干部的实际工作并没有像毛主席

---

① 马加:《漂泊生涯（四）》,《新文学史料》1997年第2期。
② 杨渡:《再读〈歌声〉——缅怀吴伯箫伯伯》,《柳泉》1982年第2期。
③ 杨玉玮:《无畏的战士　辛勤的作家——忆杨朔生活的几个片段》,1980年冬。

设想的那样顺利发展。负责审干工作的同志往往把干部队伍不纯的状况作了过分严重的估计。一个时期，似乎'特务如麻，到处皆有'，把一些干部思想上工作上的缺点和错误，或者历史上未交代清楚的问题，都轻易地怀疑成政治问题，甚至反革命问题，不少单位违反政策规定，仍然采用'逼、供、信'，使审干工作出现了严重的偏差。特别是在1943年7月15日，专门负责审干工作的中央总学委副主任、中央社会部部长康生在延安干部大会上作深入进行审干的动员报告，提出开展'抢救失足者运动'以后，混淆敌我界限的错误进一步扩大，造成了大批冤、假、错案。审干运动实际上变成了'抢救运动'。在延安，仅半个月就挖出了所谓特嫌分子一千四百多人，许多干部惶惶不可终日。"①

《自传》记述："在党校学习，实际是审干的继续。可是这时我考验垮了。多少年不哭，写到这里我无论如何禁不住痛哭！那时看到坦白的'特务'那样多，我怀疑党是不是'实事求是'。参加了彭真同志所主持的深夜的大会，当场捕人，并宣称要当场枪毙，怕自己被误会，死于非命，于是便自暴自弃，照着同志们所要求的，戴了帽子，欺骗了党。甚至……痛哭着到鲁艺、边区政府作了'坦白'。自己污蔑自己，自己又欺骗党，欺骗群众！十多年来我用工作鞭策，不愿意想到这件事情，偶一想到，难过是没法说的……一言出口，驷马难追。说错了再改已来不及了。特别外边有了追悼我的事，肮脏更洗不清了……直到现在我扪心自问，除了'戴帽子'是欺骗了党之外，我没有对党不忠实的地方，从到边区的第一步起，我没有做过对不起党的事！"②

马加记述："延安的'抢救运动'进入了高潮，连申蔚也被审查了。由于河南党被认为是国民党的'红旗政策'的党，所以她

①胡乔木：《胡乔木回忆毛泽东》（增订本），第278—279页。
②吴伯箫：《自传》。

也受到了牵连。这时,党校一部和三部准备联合召开一次坦白大会,靳步通知我说:'你在大会上,是第二个坦白对象。'""那天晚上,我听见党校三部操场上吹响了牛角号子,准备集合开会。我预感到灾难已经来临,不知道还能不能回来,心里没心拉肝的。队伍出了大门,经过延河两岸的沙滩,望着延河对岸的杨家岭的依稀的灯光,我的心头不禁激起了浪花:申蔚要是知道了我在大会上坦白,该有多么难受,那就什么都完了,前途不堪设想……我们赶到党校一部的时候,坦白大会已经开始了,并且已经进入了高潮。大会在露天广场上召开,人山人海,主席台上挂着汽灯,灯光四射。可以望见主席台上的领导同志,有鹤发童颜的边区主席林伯渠同志,党校副校长彭真同志,党校三部主任郭述申同志。张副主任也来了,他坐在主席台上最末的一张凳子上,瞪着一副蛤蟆眼睛,仿佛在搜索着目标。"①

刘白羽记述:"中央研究院在抢救运动的风暴中已经改为中央党校第三部,三部主任郭述申是鄂豫皖苏区的创始人,是一位老革命家,他有着忠厚待人的长者风度。副主任两位,一位是阎达开,阎是组织过冀东暴动的党的地下工作者,另一位就是张如心,我想他之所以任副主任,恐怕是由于三部全都是知识分子,其中还有不少知名的学者文人。他本人就是出名的红色教授。他个子稍矮,嘴角上常常叼着一支香烟,平时脸上有一股傲气,甚至冷若冰霜;但有时又活泼清闲,随意自如,比如在最紧张的抢救运动中,经过大土屋子那一夜挑战,斗争转入各个支部,一个一个审查,有的大哭大闹,有的吵嚷不息,但一到吃过晚饭后,满院里充满了欢乐。这时,张如心就找我们打起扑克来……张如心对我有时冷峻,有时亲热,他好像有两副面孔。"②

---

①马加:《漂泊生涯(四)》,《新文学史料》1997年第2期。
②刘白羽:《心灵的历程》上册,第385页。

王培元记述："当时在延安大出风头的两个'坦白明星'，一个来自文抗，另一个也是一个知名作家。他们都到鲁艺作过报告，讲他们是如何加入了特务组织，如何混入延安，又如何坦白自首了云云。"①

胡乔木回忆："8月15日，党中央作出《关于审查干部的决定》，正式发布了毛主席提出的首长负责等九条方针，明确指出：审干不称为肃反，不采取将一切特务分子及可疑分子均交保卫机关处理的方针，实行普通机关、反省机关和保卫机关结合的审干办法；审干要将'两条心'的人转变为'一条心'，争取大部至全部特务为我们服务；不要有怕特务跑掉的恐惧心理，只有少捉不杀才可保证最后不犯错误。10月9日，毛主席在批阅绥德反奸大会的材料上进一步指出：一个不杀，大部不抓，是此次反特务斗争中必须坚持的政策。"②

9月，先生随党校第三部组织坐卡车到南泥湾参观，同行记者有杨朔、艾青、马加、陈波儿、金肇野等，受到王震接待。

《〈南泥湾〉的写作》记述："去南泥湾参观，是中央党校第三部组织的。同行的记者有杨朔、艾青、马加、陈波儿、金肇野等六七位同志，或者还多一些。坐卡车。坐在卡车最后边的一路没说一句话的同志，后来知道是西北局的张秀山。那时没有自由主义，不必问的事不问，没有必要介绍的同志也不介绍。""到南泥湾的当晚，王震将军就在窑洞门前接待了我们。""在三五九旅两个团部都住过。南泥湾山上山下，沟里沟外，部队的班排生活出操、射击、生产，都见习了，参观了。在后方，又像在前线；作客，又像在自己家里……丰富多彩的活动，感受，《南泥湾》所记

---

① 王培元：《延安鲁艺风云录》，第296页。
② 胡乔木：《胡乔木回忆毛泽东》（增订本），第279页。

的不过是万分之一。"①

9月26日，写报告文学《丰饶的战斗的南泥湾》，刊载于《解放日报》1943年10月24日，后被收入散文集《黑红点》1947年版。

胡乔木回忆："南泥湾位于延安东南，那里百年前曾是人烟稠密的地区，后因清朝政府制造回汉民族互相残杀的悲剧，再加民国后军阀横行，土匪劫掠，该地便成了蒿蓬塞路、鸟兽纵横的荒野了。朱总司令提出部队实行屯田的主张，并亲自到南泥湾踏勘，把它确定为部队的屯垦之地。1941年3月至1942年，359旅分四批开进南泥湾。部队在'一把镢头一支枪，生产自救保卫党中央'的口号下，披荆斩棘，开荒种植，经过两年的辛勤劳动，就把荒凉的南泥湾变成了'陕北江南'。"②

10月10日，中共中央决定，整风运动进入总结提高阶段。

10月19日，鲁迅逝世七周年之际，毛泽东《在延安文艺座谈会上的讲话》正式发表于《解放日报》。

胡乔木回忆："毛主席在文艺座谈会上的讲话，事前备有一份提纲。提纲是他本人在同中央其他负责人和身边工作人员商量后亲自拟定的。讲话时有速记员作记录。整理的时候主要是调整一下文字顺序，使之更有条理。毛主席对整理稿表示满意。但稿子整理后并没有立即发表，其原因，一是他要对稿子反复推敲、修改，而他当时能够抽出的时间实在太少了；二是要等发表机会。到1943年10月19日鲁迅逝世7周年时，讲话全文正式在《解放日报》上发表。"③

11月，写散文《"火焰山"上种树》，刊载于《解放日报》1945

---

① 吴伯箫：《〈南泥湾〉的写作》，《吴伯箫文集》下卷，第621—622页。
② 胡乔木：《胡乔木回忆毛泽东》（增订本），第237页。
③ 胡乔木：《胡乔木回忆毛泽东》（增订本），第263页。

年1月9日,后收入散文集《黑红点》1947年版。

12月,写散文《徐义凯新村》,刊载于延安《解放日报》1944年12月3日,后以《新村》为题被收入散文集《黑红点》1947年版。

本年底,鉴于"抢救运动"造成的影响,中共中央书记处召开会议,指出对审查干部着手进行甄别工作。

胡乔木回忆:"为了总结审干运动的经验教训,中央书记处于12月22日举行工作会议,听取康生关于反特斗争的汇报。会议指出,延安反特务斗争的过程,是由熟视无睹(指开展斗争前)到特务如麻(指抢救运动后),现在应进到甄别是非轻重的阶段……在会议讨论中,弼时同志专门就如何看待来延安的新知识分子问题作了发言。"①

本年,译文《哈兹山旅行记:一八二四年》(海涅著)刊载于重庆《学习生活》1943年第4卷第2期。

1944年(民国三十三年)　39岁

本年,先生在中共中央党校第三部学习。

1月9日,毛泽东看了京剧《逼上梁山》后致信延安平剧院给予肯定和赞赏。

1月24日,中共中央发出经毛泽东审改的关于对坦白分子进行甄别工作的指示。

2月,译诗《海涅诗抄》(三首)刊载于重庆《文阵新辑之一哈罗尔德的旅行及其他》,署名"孙玮、吴伯箫译",1944年总第62号。

2月,根据时在中央党校学习的山东聊城专员谢鑫鹤讲述的材料,先生写通讯《一坛血》,并作为电讯稿发往各根据地,后被

---

① 胡乔木:《胡乔木回忆毛泽东》(增订本),第281页。

收入 1945 年 11 月辽东建国书社出版的《一坛血》及 1946 年中
原新华书店出版的《解放区短篇创作选》第 2 辑（周扬编），1947
年又被收入散文集《黑红点》，又为无锡《新华周报》1949 年第 2
卷第 2 期所刊载。

　　先生晚年回忆："《一坛血》，记的事情是听聊城专员谢鑫鹤
同志谈的，谈就是一道写作过程，我记录整理之后又送他看过，
当时作为电讯稿发到各根据地，知道那篇东西的人就比较多。
很多同志认为我在山东打过游击，大概就是从《一坛血》引起的。
其实，在延安八年，除了半年晋东南，别处哪里都没去过。"①

　　　　谢鑫鹤（1912—1979），山东博平（今属茌平县）人。参
　　加创建博平县城关区第三乡抗日自卫队、县特务连、先遣纵
　　队第五大队等地方抗日武装。1937 年 10 月任中共鲁西北
　　博平县工委书记。1938 年 4 月调任鲁西北抗日游击司令部
　　第三十二支队政训处宣传部部长。1939 年 4—11 月任中共
　　鲁西区第四地委书记。同年 11 月至 1940 年 3 月任中共鲁
　　西区运东地委书记。1940 年 3—8 月任中共鲁西区委统战
　　部副部长、敌工委副书记。1941 年夏至 7 月任鲁西区第四
　　行政督察专员公署副专员。同年 7—9 月任冀鲁豫区第四
　　行政督察专员公署副专员。同年 9 月至 1942 年 12 月任晋
　　冀鲁豫边区第十九行政督察专员公署副专员。1942 年 12
　　月至 1943 年 11 月任晋冀鲁豫边区第十六行政督察专员公
　　署副专员。1943 年 11 月后到中共中央北方局党校、延安中
　　央党校学习。

　　3 月，先生与周而复、刘白羽、金肇野合写，周而复执笔通讯
《海上的遭遇》，刊载于《解放日报》1944 年 3 月 17 日，被收入

---

①吴伯箫：《无花果——我与散文》，《吴伯箫文集》下卷，第 498 页。

1945 年 11 月辽东建国书社出版的《一坛血》，再次刊载于上海《文艺春秋》1946 年第 2 卷第 4 期，后又被收入 1949 年 5 月新华书店出版的《没有弦的炸弹》。

《斥无耻的"追悼"》记述："就是被他们追悼的前几天我还和三个同志写了一篇记载新四军怎样与敌人作战时壮烈牺牲，至死不屈的纪实的文章——《海上的遭遇》"①。

5 月，毛泽东在中央党校作报告时首次公开谈及审干工作扩大化的错误，并向审干中"受了委屈"的同志敬礼、赔不是。

5 月，写通讯《文件》，后被收入散文集《黑红点》1947 年版。

6 月，党校第三部连续开"伸冤"座谈会和甄别讨论会。萧军记载 6 月 7 日黑丁报告中提及"与吴伯箫去鲁艺时的心情。"6 月 8 日王匡发言提及"石刚与吴伯箫去南泥湾两种心理——前者游山玩水，后者想自己去报告。"②

萧军记载：6 月 9 日，星期五。"在党校第三部甄别讨论会上吴伯箫发言要点：1. 由开中学教育调查会，做教育计划，及开会不成，罗迈说他要负责，由思想问题引到政治问题。2. 他曾割喉与撞头企图自杀。3. 他不能决定自己的态度——委屈承认或不承认？4. 党方面对他家中进行过检查，他不知道党内斗争对党员应持何种态度？5. 他七岁的儿子曾问他：'爸爸，你"报告"过吗？'使他心痛。他临来三部时，曾给妻子留遗书。6. 终于在'长期埋伏，单线联系'决定他是 C.C 特务。"③

6 月 9 日，重庆"中外记者西北参观团"一行 21 人抵达延安访问。6 月 10 日，朱德代表边区政府举行招待会招待记者团。6 月 12 日，毛泽东会见记者团。6 月 24 日（赵超构《延安一月》记

①吴伯箫：《斥无耻的"追悼"》，《吴伯箫文集》上卷，第 725 页。
②萧军：《延安日记 1940—1945》上卷，第 441—442 页。
③萧军：《延安日记 1940—1945》上卷，第 443 页。

为 26 日,子张按)上午,在延安边区银行召开的"延安文化界招待中外记者团座谈会"上,先生与丁玲、肖〔萧〕军、艾青等发表口头声明,"驳斥"西安方面的"追悼"。又通过组织给老舍写信,请其为之辟谣。

《斥无耻的"追悼"》记述:"在谈到延安文化人作家的生活,很多同志讲过话之后,让我也讲一个很不愉快的笑话。想到那笑话制造者,我是禁不住要作呕的。那笑话是什么呢? 就是 3 月 29 日西安反共的特务分子在西安民众教育馆开'活人追悼会'的事。""那次被追悼的活人(据我知道,除了连名字也是捏造的几个人以外,都是活着的),开列出名字来的有 28 位,里边清清楚楚,明明白白地也写有我的名字:'吴伯箫'三字。""这次他们把我诬为被革命队伍不名誉地处死,事关名誉,人格,甚至是人籍,是可忍孰不可忍,我无论如何不能再事缄默! 若'国民政府'真能保障人权的话,我是要提起诉讼的:要求赔偿名誉损失。只是一纸声明'我还活着'的启事,在大后方的报纸上都不许刊登,申诉的要求看来是太苛了,我就不再作那种奢望。现在趁中外记者团诸先生在座,我把西安特务们追悼活人的丑剧揭露出来,算我向全国及全世界的一种控诉,也算在记者先生们面前,登一个义务启事吧。"[1]

胡乔木回忆:"1944 年 2 月 16 日,驻华外国记者联盟直接上书蒋介石,要求国民党政府允许外国记者到陕北及延安访问。几天之后,蒋介石出人意料地批准了外国记者的请求。3 月 4 日,重庆八路军办事处给延安发来一份电报,详细报告了有关情况。""在外国记者启程之前有一段精彩的过门,它从一个侧面反映出我们党与国民党在宣传上的尖锐斗争。蒋介石批准这次访问实际上是迫于国内外舆论的压力,因此他竭力想把这次访问

---

[1]吴伯箫:《斥无耻的"追悼"》,《吴伯箫文集》上卷,第 723、727 页。

控制起来,以便为他的反共目的服务。按照蒋介石的布置,原定的外国记者旅行团由国民党官员带队并安排一些中国记者参加。国民党当局还规定,旅行团要先到西北国统区考察,然后再到共产党边区访问,期限是三个月,写出的报道必须送交国民党宣传部审查之后才能发表。同时,蒋介石还训令西安地区国民党军政要员,要他们收罗所谓'中共叛徒'、'受害者'、'知情者'等事先准备的材料,专门向外国记者进行反共宣传,'以造成中外籍记者对中共知其如何可恶,而无足重视之心理'。西安地区国民党当局秉承这个旨意积极布置特工人员炮制伪证,乔装准备。不料,蒋介石的训令和其他有关情况很快被我党掌握了。4月初,毛主席和恩来同志打电报给董老,请他把这件事迅速透露给各位外国记者,使他们在精神上有所准备。这样,蒋介石的反共把戏没来得及上演就露馅了。""中外记者团5月17日离渝,6月9日抵达延安。"①

　　萧军记载:6月24日,星期六。"去参加延安文化界招待'中外记者团'座谈会。会场设在新市场边区银行楼上,我们到时已近十点钟,人们已满,正在嗡嗡谈着。有五个外国记者,其余是中国记者。"②

　　臧克家回忆:"一九四二年,我到重庆不久,就听说伯箫是一名纺花能手,接着收到他从延安带给老舍先生和我的一封信。在信上,他先向老舍先生道歉,说:你到延安访问,我没去看你,因为那时我还没入党,不好意思见故人呵。另外一件事,请你们二位务必替我辟谣!国民党反动派大造谣言,说我已经死了,延

①胡乔木:《胡乔木回忆毛泽东》(增订本),第333页。
②萧军:《延安日记1940—1945》上卷,第456页。

安开过追悼会。这是多可恨，多无耻呵！"①

6月，写通讯《"调皮司令部"》，后被收入散文集《黑红点》1947年版。

7月3日，《解放日报》以《斥无耻的"追悼"》为题全文发表先生的声明文字稿，篇末注明"这篇文章，是根据本人在'延安文化界招待中外记者团座谈会'上的发言整理补充写成的"。

7月4日，《解放日报》又发表诗人艾青发言稿《我的声明》。

7月21日，延安中央党校第三部关于审干的甄别讨论会宣布开总结大会，阎达开、郭述申等作了自我批评，并决定限每人于"一日内"写好一篇简短的个人"结论"，两天讨论副校长彭真的报告②。

7月底，重庆《新民报》主笔赵超构长篇报告文学《延安一月》在渝、蓉两地《新民报》发表，记录参加中外记者西北参观团延安采访见闻。其中《文艺界座谈会》记6月26日"延安文化界座谈会"有两处提及吴伯箫。开头部分写道："那天情形有如戏剧，主演人是吴伯箫和艾青，配角是萧军。作为一幕戏剧来看，主要的观客是外国记者，并非中国记者。"第二处记录"开场白完毕，'斗争'剧揭幕了"："第一位上场的是吴伯箫，气势昂昂地，声明他每天'照常吃三餐饭，而且是毛纺的突击手'"。"他们说了许多许多话，一句一句，由周恩来氏的秘书陈家康先生译成英语，供给外国记者们记录。"同年10月，《延安一月》单行本由重庆新民报社出版。

9月22日，写通讯《打娄子》，连载于《解放日报》1944年10月23、24日。

---

① 臧克家:《五十二年友情长——追念伯箫同志》，《人民文学》1982年第10期。
② 萧军:《延安日记1940—1945》，上卷，第470页。

　　10月3日，写通讯《黑红点》，刊载于《解放日报》1944年11月4日，后被收入散文集《黑红点》1947年版。

　　《延安文艺史》记载："在这个时期，杨朔、吴伯箫、魏巍等人，也把较多的精力投入到报告文学创作。因为他们先后都在晋察冀生活和战斗过，所以他们不约而同地把晋察冀人民和八路军敌后武装工作队的生活作为反映的对象……吴伯箫的报告文学《黑红点》，描写了武工队和群众对伪军的政策'攻心'。"①

　　10月23日，写通讯《游击队员宋二童》，刊载于《解放日报》1944年11月18日，后被收入散文集《黑红点》1947年版。

　　罗竹风回忆："我对吴伯箫同志的第二个间接印象，是在读过他所写的报告文学《一坛血》之后。这是专门揭露鲁西一个制造摩擦、曲线救国、残民以逞的土顽戚（迟）子修累累罪行的，当时就感觉到深刻而又生动，不亏〔愧〕为一篇力作，在根据地也是影响较大，流传相当广的。还有一篇《海上的遭遇》，是吴伯箫同志和周而复等三人合写的，描写他们在海上与敌人遭遇，英勇战斗，终于突围脱险的壮烈场面，也是一篇有血有肉的好作品。从这两篇作品推断，吴伯箫同志参加了共产党领导下的革命工作，而且还以自己的作品为雄伟的抗战事业作了宣传，这是多么值得庆幸呀！"②

　　10月，毛泽东在中央党校作报告，第二次公开谈到审干中抢救运动的错误。

　　11月10日，写通讯《化装》，刊载于《解放日报》1944年12

---

①艾克恩主编：《延安文艺史》下册，河北教育出版社2009年，第395页。吴伯箫在1981年6月28日写的《无花果》一文中写道："《黑红点》，事例是多方面采访的，从前方回到延安才写出来，常有人提起。"吴伯箫：《无花果——我与散文》，《吴伯箫文集》下卷，第497页

②罗竹风：《悼念吴伯箫同志》，《语文学习》1982年10月号。

月 6 日，后被收入散文集《黑红点》1947 年版。

12 月 19 日，通讯《一个农民参议员——记赤水参议员蒙恒吉》刊载于《解放日报》。

12 月 21 日，通讯《参议员看参议会》刊载于《解放日报》。

12 月 22 日，陕甘宁边区劳动英雄和模范工作者代表大会在延安开幕，前后 24 天。

12 月 23 日，《解放日报》以《边区群英大会开幕》为题报道陕甘宁边区劳动英雄和模范工作者代表大会。

本年早期散文《话故都》节选刊载于北平《青少年》杂志 1944 年第 5 卷第 3 期《珠语辑》，文后标明"录自吴伯箫《羽书》。"

　　北平《青少年》杂志节选《羽书》集的文字，身在延安的作者肯定是不知情的，此种行为也许是杂志社自作主张，也许是有人冒用作者名字赚取稿酬，待考。

1945 年（民国三十四年）　40 岁

1 月 14 日，先生出席陕甘宁边区劳动英雄和模范工作者代表大会闭幕式。

1 月，写通讯《记王国宝》，报道靖边劳动英雄王国宝事迹，刊载于《解放日报》1945 年 2 月 6 日，后被收入《吴伯箫文集》1993 年版。

2 月 10 日，写作通讯《群英会——陕甘宁边区劳动英雄模范工作者代表大会印象》，刊载于 5 月 15 日《群众》周刊 1945 年第 7—8 期合刊，后被收入《吴伯箫文集》1993 年版。

本年一月至八九月，先生在中央党校学习，九十月间调任延安大学。

3 月，长女吴海妮出生。

4月23日至6月11日,中共七大在延安杨家岭中央大礼堂召开。

4月30日,1938年11月至1939年4月晋东南之行回来后与卞之琳合写的《从我们在前方从事文艺工作的经验说起》刊载于《群众》周刊1945年第7—8期合刊,后被收入《吴伯箫文集》1993年版。

5月,上海《杂志》1945年第15卷第1期张金寿《北行杂记》记载在济南"遇到……事变前文艺界鼎鼎大名的吴伯箫先生",文中所指"吴伯箫"当为冒名者。以此推断,当时以"吴伯箫"名义在北平、上海报刊发表文章并向巴金索要《羽书》稿费者可能也是这位冒名的"吴伯箫"。

张金寿记载:"在济南有幸遇到两个人……另一个则是我们去找他的,他乃是事变前文艺界鼎鼎大名的吴伯箫先生。吴先生两条腿坏了,勉强蹭着走,远一点路便不行。他苦得很,最近正欲卖书,文人到卖书的程度,可以想见其如何贫困。吴先生言语甚为凄惨,他说:'我如果不死我们还见得着的。'这是我们告辞时的末一句话。他的肺病程度甚重,且又贫穷,疗养谈不到,所以好起来是颇费时日的。他现在住在他弟弟家,仍不时写文章,往上海的《文潮》,山东的《中国青年》,北平的《吾友》发表,真是苦不堪言。"[1]

8月15日,日本宣布无条件投降,当天消息即传到延安,引起人们欢呼。

9月,先生调任延安大学教授,至同年11月。曾于一个夜晚到城南门外延安大学行政学院西山坡平房拜访徐特立先生。

《自传》记述:"但是,毛主席所领导的党的整个政策是正确的,从党校毕业后,党并没有不信任我,分配我的工作是适合我

---

①张金寿:《北行杂记》,《杂志》1945年第15卷第1期。

的能力的。因此对我的问题，我便期待于将来解决。""审干中也不准'革命'；陈昭，陈维实，周其，我曾经怀恨过，这时我都原谅了他们。""到死为止，我要忠于党，求得'盖棺论定'。"①

《忘年》记述："日本投降以后，组织上要我去教书，我向组织反映手头可参考的书籍资料太少，宣传部领导立刻说：'到书库里自己去取吧，只要有副本的书籍刊物都可以拿一份去。'几句话激励着我，真的我就从书库里抱走了那时有的全套解放社版的马、恩、列、斯著作的译本，马兰纸印刷的，毛边装帧的，足有三四十种。这些书对我教学帮助很大；这件事把个人与组织融为一体，将影响我的一生。几个月后，我离开延安，奔赴前方，连同我别的一些书籍一齐送了图书馆。"②

《钥匙》记述：徐特立先生"两句话是长沙那次谈话十年以前谈的。那时候还在延安。谈的地点是城南门外延安大学行政学院西山坡上一爿简陋的平房里。房里陈设只有：一铺木板床，一张两屉桌，一个凳子。书也不多，仿佛万卷藏书都在徐老胸中（对面宝塔山下的石壁上就凿有'胸中自有数万甲兵'的题词）。我刚调到延大不久，听说徐老正暂时住在那里，一天晚上就特意去向他请教关于读书的事。"③

8月29日至10月10日，国民政府与中共举行重庆谈判，经过43天谈判，国共双方达成《政府与中共代表会谈纪要》，即《双十协定》。毛泽东10月11日返回延安后，于10月17日在延安干部会议上作了《关于重庆谈判》的报告。

9月，中共中央陆续派干部团去东北开展工作。10月中旬，丁玲率延安文艺通讯团出发去东北。

---

① 吴伯箫：《自传》。
② 吴伯箫：《忘年》，《吴伯箫文集》下卷，第506—507页。
③ 吴伯箫：《钥匙》，《吴伯箫文集》下卷，第667页。

10月25日,深夜,毛泽东在陕甘宁边区政府接见了周扬、张松如等延安大学中层以上领导干部,指示说:你们去创办的东北大学,是新型的东北大学。此前的8月份,毛泽东也曾到延安大学,向校长周扬和副校长张如心传达了党中央的决定,要求延安大学的一批骨干力量去东北,办东北大学。

毛泽东对延安大学干部提到先生,说:"伯箫同志文章写得好。"①

10月,赴东北行前,先生与延安大学干部一起听毛泽东讲《关于重庆谈判》。

11月,先生随延安大学干部队行军东渡黄河,经山西岢岚、五寨、平鲁、右玉、丰镇到河北孔家庄,乘火车到张家口。

《"努力奋斗"》记述:"一九四五年十月,延安大学的干部要出发到前方去的时候,毛主席给我们讲了《关于重庆谈判》,嘱咐我们要迎接胜利,克服困难。那时毛主席以雄伟的气魄、革命的胆略,冒着生命的危险到重庆谈判,谈了四十三天,成立《双十协定》,平安地回到延安。刚回来,毛主席亲自到延安大学,看看还有哪些同志要到前方去。在会议室,毛主席跟一齐拥到跟前的一二十位同志一一握手,熟悉地叫着不少同志的名字……给要出发的干部讲话,是那天晚上在交际处。一排长桌围坐着四五十位同志。毛主席表扬了同志们满腔热忱争着出去工作的积极性和热情很可贵之后,再三叮咛对行军中可能遇到的种种困难要作充分的思想准备。当时举了一些很生动的例子,时间过了三十多年印象还是清楚的……几天之后,延大干部就编好几个大队,浩浩荡荡翻山越岭,东渡波浪滔滔的黄河,几度出入蜿蜒万里的长城,步行一月胜利地到达张家口。"②

①吴伯箫:《自传》。
②吴伯箫:《"努力奋斗"》,《人民文学》1976年第9期。

《烟尘集》后记记述："跟二十年前《我还没有见过长城》来比，作者不但早已见过了长城，而且从五寨到平鲁，从右玉到丰镇，曾自由出入长城内外……"①

《文艺的阶级性》记述："那年冬天，行军路过岢岚县境的三井境，大休息，我有机会在一座戏台旁边的黑板报上看到一首民谣；字写得一笔不苟，粉笔的笔画，苍老里带些稚气，支离中又显得整齐，有点远年石刻汉魏碑味道，猜想一定是出自识字小组的高材生壮年农民之手，觉得很可爱；读读民谣的字句，真实生动，素朴有力；就更加喜欢起来。记得原文是这样——眼看籽眼手摇耧，脚踢'克拉'口骂牛，老子不受你吃个球！穿的是真青绸缎，住的是金銮宝殿，花的是不弯腰钱；尽是老子的血汗。"②

《火车，前进！》记述："记得一九四五年冬天，长途行军，一天傍晚沿着蜿蜒的内长城下山到丰镇，远远望见了水塔、扬旗，闻到了车站特有的那种铁锈、油腻、煤灰混合的气息，一队三五十人都高兴得跳起来。那时丰镇并没有停的车辆，车站上人也很少，冷冷落落的，可是大家都有一种'他乡遇故知'的欣慰的感触。等从孔家庄到张家口，坐上自己同志驾驶的自家的火车的时候，心里就满是幸福和骄傲了。"③

11月，报告文学集《一坛血》由辽东建国书社出版，收入先生通讯作品《一坛血》，这也是第一个以先生作品命名多人作品集。

①吴伯箫：《〈烟尘集〉后记》，《烟尘集》，作家出版社1955年版，180—181页。
②吴伯箫：《文艺的阶级性》，《吴伯箫文集》下卷，第223页。
③吴伯箫：《火车，前进！》，《吴伯箫文集》下卷，第329—330页。

第六章　佳木斯、长春、沈阳:打前站
(1946—1953)

1946 年(民国三十五年)　41 岁

1 月,在张家口华北联合大学,先生任中文系副主任,教学之余为不久后成立的"北方文化社"写稿。

朱子奇《怀抱理想　俯首耕耘——悼念吴伯箫同志》载:"一九四六年春,我们在张家口又相见了。他在华北联大任教,我在'北方文化社'工作。我们的领导人都是成仿吾同志,又住在一起,因此不时见面。为配合宣传党的新解放区政策,他给我们的刊物经常写稿,常常亲自把字迹清楚、内容充实的文章准时送到编辑部。"①

1 月 12 日,写散文《出发点》,刊载于《晋察冀日报》,被收入丁玲等著、希望书店 1946 年 10 月出版的创作合集《陕北杂记》,后又被收入散文集《出发集》1954 年版。

先生晚年回忆:"行军到张家口,写《出发点》,抒发了留恋延安的炽烈感情,刚在《晋察冀日报》上发表,就有人成段朗诵,影响还好。但对地方人事美化绝对了。"②

---

①朱子奇:《怀抱理想　俯首耕耘——悼念吴伯箫同志》,《文艺报》1982 年第 10 期。
②吴伯箫:《无花果——我和散文》,《吴伯箫文集》下卷,第 499 页。

2月1日，农历丙戌年腊月三十日除夕，写通讯《孔家庄纪事》，刊载于张家口《北方文化》1946年第1卷第4期，后被收入散文集《黑红点》1947年版。

3月1日，大型综合性文化刊物《北方文化》半月刊在张家口创刊，16开铅印。主编为成仿吾、张如心，编委有周扬、萧三、丁玲、杨献珍等十三人，实际由陈企霞具体编辑。这是在晋察冀解放区出现的有重大影响力的文化刊物。先生杂文《揭穿丑剧，制止逆流》刊载于《北方文化》1946年第1卷第1期（创刊号）。

3月1日，胡乔木在延安致信先生。

3月16日，杂文《把戏》，刊载于《北方文化》1946年第1卷第2期，后被收入《吴伯箫文集》下卷1993年版。

4月22日，全国文艺协会张家口分会成立。

4月26日至5月10日，张家口市第一届参议会在张家口市召开。根据张家口市第一届参议会内容撰写报告《人民是正统——记张家口市第一届参议会》，刊载于《北方文化》1946年第2卷第1期，后被收入《吴伯箫文集》1993年版。

《张家口日报》报道：

> 历时半月的张家口市首届参议会一次大会，于胜利完成十七万市民所付托之确立市政大计及选举正副议长市政府委员后，十日已隆重闭幕。该会自本月二日起，即进行讨论提案，原提案共三百三十三件，经过分组综合，讨论与通过者，共十四大件。大会首项讨论者为中共张家口市委"关于张市目前施政方针"一案，经两天讨论后一致通过。大会通过之第二案为房租问题，这与全市居民关系极大，经专门委员会数次研究与实地调查始做出决定。为奖励私人投资经营房产，允许二房东存在。关于税收品类征额，争论最为热烈，共同认为其原则应为公平合理简单易行，并照顾本市

最低限度之财政开支。最后一致通过之决议案为(1)将营业所得税改为统一累进税。(2)将有牙税之商业,如粮食、干鲜果等及小本买卖业,免除营业税。(3)对小商实行照牌税,根据收入分等征收,贫苦小商则一律免征。大会并批准了市政府之三十四年度财政预算。九日进行选举,九十一位正式参议员全体出席,自由无拘束的由各议员联署提议候选人,经过介绍和竞选,结果刘秀峰以七十五票当选为市参议会议长,于德海以七十票、陈兆仁以五十九票当选为副议长,杨春甫当选为政府委员。其中共产党员只占三名。最后杨春甫以九十票当选为正议长,张孟旭以八十五票当选为副市长。①

5月4日,写杂文《社会在前进》,后被收入《吴伯箫文集》1993年版。同日,中共中央发布《关于清算减租及土地问题的指示》即"五四指示"。

同在华北联合大学任教的陈企霞将先生作品《一坛血》作为教材在课堂上讲授。

鲁芝回忆:"陈企霞给我们讲授的是作品阅读。方法是:他选出作品来,油印成册,分发给同学们,先读,然后写读后感,由他批阅,再统一讲解。选读的作品有吴伯箫的《一坛血》,另外几位作家的《民间艺人李卜》《群众》《催粮差》……在评论《一坛血》时,他说'报告文学处理人物与小说不同。小说是写人物,报告文学不一定由人物完成主题。'说到缺点,他说,作品的语言中残留的有旧的语汇,如写老人用'一抹薵嶷''矍铄'等词,太陈旧了,且离群众语言甚远,我们不要效法。"②

6月,先生调任东北佳木斯任东北大学教育学院副院长(院

---

①《张市举行首届参议会》,《张家口日报》1946年5月12日。
②鲁芝:《不尽的思念——忆我的老师陈企霞》,《人物》1998年第5期。

长为张松如,另一副院长为智建中)兼图书馆馆长,直至 1948 年夏。"编《东北文化》,办抗大式训练班。随学生下乡,跟农民同吃、同住、同劳动。写《十日记》"①。

> 智建中(1911—1983),历史学教授。江苏盐城伍佑镇人。1936 年参加中华民族解放先锋队。1937 年毕业于北京师范大学历史系。1938 年加入中国共产党。曾任湖北省第五战区文化工作委员会驻老河口办事处主任,中共中央青年工作委员会宣传干事,陕甘宁边区青年工作委员会宣传部副部长,边区教育社主编,延安大学教育科科长,东北大学教育学院副院长、社会科学系主任、社会科学院副院长,东北师范大学教授、历史系主任、副教务长、研究部主任、副校长。主编《中国近百年史》等。1983 年 8 月 9 日夜,公木写旧体诗《哭智建中》云:"去岁悼伯箫,天低常气闷。今年哭建中,路窄披荆棘。吴长我二年,智少我两岁。人称吴张智,辕骥三兄弟。同攀燕岭云,共饮延河水。携手佳木斯,浇汗培桃李……"②

8 月,先生到达佳木斯东北大学,与张如心一起为东北大学和哈尔滨市青年俱乐部联合举办的青年讲座分别作《第二次世界大战后的形势》和《解放区文艺》等报告。

《自传》记述:"1946 年 6 月,(我缴还了张如心同志关于我的那张假结论。)从张家口出发去东北,七八月间到佳木斯。"③

《"努力奋斗"》记述:"隔年秋天又从多伦、赤峰、白城子一线,时而卡车,时而牛车、徒步、火车,胜利地到达齐齐哈尔、哈尔

---

①吴伯箫:《自传》。

②公木:《哭智建中》,《公木旧体诗抄》,四川人民出版社 1984 年版,第128 页。

③吴伯箫:《自传》。

滨、佳木斯。一路横跨八省,简直记不起遇到过什么困难。在内
蒙古草地遇雨,卡车捂进四无人烟的荒野泥沙里,两天两夜,拿
炒面充饥,接雨水解渴,算是困难吧? 但那有什么,我们早有思
想准备。因此,在那种情况下,连同行的老人、小孩都照常欢欢
喜喜,没有一个叫个苦字。"①

　　先生晚年回忆:"三十年前,我们延安大学的队伍开进解放
最早的北满,学校五年三迁:由佳木斯,而吉林,而长春。我就曾
跟着打过三次前站。那是一次比一次新鲜,一次比一次繁忙,一
次比一次紧张的。""记得在吉林省榆树县,离前沿阵地不到五十
里,我住在县委一间茅屋的土炕上。屋里除了我的铺位,满堆的
都是书。从《四书备旨》到《清史稿》,都是线装古籍。那是土地
改革中从地主家里搜集来的。'这些书你们怎么处理?'我兼管
图书馆,有责任筹措精神食粮,就这样问县委书记。书记说:'前
线还在打仗,这些书正愁不知运到哪里。你们要吗? 全部送给
你们。''那太好了。'我抢着回答。这样,靠新生七手八脚装了二
十几木箱运到了佳木斯。当时,连一部《辞源》也找不到,这些书
可真是及时雨呵。同样的同治五年首夏金陵书局校刊的二十本
的线装《史记》有两部,我自己留了一部,到今天还放在书
架上。"②

　　又:"记得从延吉带百多名新生千里迢迢回佳木斯,凭护照
坐火车,开饭的时候,沿途兵站把饭菜送到车上。冬天,饭菜都
是热的,而时间不早不晚,碗筷不多不少,准确得叫人吃惊。从
敌伪十四年奴化教育下刚解放出来的男女青年,简直惊奇得目
瞪口呆。像一觉醒来,忽然进入了一个崭新的世界。进学校门,
那些不过只来了三天五天的同学,便一拥而上迎接'兄弟姐妹'。

----

①吴伯箫:《"努力奋斗"》,《北极星》,第 6 页。
②吴伯箫:《打前站》,《吴伯箫文集》下卷,第 540 页。

穿一色的衣服,吃一样的伙食,师生顿时形成了融洽的整体。上课,讲革命,讲解放,讲民主;就是在院子里坐在地上听讲,也都肃静无哗,惟恐漏听了'闻所未闻'的道理。下了课,唱歌,跳秧歌舞,又那样自由,活泼,谈笑风生。'见所未见',一切都是新的。除了十四年被逼养成的有些习惯:讲话结束用'以上'代替'完了';路上跟教师碰对面,学生要站立道旁,深深鞠躬……一时改不彻底,一般都是自然的,大家平易相处的。"①

马加记述:"佳木斯是当时的合江省省会。我在这里见到了省委书记张闻天同志。"②

> 合江省,存在于1945—1949年间,现已属黑龙江省,是抗战胜利后,南京国民政府划分的东北九省之一,省会佳木斯。

《东北师范大学校史(1946—2006)》记载:"1946年8月,张如心所率延安大学和华北联合大学的百余名教师、干部从张家口出发,途经洮南、白城、齐齐哈尔。胜利地到达了东北局所在地——哈尔滨市,受到了当时在东北局工作的领导人林彪、彭真、陈云、凯丰等的分别接见。正在哈尔滨市参加遣侨工作的东北大学学生热烈欢迎他们的到来。张如心和吴伯箫到达后为东北大学和哈尔滨市青年俱乐部联合举办的青年讲座分别作了《第二次世界大战后的形势》和《解放区文艺》等报告。"③

东北师大文学院网站"历史沿革"部分文字:

> 1945年8月,毛泽东同志亲自到延安大学,向校长周扬

---

①吴伯箫:《打前站》,《吴伯箫文集》下卷,第541页。

②马加:《漂泊生涯(六)》,《新文学史料》1997年第3期。

③《东北师范大学校史》编委会编:《东北师范大学校史(1946—2006)》,东北师范大学出版社2006年版,第6页。

和副校长张如心传达了党中央的决定,要求延安大学的一批骨干力量去东北,办东北大学。10月25日深夜,毛泽东在陕甘宁边区政府接见了周扬、张松如等延安大学中层以上领导干部,指示说:你们去创办的东北大学,是新型的东北大学。

这样以周扬为队长、张如心为副队长的延安大学部分干部、教师组成的"松江支队第四大队"告别延安,开赴东北。

1946年元旦前后,东北局指示著名作家舒群创办"东北公学",同年2月以"依照民主政府建设新东北之方针,广集各级学员,以造就行政、技术及师资等实际工作人才"为目标开始招生。不久东北局决定将"东北公学"改名为"东北大学",任命张学良将军的胞弟、东北行政委员会副主席张学思兼任校长,校址设于本溪。至此,一所中国共产党领导的人民的大学,迎着纷飞的战火在东北大地上诞生了。她为东北广大青年学生提供了学习革命理论的基地,引导他们走上追求真理、为人民服务的光辉道路。

建校伊始,为局势所迫,学校辗转颠沛,1946年3月15日转至安东(现丹东市)后,继续转移经通化、梅河口、吉林,于4月26日到达长春。校址设在当时长春著名的建筑之一"海上大楼"。5月,由于国民党反动军队向公主岭进犯,学校再度北撤。27日到达哈尔滨市,除留部分师生接收哈尔滨医科大学,继续北撤。6月1日,最后一批师生到达北满根据地佳木斯市。学校定址于"满赤医院",开始了新的历程。在历时3个月,行程1500余公里的北撤中,学校的队伍不断壮大,干部、教师始终和同学同甘共苦,表现出了对革命事业的无限忠诚,显示了党的干部的优秀品质和作风。青年学生们在艰苦历程中,表现出了积极向上、追求真理、不畏艰险、不怕牺牲、坚决跟着共产党走的革命意志，显示了一代英才的风貌。他们是先驱，是榜样，在学校创建史上写下了可歌可泣的光辉篇章。

1946年8月，张如心所率延安大学和华北联合大学的百余名教师、干部胜利地到达哈尔滨市，加入了东北大学的行列，壮大了东北大学的力量，形成了一支学术水平高、实力雄厚的教师、干部队伍。党的理论工作者张如心先后担任学校副校长、校长。在党的领导下，东北大学继承和发扬延安大学的办学经验和革命传统，坚持坚定正确的政治方向和全心全意为人民服务的宗旨，努力构建毛泽东同志指示的"新型东北大学"，为解放区建设和全国解放培养了大批急需人才。

1948年7月，东北局决定将东北大学迁往吉林市，与党在吉林市创建的吉林大学合并，定名为东北大学。1949年2月，长春大学，沈阳东北大学，长白师范学院文、理、法三个学院及先修班教职员与学生，全部合并到东北大学。1949年7月，学校由吉林市迁到长春市。（此处时间与吴伯箫叙述1949年春有差异，子张按。）

1950年4月，根据国家教育事业发展的需要，学校易名为东北师范大学，隶属教育部，成为一所以培养新型的中学师资为目标的高等师范院校。[①]

李鸿文记述："我是在东北解放战争虽有转机、却仍然战火纷飞的1947年9月，由原工作单位保送进入东北解放区最高学府东北大学学习的。当时学校坐落在'东北的延安'——佳木斯市区的边缘，是由一座被战火破坏的日伪时期的医院修复而成

[①]《东北师范大学历史沿革》，东北师范大学网：http://www.nenu.edu.cn/257/list.htm。数据截止日期：2015年6月8日。

的。由于学校在此刚建校一年,战争年代一切为了前线,地方物
资和经费依然十分缺乏,物质生活十分简陋,校舍的窗户很少有
玻璃,多为木板代替。每间寝室兼学习室,大房间靠墙左右两面
设置木板通铺,中间设几张木桌供学习用。我所在的宿舍是小
间,一面是通铺,一面摆有学习桌。我们小组有 9 名男生,就寝
时就挤在这张 4 米多长的通铺上。""师生一律享受供给制,过着
军事共产主义生活。伙食为小米饭,白菜或萝卜汤,除年节外,
平时没有荤腥。记得 1948 年'三八节',晚饭时伙房通知女干
部、女学生另行就餐,男生仍是平时饭菜。晚自习时,男女学生
又分别开会,男同学会议内容为检查轻视妇女、歧视妇女的封建
思想影响;女同学讨论妇女解放。第二天,有年龄小的顽皮的男
同学就问女生昨天单独会餐吃了什么好东西?被问者竟神秘兮
兮地不说,只有被追问得不得不答时,才承认彼餐有鱼,立即引
得大家捧腹大笑,并从此当成笑料留传下来。后来老同学聚会
时,少不了的节目便是重提'三八节'女同学翻身吃大鱼,男同学
被迫作检讨的一段趣闻。""开学后不久的一天,突然市内防空警
报响起,由于这是地处东北解放区大后方的佳木斯几乎前所未
有的事,大家虽然跑到楼外,但也找不到妥善的隐蔽之处。事后
通知,是国民党军机飞来侦查骚扰。学校从第二天起便动员学
生一边上课学习,一边自己动手在校区周围开挖防空壕、猫儿
洞,以防敌人来空袭。""那时学生每月人均得到东北流通券 800
元津贴,相当于建国后人民币 8 分钱,只能买一张邮票。一些抽
烟的人将每月的津贴凑到一起,合伙买点黄烟叶过过烟瘾。"①

　　8 月 14 日,先生在佳木斯写杂文《人民的胜利万岁》,刊载
于《东北日报》1946 年 8 月 15 日,后被收入《吴伯箫文集》1993

①李鸿文:《与学校一起成长的岁月》,东北师范大学党委宣传部主编:《文
　蕴东师系列丛书·往事(一)》,吉林人民出版社 2009 年版,第 34—35 页。

年版。

10 月 10 日,《东北文化》在佳木斯创刊,半月一期,共出 16 期,至 1947 年 8 月停刊。为中华全国文艺工作者协会东北总分会会刊,由东北文化编辑委员会编辑,佳木斯东北文化社出版。先生是十九位编委之一,同时负责此刊的具体编辑。

《介绍〈东北文化〉》记述:“《东北文化》是一种比较大型的、综合性的半月刊物。从 10 月 10 日创刊,半月一期,到年底恰满六期一卷。它将以二卷的开始迎接 1947 年新年。”①

《延安文艺史》记载:“1946 年 10 月,影响较大的《东北文化》创刊,编撰人是任虹、吴伯箫、严文井。”②

《东北师范大学校史(1946—2006)》记载:“……学校与佳木斯文化艺术界联合会创办了知识杂志社和东北文化社。前者,出版半月刊《知识》,由舒群任主编,张松如等任编委,纪云龙为编辑。创刊号于 1946 年 8 月 15 日问世。后者,出版综合半月刊《东北文化》,由张如心、萧军、姜君辰、塞克、吕骥任主编,白希清、王季愚、吴伯箫、张庚、张松如、智建中、阎沛霖等任编委,由吴伯箫担任编辑。10 月 10 日,首次刊行。”③

《1872—1949 文学期刊信息总汇》记载:“《东北文化(1946·黑龙江佳木斯)》,初为半月刊,后改不定期刊,1946 年 10 月 10 日创刊于黑龙江佳木斯,‘东北文化编辑委员会’编辑,编委会由王季愚、白希清、任虹、李常青、吕骥、吴伯箫、姜君辰、陈元直、袁牧之、张仃、张庚、张如心、张松如、张庆孚、智建中、董纯才、塞克、严文井、阎沛霖等 19 人组成,特约撰稿人于毅夫、水

①吴伯箫:《介绍〈东北文化〉》,《东北文化》1947 年第 2 卷第 1 期。
②艾克恩主编:《延安文艺史》下册,第 517 页。
③《东北师范大学校史》编委会编:《东北师范大学校史(1946—2006)》,第 7 页。

华、天蓝、王曼硕、王阑西、白朗、白晓光、朱丹、李雷、李延禄、李则蓝、向隅、何士德、吴雪、吴应显、沃渣、车向忱、金人、马可、马皓、纪坚博、陈沂、许可、张望、舒群、华君武、富振声、冯仲云、蒋南翔、谢挺宇、韩幽桐、瞿维、萧军、罗烽、谭荫溥等,佳木斯'东北文化社'出版,'东北书店'发行,同年 11 月 10 日出至第 1 卷第 3 期始署张如心、萧军、姜君辰、塞克、吕骥主编,补萧军为编委,编辑吴伯箫,1947 年 2 月 25 日出至第 2 卷第 2 期终刊,共出 2 卷凡 8 期。"①

《赵尚志同志》刊载于《东北文化》1946 年第 1 卷第 1 期(创刊号),其"传略"部分作者白和,"轶事"部分标明:"李延禄讲,山屋整理"。

10 月 19 日,中华全国文艺工作者协会东北总分会在佳木斯成立,罗烽、舒群为正副主任,萧军为研究部长,白朗为出版部长。

11 月 24 日,经中共中央东北局同意,中华全国文艺协会佳木斯分会召开成立大会,入会代表六百余人。

12 月 16 日,写杂文《文艺底阶级性》,刊载于《东北文化》1946 年第 1 卷第 5 期,署名"吴伯箫",后被收入《吴伯箫文集》1993 年版时,篇末注明"1946 年 12 月 16 日佳木斯"。

12 月 30 日,东北局作出《关于东北大学的决定》,要求学校调整办学方针,"将现有的教职员绝大多数动员去办中学。"

年底,写《介绍〈东北文化〉》,刊载于《东北文化》1947 年 1 月 26 日第 2 卷第 1 期,后被收入《吴伯箫文集》1993 年版。

本年,东北行政委员会成立了教材编审委员会,先生与张如

---

① 刘增人、刘泉、王今晖编著:《1872—1949 文学期刊信息总汇》,青岛出版社 2016 年版。

心、张松如、智建中等先后被聘为教材编审委员。①

1947年（民国三十六年）　42岁

1月10日，先生在佳木斯东北大学为散文集《黑红点》写后记。

2月，学校贯彻东北局《关于东北大学的决定》，对学校机构作出诸多调整，从培养师资的要求出发，成立了师资培训工作委员会，张如心为主任，成员有白希清、吴伯箫。

4月26日，经东北局批准，扩大加强东北大学教育学院，张松如任院长，先生与智建中任副院长。教育学院设三个班，其中语文班班主任由先生兼任，副班主任是杨公骥。

4月，新华书店佳木斯东总分店出版散文集《黑红点》，收通讯11篇，篇目：《黑红点》、《打娄子》、《游击队员宋二童》、《化装》、《一坛血》、《文件》、《"调皮司令部"》、《战斗的丰饶的南泥湾》、《"火焰山"上种树》（附录《建设边区运动》）、《新村》、《孔家庄纪事》、《后记》。

5月10日，东北大学教育学院举行开学典礼②。

10月10日，东北大学教育学院第三届新生开学典礼举行，本届学生324名，编为政治班、语文班、青干班共三个班，先生兼任二班（语文班）班主任，担任五四思潮课程的讲授。此前，先生以副院长身份亲自到吉林省招生，跑遍了各县③。

《打前站》记述："招生，我们曾直接跑到城乡村镇考生的家

①《东北师范大学校史》编委会编：《东北师范大学校史（1946—2006）》，第8页。
②《东北师范大学校史》编委会编：《东北师范大学校史（1946—2006）》，第11页。
③《东北师范大学校史》编委会编：《东北师范大学校史（1946—2006）》，第13页。

里。对考生的家庭成分、经济情况,对考生的履历、文化水平,都了解得一清二楚。录取的学生,往往还没有到校,我们就已经跟他建立了感情,成为熟人了。"[1]

10月15日,《东北日报》报道"范明枢同志病故"。

10月,香港海洋书屋出版通讯集《潞安风物》,共145页,收通讯、报告12篇:《夜发灵宝站》、《送寒衣》、《露宿处处》、《马上的思想》、《潞安风物》、《沁州行》、《响堂铺》、《路罗镇》、《神头岭》、《夜摸常胜军》、《郭老虎》、《微雨宿渑池》。此集被收入周而复主编的《北方文丛》第2辑。

11月11日,写《范明枢先生·附记》。

1948年(民国三十七年)　43岁

1月1日,散文《我的一位老师——范明枢先生》刊载于哈尔滨《知识》杂志(即《东北文艺》)1948年第5卷第6期,后被收入散文集《出发集》1954年版时,改题为《范明枢先生》。

3月9日,中国人民解放军再度解放吉林市。

3月18日,《东北日报》发表社论《为完全解放东北而战》,号召"后方党政军民要集中力量组织生产运动","发展城市工商业",以"加速全面歼灭东北蒋匪并进而支援全国战争,发挥东北解放区对全国的战略总基地的作用"。为响应这一号召,4月17日,学校派340余名师生下乡到桦川县黑熊、大赉岗、太平镇、悦来镇4个区,参加生产劳动二十天,这是东北大学师生在佳木斯第三次下乡。[2]

4月17—26日,先生与东北大学师生自佳木斯到合江省桦

---

[1] 吴伯箫:《打前站》,《吴伯箫文集》下卷,第540页。
[2] 《东北师范大学校史》编委会编:《东北师范大学校史(1946—2006)》,第14页。

川县太平镇参加农村劳动十天。

5月4日,根据下乡劳动十日体验、见闻在"山湾子跑腿子窝棚"写报告《十日记》。

《十日记》记述:"土地改革后,东北大学三百四十几个干部和同学分别下乡,到合江省桦川县四个区,参加生产劳动,体验农村生活,从而加强自己思想、意识、作风的锻炼。这篇文章主要是根据到太平镇的学生和干部在四月十七日到二十六日十天内生活情形写成。""一天的工作时间,大致是这样分配的:从早起到晌午,下地生产;下午干一气家家户户底零活,再读报,记日记,写心得;晚上漫谈,检讨,交换经验。附带作的组织妇女、儿童,办黑板报,帮办小学,唱歌、演剧、敲锣鼓扭秧歌,搞清洁卫生,都是瞅时间看需要来进行的。"①

7月3日,东北局、东北行政委员会通令各级党政组织,决定将东北大学、吉林大学合校,定名为"东北大学"。任命张如心为校长,何锡麟为教育长,张松如为副教育长。

7月中旬,学校由佳木斯迁吉林市八百垄,先生任东北大学文艺系主任、图书馆长,至1949年夏。八百垄,地处吉林市城西欢喜岭下,靠近松花江,是张作相创办原吉林大学校址。

李鸿文记述:"1948年3月,东北解放战争经过冬季攻势作战后,国民党军队已退缩至沈阳、长春、锦州等铁路线上的几座孤城。吉林、四平等大量东北中部、南部中小城市和广大地区被解放。依据解放战争的形势,在战略防御阶段,我校被迫自1946年春从本溪辗转经通化、吉林撤至东北解放区后方佳木斯,现人民解放军已转入战略反攻和进攻阶段,根据东北局的决定,我校奉命自佳木斯迁往刚获解放不久的吉林,与以前由国民党政府办的'长白师范学院'、刚改为人民政府办的吉林大学合并。"

---

① 吴伯箫:《十日记》,《吴伯箫文集》下卷,第136页。

"当时,我校师生正按教学计划在附近乡下参加农村春耕生产劳动,并检验所学的解放区土地改革运动的知识和体会这一革命运动的伟大历史意义。学校在5月中旬通知我们第三届第二班师生80余人为先遣队,迅速返校打前站。我们立即告别各村农民返校,经过几天的准备,每人带上新发下的服装,乘火车经哈尔滨、蛟河到达吉林市八百垄校址,受到原吉林大学师生的欢迎。为了准备大批后续人员的到来,我们不顾旅途的疲劳,迅速投入修复校园的劳动中。首先将我们随车运来的行李、家具从车上转运至附近的黄旗屯车站,步行2公里用肩扛背负运至校园。班主任吴伯箫老师亲自带头搬运东西,这对大家是很大的鼓舞。随后整理杂草丛生的校园。因为战争的缘故,吉林虽已解放,粮食蔬菜却供应不上,我们用的菜还是随火车自佳木斯运来的小葱,带叶的青菜由于难以储存无法携带。为解决学校师生的吃菜问题,我们利用校园附近的荒芜空地种起了蔬菜。同时,我们这班同学也进入了紧张地学习总结阶段,等待结业。"①

　　7月25日,举行合校典礼,张松如致开会辞,当晚并有盛大的庆祝晚会。

　　《打前站》记述:"学校从佳木斯搬到吉林市的八百垄,一个学习班打前站。从学校到火车站,再从火车站到学校,大家是运输队,桌椅板凳,家具图书,随车押运;上车下车,是搬运伕、装卸伕。等到拿起镢头、铁锹在学校附近开地种菜、修理电线、自来水管、下水道,就又是农民、工人了。课堂内外处处都是学习。院长、教师、学生,年龄稍有差别,可是从衣着、生活、文娱活动看,很难分清。那真叫水乳交融呵。

①李鸿文:《与学校一起成长的岁月》,东北师范大学党委宣传部主编:《文蕴东师系列丛书·往事(一)》,第35页。

"前站到鸭绿江边，卡车盘山而上，眼看见前边的车子要滚下山沟，好险！大家自动下车，前后卫护着帮助司机提高警惕，沿着前车爬过的路继续前进。走进旅店，我们掺杂在光荣的伤员中间，听传播胜利的消息：敌人的狼狈，我军的英勇，大家都沾着欢乐和征尘。这样疲劳也是一种享受吧。

"在山川秀丽的安东（现已改名为丹东），我访问了一个由作家老朋友当厂长的造纸厂。厂里存纸山积，令人欣羡。'学校能要一点吗？''财经办事处批个条子就行。'于是，我拿护照作介绍，第二天清早，就走访'东北财经办事处'。

"有一次，辽东省主席约我们吃饭，席间谈到'全党办大学'，省里分配给学校的款子可以顺便带回吉林，'免得再派专人押送了。''不过这次是黄金，带到吉林可能有差价，到银行谈谈折成食盐吧。那里正需要食盐，盐价也不会有太大的波动。'几句话，上万的款项就支取了实物。——同行两人，回八百垄的路上，一个跟卡车运纸，一个跟火车运盐。到吉林，食盐立刻推销了，多少还赚了点'利润'；纸，学校用了整整两年。而我们，干了一次'纸商'、'盐贩子'的行当，点缀了经历，成为半生的骄傲。"①

8月1日，译文《重逢》刊载于《青岛时报》，原作者署"比萨拉比亚·苏桑娜尤姆"，译者署名"山屋"，文末括号内显示"未完"。

8月12日，东北行政委员会教育部在哈尔滨召开东北解放区第三次教育会议，先生与校长张如心以及何锡麟、张松如、智建中等出席会议。

8月中下旬，先生到安东，住安东省委招待所。时任辽东省政府主席的刘澜波在先生的纪念册上题词："我们共同努力打到

---

① 吴伯箫：《打前站》，《吴伯箫文集》下卷，第541—542页。

了鸭绿江边,我们还须继续努力打到南京去。四八年秋伯箫同志来安东。刘澜波"又有吴燕生题词:"伯萧〔箫〕同志:你为了解决东大的困难,忍饥耐渴,舍不得用公□坐车,常见你满头大汗,你这种精神表现着高度的事业心和优良的革命品质,我愿意向你看齐,在毛主席领导之下向前迈进! 吴燕生一九四八年八月廿九日于安东"

10月1日,在吉林八百垄,先生参加东北大学开学典礼。

10月10日,写创作谈《"眼高手低"》,先后刊载于吉林《文艺月报》1948年第2期、香港《文艺生活》海外版1949年第18—19期合刊,后被收入《吴伯箫文集》1993年版。

10月19日,长春解放。另,《文艺月报》月刊在吉林创刊,吉林文艺协会主办,先生为十位编委之一,创刊号刊载先生翻译伯林斯基(即别林斯基)的论文《文学、艺术与社会断想》。

11月,学校教职员联合会成立,推举先生为主任委员①。

1949年(民国三十八年)　44岁

1月31日,北平和平解放。

2月28日,东北局大学委员会、东北行政委员会教育部发布《对于在平东北各校学生处理办法的规定》,将沈阳的东北大学、长春的长春大学、吉林的长白师范学院及东北大学先修班和长大先修班共2186人交东北大学;原各校教职员随同所属的学生分配,各校的图书、仪器、设备按照所属科系分配。根据这一决定,1946年建校的长春大学,1923年建校的沈阳东北大学文、理、法三个学院,1946年成立的长白师范学院的教职员和学生,

①《东北师范大学校史》编委会编:《东北师范大学校史(1946—2006)》,第18页。

全部合并到东北大学。①

本年春,先生到长春接收原长春大学,并入东北大学。

《打前站》记述:"打前站发展到接收伪长春大学,工作就越来越全面了。房舍、人员、图书、仪器,不是清点移交,而是统一收拾,就地重建。长春的解放,是敌人被围困起义的。打前站的路上,首先遇到的是在饮马河一带集合在一个车站上等待整编的一列缴了械的兵车。穿黄呢子军装的将官仿佛已不怎么惊慌,但都无精打采,垂头丧气。跟押车的英武的解放军握手打招呼,令人最清醒地感觉出胜负的分野,敌我的界限。'独立三边静','曾驱十万师',刘长卿的诗句立刻涌到了唇边,浮上了脑际。走到市里,沥青马路上的沥青,有的被刨起来当燃料了,到处坑坑洼洼,剥落破碎。多少条街道,商店关闭着,只偶尔看见炸高粱面丸子的摊子,炉火都是黯淡的,围着吃的人也很稀少。冷落,残破,瓦砾成堆。"②

本年春,在长春,先生收到孟超自桂林寄来《羽书》桂林版一册。

先生晚年回忆:"1949 年春天,到了长春,孟超同志才远远地从山水甲天下的桂林寄给我一本。离初版已经经历了八年战火。这本《羽书》是桂林再版的,纸张很差,很像陕北的马兰纸。"③

3 月,先生将《波罗的海》译稿清样寄请艾思奇校订,收到艾思奇 3 月 26 日复信:"可惜的是,不论德文原文,以及英译本,在延安撤退时都丢弃了! 这是很大的损失。但当时的情

---

①《东北师范大学校史》编委会编:《东北师范大学校史(1946—2006)》,第 20 页。
②吴伯箫:《打前站》,《吴伯箫文集》下卷,第 543 页。
③吴伯箫:《〈羽书〉飞去》,《吴伯箫文集》下卷,第 568 页。

形,不容许避免这样的损失,所以我不能帮助你完成愿望,这是很难过的!"

先生晚年回忆:"《波罗的海》译稿清样,我寄请他校订,他立刻复了信……信是从北京马列学院寄到长春东北大学文学院的,那是 1949 年 3 月 26 日。"①

《归来》记述:"1949 年,长春刚解放,办东北大学。在文学院'满炭大楼',一个刚入学的新生丢了一百块钱。为了帮他把丢了的钱找回来,有人主张采取最彻底的办法:关起楼门来个全院搜查。我们经过商量没有那样做……我们在礼堂开了一个大会,公开宣布这件事,说说道理。希望拿到那笔钱的人从哪里拿的还是自动放回哪里去。自己不必告诉别人,大家也不要随便猜测,怀疑,追问。更不希望有人栽赃,告密……第二天,清晨,在厕所的暖汽包上我们发现了包得板板整整的九十六元。立刻还给了失主。失主的高兴到了惊讶的程度(四元的短缺就是小意思了)。"②

丁耶(黄滁)回忆:"同吴伯箫老师认识是在 1949 年春天,我从华北联大调到东北大学工作搞创作的,我以为来到东大也会让我搞创作。一报到才知道,这座大学没有创作组,调我来是准备教书。我思想波动起来,想打退堂鼓。正在这时,一位中年同志来看我,从他那身褪色的蓝棉袄和满口胶东口音,我认为他不是管人事的就是管总务的。因为他一见面就摸摸我从华北解放区穿来的那身薄棉袄,说:'东北比晋察冀冷啊,等一会儿给你领一件棉大衣来。'我却连连拒绝说:'不用了,我还说不定在不在这里待呢!'他听我这么一说马上猜出我的心事来,'是不是不愿意教书啊? 还想搞创作?'我只好说了实话。他听完笑了:'你在

①吴伯箫:《我所知道的老艾同志》,《吴伯箫文集》下卷,第 520 页。
②吴伯箫:《归来》,《吴伯箫文集》下卷,第 537 页。

国统区写的东西我看过。今后你还可以继续写嘛，我们文学院正需要懂写作的教师。你年轻，可以领学生下厂、下乡去体验生活。萧军、舒群都在东大任过教，公木、锡金、杨公骥、思基都在这里，我们还要把文学老前辈穆木天教授请回来。他是吉林省伊通人……'他一口气说了这么多文学前辈的名字，有的作家的作品，我在中学时代就读过，我将同这些文学前辈一起工作真是幸运。我终于被这位老同志说服了，答应留下来工作。他听了我的话却说：'不要过急决定，考虑好了再告诉我，我叫吴伯箫。'我一听吴伯箫的名字，心里一动，眼前这位老同志不就是写过《一坛血》和《黑红点》的解放区老作家吗？我在国统区就读过他的散文、小说，给我印象极深。这位老延安作家作风有多么朴素：一身蓝棉袄，满脸笑纹，在我脑海里留下了永久的印象。""伯箫老师当时是东大文学院院长兼中文系主任，同学们都称他'老妈妈'。他慈母般地关怀着这些曾受过十四年奴化教育的东北青年，循循善诱，以身教言传给同学们留下美好的印象。记得1949年夏天，东北大学从吉林市迁到长春，文学院设在解放大路的'满炭大楼'里，这座楼里极为讲究，橡皮地板，天天要擦洗。全院只有一个清扫工，所以清扫任务都是由干部、同学来担任。走廊里那些痰盂的倒洗和厕所的清扫，一些才从北平接来的大学生都不肯干，这个苦差事就落在我们几个干部的头上，吴伯箫院长就是我们的领头人。他穿着那身蓝棉袄，把袖子一挽，就刷起痰盂来。那些从旧学院来的大学生们把吴院长当成老工友了。有一位女同学在一篇作文中这样记叙着吴老师的印象：

　　那天院部通知全体同学，听吴伯萧〔箫〕院长作关于学习《在延安文艺座谈会上的讲话》的报告。我们都知道吴院长是个延安老作家，并且亲自参加过延安文艺座谈会。陈日新秘书宣布开会之后,就看见一个老头一手提着暖水壶,一手拿只茶杯走上讲台,他倒了一杯水就坐下了,我们觉得这个老工友好笑,倒完水怎么坐下了呢。我们几个女同学正在窃窃私语时,陈秘书又从旁边伸过头来说:'同学们静一静,听吴院长讲话。'这时才弄清楚,坐在讲台后边那位经常倒痰盂,打扫厕所的'老工友'就是大名鼎鼎的老作家吴伯萧〔箫〕呀!

因为我教现代文选及习作课,才得以看到同学的这篇习作。文章里生动地描写出吴老作为一个人民教师的朴素作风。"①

同月,华北新华书店出版由华北人民政府教育部审定的《中等国文》第四册,其中第三、第四篇课文分别为吴伯箫散文《丰饶的战斗的南泥湾》之一、之二,这可能是吴伯箫作品被收入中学课本的最早记录。

5月,新华书店开始印行《中国人民文艺丛书》,其中报告文学类收入先生与刘白羽、金肇野、周而复合著的《海上的遭遇》。

6月底7月初,先生在北京参加系列活动、会议。

7月1日晚,先生以"文艺工作者"的身份参加在北京先农坛体育场举行的庆祝建党十八周年纪念大会。

《雷雨里诞生》述:"广泛群众性的庆祝大会,是晚上在先农坛体育场举行的。第二天全国文代大会要在怀仁堂开幕。""文艺工作者七百多人,傍晚集合在红墙绿瓦的天安门前……长长的三路纵队蜿蜒行进在正阳门大街,自成行伍,从根据地来的,保持着工农兵的朴素作风,来自新解放区的,争着摆脱旧社会的因袭,共同的愿望是向劳动人民看齐。有的是老朋友,有的是新

---

① 丁耶:《教师的灵魂,作家的劲笔:忆吴伯箫二三事》,《文艺论稿》1983年总第10期。

相识，仰慕，学习，形成一派团结融洽空气。记得我的同伍是京剧著名演员程砚秋同志。""那次旷古没有过的聚会，对谁不是奇遇呢？队伍从金水桥边出发，走过十里长街，直到登上体育场阶梯看台，大家都是肩并肩前进，肩并肩落座……不过，队伍还在行进的时候，天空就布满了乌云，苍然老城被压得透不过气来。战友们随时都警惕着暴风雨的来临。果然，我们刚刚在看台上坐下，闪电划破浓云，格隆隆一声霹雳，瓢泼大雨就劈头盖脸倒下来了。对满场的群众都是难以幸免的袭击。但是，没有谁发命令，也没有谁出来维持秩序，上万人的集会竟很少有人挪动，更少有人站起来跑到哪里去躲躲，避避。听不到喧闹，听到的只是一片雨声……雷雨来得很猛，去得也很快。大约二十分钟，突然雨停了，云散了，换来一碧晴空。晴空挂起的是皎洁的明月……正是这时候，《东方红》乐曲响了，毛泽东同志由周恩来、朱德同志等陪同走上了主席台。已经是夜里，那时没用探照灯，在几盏煤气灯光的照耀下，人们清楚地看到了他们魁梧高大的身影。毛泽东同志挥手向全场群众招呼，像建国后二十六年每逢盛大节日在天安门城楼向集合在广场的群众招呼一样，群众同报以热烈的鼓掌，纵情的欢呼。""'七一'，正是雷雨里诞生的。记忆里，毛泽东同志没有讲很多话，印象最深的是：当群众齐声高呼'万岁'的时候，毛泽东同志亲切地回答了'同志们万岁！'群众爱戴领袖，领袖热爱群众，心心相通。崇高的感情，两个'万岁！'充分表达了。"[1]

7月2—19日，先生以东北代表团代表身份在北京参加第一次中华全国文学艺术工作者代表大会（简称全国文代会），理事会上被定为秘书长，因学校工作未到职。全国文代会结束后，成立了中华全国文学艺术界联合会（全国文联）。

---

[1] 吴伯箫：《雷雨里诞生》，《吴伯箫文集》下卷，第510—512页。

7月23日,全国文学工作者协会在北平中法大学召开成立大会,会议选举产生委员和候补委员,先生被选为中华全国文学文艺工作者协会全国委员会委员。

7月25日,《人民日报》报道:"中华全国文学工作者协会成立大会昨日继续举行。艾青主席,首由冯至报告二十三日选举结果,计选出委员丁玲等六十九人……当选委员名单:丁玲　茅盾　郭沫若　曹靖华　赵树理……蒋天佐　吴伯箫。"①

先生晚年回忆:"一九四九年七月到北京出席全国第一次文代大会。为理事。理事会上定为秘书长,因有学校工作,未能到职。"②

《延安文艺史》记载:"中华全国文学艺术工作者代表大会于6月末在北京报到,7月1日集体参加建党十八周年纪念大会,7月2日正式开幕,7月19日闭幕。原定代表753人,临时增加到824人……在与会的9个代表团中,'老延安'的代表占着相当比重,计有……东北代表团的刘芝明(团长)……吴伯箫……"③。

会议期间,曾与巴金谈到1941年《羽书》出版一事,巴金告知,稿费当时寄到济南,先生认为这是有人"冒充"他。会后返长春,在斯大林大街附近见到一册题名《在抗日战争期间牺牲的文化人》的小册子,其中有先生名字。

先生晚年回忆:"第一次文代大会,剑三晚到两天。郑振铎先生忙着邀巴金同志等作陪在翠华楼替他洗尘。席间大家畅怀交谈,真的'把杯痛饮',我竟忘记问起写序的事,更没谈起《羽

---

① 《全国文协成立大会闭幕》,《人民日报》1949年7月25日。
② 吴伯箫:《吴伯箫(答〈调查提纲〉)》,《中国现代文学研究丛刊》,第1辑,第231页。
③ 艾克恩主编:《延安文艺史》下册,第566页。

书》的出版过程。

"另一件活见鬼的事却在回长春后发生了。——散步在斯大林大街，无意间在旧书摊上看到一本印得很拙劣的小册子，叫《在抗日战争期间牺牲的文化人》。顺手拿起来翻翻，书里竟霍然跳出了自己的名字。名字作为题目自成一节。文字记叙：说我跟李广田、何其芳是好朋友，交谊很深，都写散文。散文的风格也相近。——仿佛写的都是事实。不过后边却说我跟敌人作战受伤，被敌人活埋了。牺牲的时候，表现非常英勇。虽无贬词，却完全是谣传了。"①

先生晚年回忆："抗日战争以前六年写的东西，多数发表在《大公报》文艺副刊上，象《羽书》、《我还没有见过长城》、《马》等；集为《羽书》，由王统照转交巴金办的文化生活出版社编入《文学丛刊》第 7 集。在《水星》上发表的《海》和《天冬草》，还有用天苏笔名在上海刊物上发表的《理发到差》（因揭露了韩复榘的反动统治，曾被追查），都没有收入。王统照用韦佩笔名为《羽书》写的《序》，也没印在书上。出版时我在延安。全国第一次文代大会时，巴金告诉我：稿费曾寄到济南，'我'因与敌人作战右臂受伤，用左手写信，又要一次稿费治伤。这显系有人冒充。后来，在东北无意中看到《抗战期间牺牲的文化人》一书里有我的名字，说'我'被人活埋，牺牲时英勇顽强，这种捏造大概也发生在那个时候。真是活见鬼！"②

7 月，东北大学由吉林市迁到长春市，校址设于斯大林大街（现为人民大街）南端的自由大路两侧。

8 月 1 日，东北局、东北行政委员会发出《关于整顿高等学校

---

①吴伯箫：《〈羽书〉飞去》，《吴伯箫文集》下卷，第 569 页。
②吴伯箫：《吴伯箫（答〈调查提纲〉）》，《中国现代文学研究丛刊》，第 1 辑，第 229—230 页。

的决定》，学校根据这一指示进行全面整顿。院、系、科及领导人都有调整，文学院院长为吴伯箫，下设国文系、文预科。

先生在学校组织鲁迅文艺学会，在《吉林日报》开辟《文艺》副刊，指导学生写作。

孙中田回忆："进长春的工作是全面的。接收原长春大学，房舍、人员、图书、仪器，不仅要清点，而且要统一收拾，就地重建。要把一切能够利用的东西，都修理、复原。当我们'大部队'唱着'向前，向前，我们的队伍向太阳'的歌，开进'满炭大楼'的时节，一切教学的设备都已经就绪了。""文学学院办起来了，怎样使学生提高，这又是一个实际问题。当时他所重视的是在课堂教学的基础上，引领学生到社会实践和文艺实践中去。这时候，请劳动模范到学校来言传身教是一个方面；同时，只要有机会，就让同学们到农村去，到工厂去，把自己的切身感受写出来。为了强化学生的写作能力，他与当时的《吉林日报》联系，在报纸上开辟一个《文艺》副刊。同学中只要有生动内容的素材，有可塑性的毛坯，他都会关心或亲自动手修改，使之发表出来。为了接近同学，他就打起床铺，住在自己的办公室里。在晚上或假日，常常把爱好文学的同学，聚集到他的住处。互相谈谈自己有什么故事，有什么要写的素材。一旦发现了好的苗头，立刻就加紧点拨，使自在状态的生活，活化起来。这时候就约定要动手写出来了。那时节，学校的生活是供给制，从衣食住行到记笔记的纸张都是学校供给的。写作的草稿是用半黄的笔记用纸密密麻麻写下来的。送到吴伯箫老师的手里，等待吴老师用工整的毛笔改过之后，在原稿上，常常会有'抄发表'几个字，这便是学生得到的最高奖赏了。《文艺》副刊是同学的用武之地，也是老师的写作园地。许多名教师的稿件也发表在这里。例如穆木天的《在自由的天地中欢唱吧!》、公木的《中华人民共和国颂歌》，都是这一时期发表的。这样，师生之间，互相激励，为社会服务，把一个文学副刊办得有声有色。可是,他自己这时期的创作却明显地少了下来。"①

　　宫玉海回忆:"他一方面把课程安排得较紧,另一方面又组织大家搞体育活动,适当休息。他当时是东北大学文学院副院长,他一直兼课。他讲得细致、生动。由于他长期从事散文创作,作品甚多,就教给我们许多创作经验,于是我们中间许多人也动起笔来。这时,吴老师组织同学到工农群众中间去,交朋友,体验生活。他又组织鲁迅文艺学会,在《长春日报》(当为《吉林日报》,子张按)上办了《文艺》专栏。我还记得,那时我曾先后写了《弟弟》、《老高师傅》等散文和诗歌,经过吴老师亲自修改,发表在报端,成了我写作的起点。1949年建国前夕,党的组织公开,我写了一首朗诵诗,有一位同学朗诵出来,吴老师听到了,立刻让我抄出来送给他。过了两天,我在《吉林日报》第2版上见到了它。"②

　　9月26日,写《为人民政协欢呼》。

　　12月10日,先生为穆木天捐赠所藏瞿秋白译俄国诗人普希金《茨冈》原稿照片题词:

　　　　伟大的革命家、思想家、文学家,中国共产党优秀的领导者瞿秋白同志所译普希金《茨冈》原稿,国内只存照相三份,这一份是穆木天先生将其所藏捐赠的。

　　　　世界名著,先烈遗墨,应称双璧。

　　　　希望读的同志,能从此获致启发与鼓舞,为人民事业,益自努力。

---

① 孙中田:《吴伯箫在长春——纪念吴伯箫诞辰百周年》,《吉林日报》2006年3月20日。
② 宫玉海:《良师的礼赞》,亓勇主编:《吴伯箫纪念文集》,山东大学出版社2012年版,第71—72页。

吴伯箫(印)一九四九年十二月十日

12月15日,写《波罗的海·后记》,交代本书由来。

12月16日,写《记东北大学学习代表会议》,刊载于《东北教育》1950年第3卷第1期。

12月,在沈阳,先生出席东北文艺工作者代表大会(简称东北文代大会)。

丁耶回忆:"吴老对我的写作十分关心,虽然教学任务忙,每年都能给我下去生活的时间,他和公木老师领我参加东北文代会,介绍我加入中国作协。他还率领文工组到蛟河矿山去体验生活。在那极'左'的年代,有人把教师搞创作说成是'不务正业',甚至于扣上顶'名利思想'的帽子,而伯箫老师同公木老师却一起抵制这种邪风。吴老曾说:'如果我们培养出的教师有作家水平那不是更好些吗!'"①

1950年 45岁

1月10日,东北大学教职工联合会易名为"中华教育工会东北大学委员会",刘呈云任主席,不久由先生继任。

2月,译海涅诗集《波罗的海》由上海文化工作社作为《文化工作社译文丛书》第九种出版,共188页。

《波罗的海》目次:《亨利·海涅——英E. A. Bowring作》、《哈兹山旅行记》、《波罗的海》、《奴隶船》、《短诗》(《西西利亚的织工》、《路易皇帝赞歌》、《近卫兵》、《消息》、《夜思》)、《追记》。

4月1日,东北大学改为东北师范大学,隶属于教育部。先生任文学院副院长、副教务长。并在沈阳筹办东北教育学院。

---

① 丁耶:《教师的灵魂,作家的劲笔:忆吴伯箫二三事》,《文艺论稿》1983年总第10期。

文化工作性译文选集

IX

吴伯箫·译著

波罗的海

《波罗的海》初版封面

先生晚年回忆:"新中国的第一个春天,在沈阳筹办东北教育学院,办抗大式的训练班,集中那时东北五省的中等学校校长、教导主任,宣传革命传统,讲建设的方针、政策,学教育学,曾经培训了一批办学校的骨干。又从关里招聘大中学校教师,分期学习四个月到半年,也为新东北输送了一批师资力量。那些工作对革命建设来说是有启蒙性质的,但对新中国的教育发挥了打前站开路的作用。"①

4月10日,写散文集《黑红点》北京版后记。在1947年版后记末增加:"本书在北京重印,抽去一篇《孔家庄纪事》,添入一篇《十日记》。原东北佳木斯版正文及后记印错了的地方,都有改正。1950年4月10日,作者。"

9月,散文集《黑红点》北京版由新华书店发行,繁体字竖

①吴伯箫:《〈特级教师笔记〉序》,《吴伯箫文集》下卷,第648页。

排,印数 10000 册,定价 2.90 元。

10 月 1 日,先生陪东北教育学院第一期毕业生到北京参加国庆日天安门前游行,在京拜望老舍。

《天安门的哨兵》记述:"1950 年,我从沈阳陪一批中学校长到北京,在国庆日随着几十路游行的纵队走过天安门,远远望见站在天安门上的毛主席,在向人群挥手;人群里一阵接一阵涌起沸腾的欢呼。校长们兴奋得像小学生,一路上跳啊唱啊,止不住的欢笑,说不完的话,夜里也简直整宿不睡……"①

先生晚年回忆:"隔年国庆,我陪东北教育学院第一期毕业生参加了盛大的天安门前游行之后,到他(指老舍,子张按)的住处去看他,转述了我亲自听到的总理的话。"②

本年写作散文《爱祖国》,后被收入散文集《出发集》1954年版。

1951 年　46 岁

本年,先生调任沈阳东北教育学院(1953 年改为沈阳师范学院)副院长、总支书记,至 1954 年 3 月。东北师范大学同事张松如、穆木天、蒋锡金、杨公骥、张毕来为先生送行,六人合影留念。

沈阳师范大学官网:"1951 年 3 月 12 日,经东北人民政府批准,东北人民政府教育部签发了第 178 号文件,决定创办东北教师学院。同年 4 月,改称为东北教育学院。同年 5 月 21 日,东北人民政府教育部下发了《为批准成立东北教育学院并任命董纯才、吴伯箫为正副院长》(东政人字 111 号文件),正式批准成立东北教育学院,院长由当时东北人民政府教育部副部长董纯才

---

① 吴伯箫:《天安门的哨兵》,《吴伯箫文集》下卷,第 476 页。
② 吴伯箫:《作家·教授·师友——深切怀念老舍先生》,《吴伯箫文集》下卷,第 525 页。

兼任,副院长由著名文学家吴伯箫担任。校址设在沈阳市皇姑区崇山西路二段,后于1952年迁至皇姑区维德街(现辽宁中医学院所在地)。"①

　　2月,东北师范大学员工子弟小学改名为"东北师范大学附属完全小学校",由教育问题研究室王祝辰兼任校长,先生夫人郭静君为副校长。

　　3月19日,教育部召开第一次全国中等教育会议,制定发展和建设中等教育的工作方针与措施,胡乔木讲话首次提到语言教育和文学教育分科问题。

　　3月25日,东北师范大学中文系全体教师送先生赴沈阳工作,并在图书馆前合影。

1951年3月21日东北师范大学中文系全体教师
送先生赴沈阳工作合影

①《沈阳师范大学历史沿革》,沈阳师范大学网:http://www.synu.edu.cn/
　789/list.htm。数据截止日期:2018年9月28日。

4月3日,智建中在先生的纪念册上题词:"培养干部,努力写作,发展文教事业。伯箫同志　智建中一九五一、四、三"

5月30日,王自中在先生的纪念册上留言:"为你新的事叶〔业〕胜利前进而祝贺。伯箫同志存念。王自中自武汀〔汉〕来参观后留字一九五一年五月卅日"。

6月8日,在沈阳北陵,先生写《从教育看武训》,后被收入散文集《出发集》1954年版。

10月1日,写《我们的理论学习——理论学习阶段工作总结》,刊载于《东北教育》1951年第6卷第3期,后被收入《吴伯箫文集》1993年版。

10月12日,人民出版社《毛泽东选集》第1卷同时在北京、上海、武汉、沈阳等全国各大城市发售。撰写《真理的发扬——庆祝〈毛泽东选集〉出版》,后被收入散文集《出发集》1954年版。

自述:"无怪北京、上海、武汉、沈阳等全国各大都市同时发售《毛泽东选集》,在黎明时分书店门口就已排满长长的读者行列了。第一卷第一批书是65万册。凡收到《毛泽东选集》的书店,大部分在一天之内就全部售完。开始发售《毛泽东选集》的10月21日,该是多么可纪念的具有历史意义的日子啊。"①

1952年　47岁

本年,先生任沈阳东北教育学院副院长、总支书记。

马秋帆回忆:"一九五二年四月,我在西南师范学院奉西南军政委员会文教部的调派,偕同被抽调的几个院校的教师共十三人,离开重庆,来到沈阳,经当时东北人民政府教育部的决定,我和周传儒教授等被安排在东北教育学院任教。我们首先见到的就是吴伯箫同志(当时他是东北教育学院副院长)。他对人和

———————

① 吴伯箫:《真理的发扬——庆祝〈毛泽东选集〉出版》,《出发集》。

蔼可亲，作风朴实，也显得精力充沛，朝气蓬勃。伯箫同志向我
们介绍学院的概况和发展远景，他又经常关心我们的工作和生
活。我住在东北教育学院教职员宿舍，伯箫同志常来宿舍问我
对这里的生活习惯不习惯，他总爱谈到怎样才能把学校办好，他
也不止一次地和我提起他要创办教育系，问我有什么意见，我当
然极表赞同。由于当时东北教育学院的学员是抽调东北五省的
高中、师范校长和教导主任等，是短期训练，八个月毕业，伯箫同
志要办教育系的计划，暂时未能实现。伯箫同志是一位老党员，
他总是以身作则，给人以教育和影响。本来他住在家属宿舍，可
是他却带一套行李放在院长室，晚上就睡在那里。他坚持不懈
地每天早晨都是天不亮就起床，他和我们一同学俄文，要学习两
个钟头才吃早饭。他的工作极其紧张繁忙，他办公、开会、写文
章，和大家一起参加劳动；凡是关于集体行动，他都强调要遵守
纪律，要求很严格。如果发生违反纪律的事，他就提出批评。平
时他很注重学院各处的清洁卫生，如果他看到哪些地方的卫生
不合格，他也给予批评。有的同志要搬迁到另一个宿舍去居住，
当离开时，伯箫同志要求必须把这间屋子打扫得很干净。他说
这是延安传下来的老规矩。"①

　　1月，杂文《让我们为新的一年欢呼》刊载于《东北教育》
1952年1月号。

　　5月15日，写散文《回忆延安文艺座谈会》，后被收入散文
集《出发集》1954年版。

　　6月19日，刘振文在先生的纪念册上留言："为今后新中国
培养出更多的农叶〔业〕技术人员而努力　敬礼　刘振文　19/
6"。

　　10月，先生率第二期学员到北京参观、学习，并参加国庆

①马秋帆：《悼念吴伯箫同志》，《沈阳师范学院学报》1982年第4期。

检阅。

　　马秋帆回忆:"伯箫同志对教学工作抓得很紧,他除了邀请刘芝明、王一夫、董纯才、张庆泰等来院授课外,他也邀请劳动模范马恒昌、火车女司机田桂英、作家马加、生物教师杨明书等来院作报告。他还注重组织学员多次讨论政治理论和教育理论等问题。他对图书资料工作很重视。""伯箫同志还率领全院师生员工参观过高坎村农业合作社和大伙房水库等地。一九五二年十月,东北教育学院第二期学员毕业,伯箫同志为了使大家受到更多的教育,他就率领全体学员以及张仲纯、周传儒和我同路到北京参观学习。在国庆节那天,我们排列在北京师大队伍的后边,经过天安门前接受伟大的马克思主义者、伟大的无产阶级革命家、战略家和理论家毛泽东同志的检阅,感到无比的兴奋和欢乐! 我们也在北京师大听专家讲教育学;并游览了颐和园等处。"①

　　《自传》记述:"1952 年夏又请求东北局重新考虑我的问题,张如心同志并且根据我们一块工作时我的表现,写信给东北局组织部建议改写我的历史结论。我自己曾跟郭峰同志谈过一次话,补写过两份材料,结果如何也无下文。"②

1953 年　48 岁

　　3 月 8 日,农历癸巳年正月廿三日,先生全家在沈阳合影。

　　4 月 4 日,先生将 1953 年新书《简明中国史话》(上、下两册)寄赠外甥亓举安。

　　6 月 15 日,写《重读〈乱弹及其他〉——纪念瞿秋白同志殉难 18 周年》,后被收入散文集《出发集》1954 年版。

---

①马秋帆:《悼念吴伯箫同志》,《沈阳师范学院学报》1982 年第 4 期。
②吴伯箫:《自传》。

　　9 月 2 日,沈阳东北教育学院接中央教育部通知,要求将校名改为沈阳师范学院。并于 20 日,举行更名大会,沈阳师范学院正式成立,先生仍任副院长、党总支书记。

　　沈阳师范大学官网:"1953 年 9 月 2 日,东北行政委员会教育局转发中央教育部通知:为统一师范院校名称,决定将东北教育学院更名为沈阳师范学院。郭沫若亲笔题写了校名。9 月 20 日,举行更名大会,沈阳师范学院正式成立。院长由东北人民政府教育部部长车向忱兼任,副院长由吴伯箫担任,并兼任党总支书记。"①

　　马秋帆回忆:"一九五三年沈阳师范学院在东北教育学院的基础上建立,伯箫同志仍任副院长(车向忱同志任院长)。那时已搬到新建的校舍(即现在的辽宁中医学院),而东北教育学院第三期学员尚未毕业,都在新校舍上课。这时候伯箫同志的办学热情更高,对教学工作抓的更紧,他对教育实习也非常重视。当北京师范大学组织教育实习展览会时,伯箫同志曾指派我等到师大参观学习,我们也把参观学习的记录和有关资料带回来。"②

　　9 月 23 日至 10 月 6 日,中华全国文学艺术工作者第二次代表大会在北京举行。其间,中华全国文学工作者协会召开第二次代表大会,大会决定将中华全国文学工作者协会改名为"中国作家协会"(简称中国作协)。先生与马加作为东北代表出席会议,并在会议后期与公木、马加、师田手去看望丁玲、雷加等。

　　《公木传》记载:"1953 年 10 月,第二次文代会期间,同马加、师田手、吴伯箫等到多福巷一号看望过她(指丁玲,子张按)

一次。"①

赵郁秀记载:"1953年,文研所二期招生,我被录取,老乡又相会了。我的同屋贺抒玉大姐约我代表她丈夫李若冰去雷加家看望。正巧同来京参加文代会的东北作家马加、公木、吴伯箫、师田手相遇。"②

12月26日,为迎接新年先生以毛笔书写毛泽东《沁园春·雪》,落款"山屋吴伯箫"。

12月,胡乔木代表语文教学问题委员会向中央提交《关于改进中小学语文教学的报告》。报告提出"语言、文学分科教学"问题。

本年还写有《颂〈灯塔〉》等文,后均被收入散文集《出发集》1954年版。

---

① 高昌:《公木传》,广东人民出版社2008年版,第207页。
② 赵郁秀:《他回到了鸭绿江——忆雷加》,《文艺报》2015年1月19日。

第七章　北京:《文学》与《北极星》
(1954—1965)

1954 年　49 岁

1 月,先生从沈阳到北京,在人民教育出版社(简称人教社)接洽工作调动事宜,与叶圣陶谈话。

叶圣陶记述:1 月 18 日星期一"下午两点到社,与安亭、萃中谈事。教部请调吴伯箫来我社编辑中学之文学课本,吴自东北来京先了解一下,再回东北师院交代,解副院长之职。余与吴虽相识而不太熟,话题不多,共谈半时许而别。"1 月 21 日星期四"致书安亭、萃中,谈数学课本事。薰宇、蔡德祉等按计划编三种数学课本,而教部调来之吴君谓不宜用,可用东北译本。同人中亦以为吴言可据。余意则以为此是变更计划,宜经详商,何去何从,则最后当由教部决定之。"1 月 30 日星期六"三点半董纯才来访,口头答余上星期日致渠之书。谓将以吴伯箫、巩邵〔绍〕英、戴白〔伯〕韬(将自上海调来)三人为副社长,本年度之计划及五年计划纲要俟三人来齐后共商,然后由教育部讨论而决定之。"①

2 月,中共中央政治局扩大会议批准了中央语文教学问题委

---

① 叶圣陶:《叶圣陶集》第 23 卷,《日记(五)》,江苏教育出版社 2004 年版,第 71、75 页。

员会的《关于改进中小学语文教学的报告》，教育部据此责成人教社着手拟订中学文学教材编辑计划，编订文学教学大纲，编写《文学》课本和教学参考书。人教社在进行上述编订、编写工作的同时，相应地将中学语文编辑室分为文学、汉语两个编辑室。

　　刘国正（即刘征）记述："从1951年到1958年，这套教材从启动到停止使用，达8年之久。1951年3月，教育部召开第一次全国中等教育工作会议，胡乔木同志在讲话中谈到'语文教学目前存在着特别混乱的现象，其原因就是没有把语言教育和文学教育分开'，提出分科的问题。同年6月6日，《人民日报》发表社论《正确地使用祖国的语言，为语言的纯洁和健康而斗争》。下半年，语文教育界开始讨论。1953年4月，教育部向中央政治局报告工作，提出改进中小学语文教学的问题，毛泽东同志指示，语言、文学可以分科，并指定成立中央语文教学问题委员会，由胡乔木任主任。1953年12月，胡乔木向中央写了《关于改进中小学语文教学的报告》。1954年2月1日，毛泽东同志参加的中共中央政治局扩大会议批准了这个报告。依据这个报告，教育部责成人民教育出版社，进入具体的施工过程。课本初稿，在全国74所中学（27000名学生）中试教。"①

　　2月15日，先生在人教社与叶圣陶交谈。

　　叶圣陶记述：2月15日星期一"下午到社中，与吴伯箫谈。吴今后主持语文室编辑文学课本之工作，聆其所谈似颇有办法。余老实告以余之短处即在不会组织力量，不善作领导。"2月22日星期一"吴伯箫领导中学语文室，似颇有办法，亦复可慰。"②

　　3月22日，将《文学》课本编辑要点交叶圣陶审阅。

---

①刘国正：《似曾相识燕归来——中学文学教育的风雨历程》，《课程·教材·教法》2000年第6期。
②叶圣陶：《叶圣陶集》第23卷，《日记（五）》，第79、81页。

叶圣陶记述:3月22日星期一"两点半到社。吴伯箫以编辑文学课本之要点一稿交余。余即修改此稿,约化一点半钟而毕。"①

3月30日,在北京先生写《理想与劳动》,刊载于《中国青年》1954年第8期,被收入散文集《出发集》1954年版。

4月1日,先生就《文学》课本之编辑召集文艺界人士座谈会。

叶圣陶记述:4月1日星期四"午后三点至和平宾馆,教育部与我社邀请文艺界同人开座谈会,讨论编辑中学文学课本之问题。此是吴伯箫所主张。邀请五十余人,而到者三十余人。董纯才与余致辞一时许,余则大家发言,至六点半而毕。期以此会为始,以后在编辑过程中,请大家随时相助。于是会餐,尽欢而散。"4月8日星期四"两点到社。芷芬、安亭来谈社事,吴伯箫亦来。"4月19日星期一"七点,辛安亭偕戴白〔伯〕韬来访。戴久任上海市教育局〈局〉长,今调来我社为骨干人员。吴伯箫、巩邵〔绍〕英、戴白〔伯〕韬三人究负何种名义,尚未确定。"②

4月24日,先生在人教社与叶圣陶等谈社事。

叶圣陶记述:4月24日星期六"两点半散,余至社中,与白〔伯〕韬、安亭、萃中、伯箫、芷芬、少甫诸人谈社事。皆所谓交换意见而已。"③

4月,先生正式调任北京,任人民教育出版社副社长、副总编辑,参加《文学》课本编辑工作,同时兼任中国作协文学讲习所所长至1955年秋,任《文艺学习》编委。

先生晚年回忆:"一九五四年春调北京人民教育出版社,任

①叶圣陶:《叶圣陶集》第23卷,《日记(五)》,第90页。
②叶圣陶:《叶圣陶集》第23卷,《日记(五)》,第94—95、98页。
③叶圣陶:《叶圣陶集》第23卷,《日记(五)》,第99页。

副社长兼副总编辑,参加编《文学》课本,兼办中国作家协会的文学讲习所,任所长。参加《文艺学习》编委。一九五六年全国总工会组织作家参观团,任南团团长。走了太原、洛阳、武汉、南京、无锡、苏州、上海等七个城市。杭州未到。十月到民主德国参加'海涅学术会议',往返一月。国内之行,写了《难老泉》、《钢铁长虹》;国外之行,写了《记海涅学术会议》(《诗刊》创刊号)、《论〔谈〕海涅》(《解放军文艺》)、《谒列宁墓》(《人民日报》)、《记列宁博物馆》。"①

　　叶圣陶记述:"1954年伯箫同志调到人民教育出版社工作,我们俩几乎天天见面,直到1966年。他为人诚恳朴实,表里如一,是全社同志共有的印象。我们俩经常讨论语文教材的编撰,有时似乎谈得极琐屑,近于咬文嚼字。其实绝非咬文嚼字,准确的意思和准确的记载非由准确的语言来表达不可,所以一个词也不能随便,一处语法错误也不能容许。在这方面从严些,对学生的语言、认识、品德都有些好处:这是伯箫同志和我共同的信念。"②

　　刘征回忆:"文学、汉语分科教学,是建国以后,花的时间长,规模最大,集中优秀力量最多,中央领导最重视,力度也最大的一次语文教学改革。中央指定胡乔木领导,教育部由副部长也是人教社社长叶圣陶直接领导,伯箫是第一线总指挥。"③

　　张中行回忆:"一分为二上课,先要有教材。编教科书是大事,要请专家主持其事。文学选定吴伯箫,社内的副总编辑,由延安来的文学家兼作家。汉语选定吕叔湘,因为不久前,他和朱

①吴伯箫:《吴伯箫(答〈调查提纲〉)》,《中国现代文学研究丛刊》,第1辑,第231—232页。
②叶圣陶:《〈吴伯箫散文选〉序》,《人民日报》1982年6月10日。
③刘征:《忆吴伯箫同志》,《百年潮》2006年第2期。

德熙合写了供大家学习的《汉语修辞讲话》。"①

徐刚回忆:"1953年夏季,胡乔木同志提出压缩编制的问题。1954年初,'中央文学研究所'的牌子就改成了'中国作家协会文学讲习所'"。"新任的领导班子,是由中国作家协会党组调配的。吴伯箫任所长(还兼教育部教育出版社社长),从鞍钢教育处调来公木任副所长,从《文艺报》调来萧殷任第二副所长,萧殷只在所内过渡了几个月,就调到广东省,只有公木在所内主管。"②

5月1日,在北京,先生为《出发集》写后记。

5月3日,在社中与叶圣陶交谈。

叶圣陶记述:5月3日星期一"下午到社,知黎明以昨日去世。今日十数人往视其殡,即付火化……与文叔、安亭、白〔伯〕韬、伯箫共谈,至六点半而后出。"③

5月8日,教育部董纯才约见叶圣陶,与谈人教社人事安排事宜。

叶圣陶记述:5月8日星期六"饭罢到署已两点。教育部来电话,董纯才欲来看余,余乃往访董。渠所谈为人事安排。谓我社以戴白〔伯〕韬、辛安亭、吴伯箫三人为副社长,萃中不复为副社长。至于副总编辑,则戴、辛、吴三人而外,又有萃中、薰宇、文叔及巩邵〔绍〕英四人。余谓悉可同意,无他意见。"④

5月18日,人教社召开社务会扩大会议,叶圣陶社长宣布调整后的领导班子:戴伯韬、辛安亭、吴伯箫任副社长兼副总编辑,

①张中行:《汉语课本》,《流年碎影》,中国社会科学出版社1997年版,第385页。
②邢小群:《丁玲与文学研究所的兴衰》,山东画报出版社2003年版,第103、115页附录《徐刚访谈》。
③叶圣陶:《叶圣陶集》第23卷,《日记(五)》,第101页。
④叶圣陶:《叶圣陶集》第23卷,《日记(五)》,第103页。

张萃中、刘薰宇、朱文叔、巩绍英任副总编辑,戴伯韬主持日常工作。

叶圣陶记述:5月18日星期二"驱车到社中,已十日未到矣。三点三刻开扩大社务会议,由余宣布副社长、副总编辑之人选与分工。至此副社长有三人,副总编辑有七人,阵容较前为强,而主要倚靠戴白〔伯〕韬。白〔伯〕韬、安亭俱发表谈话。"①

5月,先生致信公木,谈自己正式调任人教社,邀请公木到中国作家协会文学讲习所工作,后公木于当年初秋以副所长身份调入中国作家协会文学讲习所。

《公木传》记述:"1954年5月,时任文讲所所长的吴伯箫曾专门致信公木,告诉他自己已去人民教育出版社主持编辑中学语文编辑工作,邀请公木来文讲所工作。""文讲所在行政上归文化部,教职工的工资和所内开支的一切费用都由文化部发。业务和党务上却又归中国作协。而按照公木的想法,是要将文讲所完全脱离中国作协的领导,办成像中央戏剧学院、中央音乐学院那样直属于文化部的正规大学。他的想法得到吴伯箫的赞同和支持,于是一起到文化部教育司去联系——经过交涉,教育司同意吴伯箫和公木的意见,而且还给了一个出国留学的名额,让文讲所派人到苏联高尔基文学院学习。"②

6月1日,先生在社中与叶圣陶谈《文学》课本编辑提纲,此为本月工作重点,6月23日叶圣陶建议将编辑提纲送交胡乔木审阅。

叶圣陶记述:6月1日星期二"两点半至社中,吴伯箫来谈,中学文学课本编辑提纲又经修改,将据以开座谈会,谓余必当参加。"6月九日星期三"晨间安亭、伯箫二位来谈社事。俟其去,

①叶圣陶:《叶圣陶集》第23卷,《日记(五)》,第105页。
②高昌:《公木传》,第81页。

续看伯祥之注释稿。"6月23日星期三"到署,看杂件。致吴伯箫一书,答以中学文学教材编辑计划可送于乔木看后再说。"6月28日星期一"(下午)至社中,安亭患腹泻在寓,未值。与文叔、伯箫、芷芬、晓先、刘御五位谈话。"①

7月20日,先生在社中参加小学语文教学问题讨论,此后又多次讨论此问题。

叶圣陶记述:7月20日星期二"午后到社,与白〔伯〕韬、伯箫、文叔、仲仁、超尘、王微诸君为会,讨论仲仁所提小学语文教学之诸问题。三小时有半,仅及目的任务与识字教学两问题耳,后一问题且未曾终结,后日将续为讨论。"7月22日星期四"午后至社中,继续讨论小学语文方面之问题。"7月24日星期六"晨至社中,八点继续讨论小学语文教学之问题。"②

7月,散文集《出发集》由上海新文艺出版社出版,收入论文、散文14篇,共分两集。第一集为散文,收入《出发点》、《范明枢先生》、《向海洋》、《书》、《十日记》、《回忆延安文艺座谈会》、《颂"灯塔"》,第二集为论文,收入《爱祖国》、《真理的发扬》、《重读〈乱弹及其他〉》、《从教育看武训》、《理想与劳动》、《文学——教育的有力武器》、《谈业余写作》。另有本年5月1日写的后记,交代此集所收14篇作品之由来:"将一九四六年以来零星写的文章,选了十二篇,将一九四一年写的文章检出两篇,集拢起来,印成这本小书。篇数不多,但也分两集:一集属散文,二集属论文。""这些文章曾先后在延安《解放日报》,张家口《晋察冀日报》,东北《知识》杂志、《东北日报》、《东北文学》及北京《文艺报》、《中国青年》发表过;现在重行选印,目的只有一个:就是想简单总结一下八年的业余写作,借以自我激励,期于写作生活

①叶圣陶:《叶圣陶集》第23卷,《日记(五)》,第109、112、119、121页。
②叶圣陶:《叶圣陶集》第23卷,《日记(五)》,第129—130页。

的路上往前再迈一步。""书名《出发集》,意思是说:自己写文章,依然还只能算是开始学习;而写作的目的,则想遵照毛泽东同志的指示:'从人民的利益出发'。"①

8月6日,先生参加人教社所召集中学《文学》、《历史》课本编辑座谈会,此次参加座谈者为高校教师。

叶圣陶记述:8月6日星期五"三点到社中,召开座谈会,讨论中学文学及历史课本之编辑问题。参加者为各大学来高教部开会之文学、历史教师……余略致辞,即分两组座谈,余参加文学之一组。诸人皆甚热心,各抒其见,不待催促。至七点半毕。实则如此题目,谈一天两天亦难谈完也。于教育部食堂宴与会者,谈饮甚欢。"②

9月22日,在社中先生与叶圣陶等讨论《文学》课本之选材问题。

叶圣陶记述:9月22星期三上午"至文叔之室,与安亭、伯箫、仲仁共谈中小学语文编辑事。最困难者仍为选材。得可诵之文篇供学生阅读,为语文编辑首要之事,而其难得实非局外人所能意料。"③

10月4日,陈白尘致信吴伯箫,谈文学讲习所李又然工作调动事,并询及公木来北京事。

10月,杂文《宪法照耀着我们前进》刊载于《语文学习》1954年10月号。同月,评论《工作的教科书——读〈远离莫斯科的地方〉》刊载于《东北文学》1954年10月号。

11月6日,上午,先生与洛峰、戈予等人到北京站迎接离京修养旅行归来的叶圣陶。

①吴伯箫:《出发集·后记》,《吴伯箫文集》下卷,第198页。
②叶圣陶:《叶圣陶集》第23卷,《日记(五)》,第135页。
③叶圣陶:《叶圣陶集》第23卷,《日记(五)》,第151页。

叶圣陶记述:11月6日星期六"醒来时车将到天津。九点三十六分到京,在站相候者有洛峰、戈矛、吴伯箫、白文彬、黄啸曾(教部办公室主任)五位。"①

1955 年　50 岁

1月20日,中共中央宣传部对胡风《关于解放以来的文艺实践情况的报告》(又称"三十万言书")进行研究后,向中共中央做了《关于开展批判胡风思想的报告》。

3月21—31日,中国共产党全国代表会议通过了《关于高岗、饶漱石反党联盟的决议》,决定开除高岗、饶漱石的党籍,撤销他们在党内外的一切职务。

3月,中央文学讲习所第二期结业,该期学员1953年9月入校,学员有邓友梅、张志民、白刃、孙静轩、沙鸥、苗得雨、赵郁秀、胡海珠、刘真、王谷林、和谷岩、王有卿、刘超、沈季平、漠南等共43人,还包括第一期留下来继续学习的二十余人。

4月1日,《人民日报》发表郭沫若文章《反社会主义的胡风纲领》,对胡风的"三十万言书"进行批判。

4月4日,中共七届五中全会召开,批准了《关于高岗、饶漱石反党联盟的决议》。

5月1日,先生为《烟尘集》写后记。

5月初,由中共中央宣传部和公安部共同组成胡风问题专案组。5月13日至6月20日,《人民日报》陆续公布《关于胡风反革命集团的材料》(共三批)。5月16日,胡风被捕。

5月初,先生与叶圣陶、朱文叔等校订初中《文学》课本第一册毕,费时四十余天。

《编辑工作》记述:"几位领导同志集体校订:叶社长、吴伯箫

①叶圣陶:《叶圣陶集》第23卷,《日记(五)》,第161页。

同志、朱文叔同志会同中学文学编辑室三个主任一起讨论和修改……校订工作用了 40 天的时间才完成。"①

5 月,初级中学课本《文学》第一册(供 1955 年秋季试教用)第一版,在北京新华印刷厂第一次印刷出版,至 1956 年 2 月第六次印刷,仅北京一地印数即达到 213000 册,共 171 页,定价 0.38 元。

杂文《作品和作者》刊载于《文学杂志》1955 年第 5 期。

6 月,人民教育出版社迁址,由教育部(西单北二龙路郑王府内小红楼)迁至景山东街原北大第二院(理学院及校办公处)工字楼(据张中行《流年碎影》)。

杂文《彻底粉碎胡风反革命集团》刊载于《语文学习》1955 年 6 月号。

7 月 1 日,中共中央发出《关于开展斗争肃清暗藏的反革命分子的指示》,随后,肃反运动在全国展开。

7 月,散文集《烟尘集》第一版由作家出版社出版,繁体字竖排,印数 14000 册,定价 0.59 元。

8 月,中国作协党组扩大会议开始对"丁玲、陈企霞反党小集团"的连续批判。

邢小群记述:"在批判'胡风反革命集团'运动期间,1955 年 8 月 3 日至 9 月 6 日,中国作家协会召开党组扩大会议,宗旨是批判作协内部的'丁玲、陈企霞反党小集团'。会议共举行了 16 次。开始范围不大,只限于作协各部门 13 级以上党员干部。后来扩大到中宣部、文化部、全国文联及其他协会的负责人。"②

徐刚回忆:"这次批判从头到尾我都参加了。第一次开会是

①人民教育出版社:《编辑工作》(内)1957 年第 22 期。
②邢小群:《丁玲与文学研究所的兴衰》,第 82 页。

1955 年的 8 月初(8 月 3 日),地点是在东总布胡同 22 号东边的办公室。""当时参加党组扩大会的文讲所正、副所长吴伯箫、张松如(公木),只在会上作了表态式的批判发言。他们与丁玲接触很少,都是作协党组调派来的第三届领导人。"①

9 月,作协召开党组扩大会议,会后,中国作协文学讲习所领导班子再次改组,先生不再担任所长,但仍被选入作协工作委员会。

徐刚回忆:"1955 年 9 月 6 日的党组扩大会后,党组就指示文学讲习所总结检查过去的工作,把文学讲习所改为短期训练班。""党组扩大会后,文学讲习所经历第三次大改组。吴伯箫不再来所了,辞去了文学讲习所所长的职务。公木调任中国作家协会青年作家工作委员会副主任。玛金、丁力、沙鸥、王谷林等由作协分别调派至《人民文学》编辑部、《诗刊》编辑部、青委会办公室、《文艺报》办公室负责。潘之汀、叶枫等同志调至北京电影制片厂等单位。接着中国作协下达了一个通知,任命我为文学讲习班主任。"②

郭小川记述:"上午……因作协的机构问题,不断地与默涵商量,与严文井打电话,最后还是决定吴伯箫参加工作委员会。"③

杂文《庆祝宪法公布一周年》刊载于《俄文教学》1955 年第 10 期。

10 月 30 日,《中国语文》和《语文学习》两个杂志社在北京联合举行了一次座谈会,招待出席现代汉语规范问题学术会议的各地代表。"出席的有:吴文祺、胡裕树、李振麟、张为纲、陈必

---

①邢小群:《丁玲与文学研究所的兴衰》,第 116、122 页附录《徐刚访谈》。
②邢小群:《丁玲与文学研究所的兴衰》,第 123 页附录《徐刚访谈》。
③郭小川:《郭小川全集》第 8 卷,《日记 1944—1956》,广西师范大学出版社 2000 年版,第 345 页。

恒、傅铭第、孙常叙、吴昌、马雍、赵天吏、关兴三、殷焕先、顾正、韩允符、杨春霖、薛声震、彭铎、赵毓英、刘又辛、张士一、黄绮、高庆赐、宛敏灏、沙少海、程世本、方仁麒、刘迟等和两杂志社负责人章悫、叶圣陶、林汉达、辛安亭、吴伯萧〔箫〕、张志公等"①。

11月15日,写《齿轮和螺丝钉》,发表于《人民文学》1955年第12期,后被收入散文集《北极星》1963年版。

11月22日,胡乔木在教育行政学院作《语文教学同文字改革》报告,谈及汉语、文学分科教学中教会学生写文章的问题。

12月15日,中共中央批发《中国作家协会党组关于丁玲、陈企霞等进行反党小集团活动及对他们的处理意见的报告》。

1956年　51岁

1月14—20日,中共中央召开关于知识分子问题的会议,周恩来代表党中央作《关于知识分子问题的报告》。

1月24日,先生到中国作协与郭小川谈丁玲作品是否编入教材事。

郭小川记述:"下午,吴伯箫来,谈课本中的丁玲文章选不选问题。"②

2月17日,纪念、介绍德国诗人海涅的长文《革命诗人海涅》刊载于《人民日报》。

2月27日至3月6日,中国作协第二次理事会会议(扩大)在北京召开。

3月2日上午,先生在中国作协第二次理事会会议(扩大)发言专门谈文学教科书编写问题,首先向与会者介绍国家关于

---

①《〈中国语文〉和〈语文学习〉联合举行招待各地语文工作者座谈会》,《语文学习》1955年12月号。
②郭小川:《郭小川全集》第8卷,《日记1944—1956》,第383页。

编写文学教科书的计划:"现在在党和政府的领导下,人民教育出版社已经有了一个文学教科书的编辑室,试编一套二十四本(包括教学参考书十二本)文学教科书,明年年底可以编完。从今年暑假以后,几千万的中学生就要用新编的文学教科书进行文学教育。"其次在三个方面"请求作家同志帮助":"第一,推荐优秀作品选入教科书。第二,请文学理论家、文学史家、传记作家,在我们经过反复考虑,请求您写一篇课文的时候,能够慨然地答应我们……第三,同志们看到或者听到我们编的文学教科书有什么错误和缺点的时候,希望能及时地给我们指出来,如果能够改好就更欢迎。"发言全文被收入中国作家协会编、人民文学出版社当年 6 月出版的《中国作家协会第二次理事会会议(扩大)报告、发言集》。

3 月,教育部颁发《1956—1957 学年度中学授课时数表》及《关于 1956—1957 学年度中学授课时数表的说明》,其中第四条为:"原语文科改为汉语、文学两门学科进行教学。"

3—4 月间,中央语文教学问题委员会负责人胡乔木约见中学语文编辑室负责人张毕来与先生二人,提出要解决汉语、文学分科后的作文教学问题①。

4 月 2 日,教育部正式发出《关于中学、中等师范教育的语文科分汉语、文学两科教学并使用新课本的通知》。

4 月,苏联教育代表团访华。其间来人教社作了两次报告,开了七次座谈会,介绍苏联教育科学研究和教科书编辑出版情况,双方还交流了教育经验。

---

①张毕来:《语文分科教学回忆》,见刘国正主编:《我和语文教学》,人民教育出版社 1984 年版,第 147 页。

先生等与苏联专家交流经验（右二为先生）

　　4月，经过校订的高级中学课本《文学》第一册由人民教育出版社出版第一版。

　　同时，初级中学课本《文学》第一册分别由上海、辽宁、陕西、湖北、重庆等省市出版社重印，发行量惊人。如上海人民出版社重印本，1955年5月第一版，1956年4月第一次印刷印数为120000册，至6月第四次印刷，总印数便达到206000册。1956年5月第二版，6月第一次印刷印数为480000册，1957年1月第八次印刷总印数则为1151000册。较之第一版，第二版增加了内容，页码由第一版的171页变为326页，定价由0.38元调整为0.65元。

　　5月2日，毛泽东在最高国务会议第七次会议上正式提出实行"双百"方针。

　　5月25日，《教师报》发表中学文学编辑室文章《关于编写中学文学课本的一些意见》。

5月26日,中共中央宣传部部长陆定一向自然科学家、社会科学家、医学家、文学家和艺术家作了题为《百花齐放,百家争鸣》的讲话,系统阐述了"双百"方针。

6月底,教育部召集的第一次全国语文教学会议在北京召开,会议讨论了全日制中小学语文教学大纲草案初稿,决定实行汉语、文学分科教学。教育部副部长叶圣陶在会上作《改进语文教学,提高语文教学的质量》的报告。但会前,中宣部部长陆定一对课本选材提出批评。会上,教育行政领导决定降低要求,精简教材。会后,教育部于7月21日发出《关于语文教学的几个临时办法的通知》①。

8月11日,散文《监督岗》刊载于《人民日报》,此文后被收入中国作协编《1956年散文小品选》,由人民文学出版社于1957年6月出版。

8月14日,先生在张家口中学教师文学讲习会上发言,后根据发言整理为《试谈文学教学的目的和任务》。

8—9月,先生参加中华全国总工会组织的中国作协参观团,任南团团长,走访太原、洛阳、武汉、南京、无锡、苏州、上海、杭州(未到)等多个城市。

《难老泉》记述:"1956年初秋,我们一天经历了30个世纪,欣赏了晋祠那样丰富的文物古迹。"②

9月4日,在武汉,先生随中国作协参观团参观武汉长江大桥,后据此写新诗《钢铁的长虹》,分别发表于《工人日报》1956年11月1日、《长江文艺》1957年10月号。

9月7日,在汉口写散文《火车,前进!》。

---

①课程教材研究所:《新中国中小学教材建设史(1949—2000)研究丛书·中学语文卷》,人民教育出版社2010年版,第61页。
②吴伯箫:《难老泉》,《吴伯箫文集》下卷,第339页。

9月9日，写杂文《"因陋就简"》。

《第二次到上海》记述："解放后的第十年，我整五十岁（此处原文表述可能有误，吴伯箫1906年出生，"整五十岁"当在解放后的第六年，即1956年，子张按），随二十四人的学习访问团第一次到上海，那是我半生中的大事。上海市文联和总工会接待了我们，住上海大厦第十四层楼。我们瞻仰了纪念馆，参观了展览馆、机械厂、造船厂、棉纺厂和几个大百货公司，放大了眼界，开阔了心胸，也感到了充实。我们的收获是很大的。但是如果上海是一座高山，那么我们只爬了一段盘山的公路；如果上海是一部百万言的雄文巨著，那么我们只批读了序言和目录。这次旅行，离探深谷、窥堂奥，距离还很远。"①

《公木传》记述："那是1956年八九月间的一次盛会。全国总工会组织北方作家到南方去参观旅游，由吴伯箫带队，公木和蒋锡金还有穆木天、彭慧等一些在东北办大学的老朋友都有幸参加了这一行列，前后二十余天中，他们参观了太原、洛阳、武汉、南京、无锡、苏州、上海、杭州共八九个城市。这些地方的工业建设和祖国山川、名胜古迹都大开了他们的眼界，好一片郁郁葱葱，欣欣向荣的景象！太原晋祠，吴伯箫写了一篇散文《难老泉》，后被选进语文课本。公木写了一首同题诗，也多次选入各种版本的新诗选集。""在从武汉到上海的旅程上，想起天蓝来，公木就写了《怀友二首》，还与同行的作家朋友穆木天、吴伯箫、彭慧等谈起天蓝所受的委屈，感慨万千……"②

9月9日，《人民教育》1956年第9期开辟《语文教学问题讨论》专栏，刊载《高中古典文学教材的分量重了些》、《作品的典范性是编辑文学课本的主要原则》、《究竟要提高中学生什么样

---

① 吴伯箫：《第二次到上海》，《吴伯箫文集》下卷，第563页。
② 高昌：《公木传》，第160—161页。

的写作能力》、《应该按照从古到今的文学史系统编排高中语文课本》、《怎样理解古典文学作品的人民性、爱国主义和现实主义》、《有关作文教学的若干经验和问题(述评)》等六篇文章。

10月9日,《人民教育》1956年第9期《语文教学问题讨论》专栏刊载《从实际情况来看》、《我对高中文学课本编选的意见》、《不要使汉语教材落后于学生的知识水平》、《读"初级中学汉语教学大纲(草案)"》、《教学古典文学是必要的,困难是可以克服的》等五篇文章。

10月8—13日,先生赴德意志民主共和国参加在魏玛举行的海涅学术会议,并在莱比锡卡尔·马克思大学与正在该校任教的中国学者赵瑞蕻、杨苡夫妇见面交谈。后写作《记海涅学术会议》,刊载于《诗刊》1957年第1期。

《记海涅学术会议》记述:"海涅学术会议的名称,直译应当是学术性的海涅会议。会议在德意志民主共和国的魏玛举行。魏玛是世界的文化名城,是诗的城市。那里有伟大的诗人歌德和伟大的戏剧家席勒的故居。今年是诗人海涅逝世100周年,在魏玛举行会议讨论他的作品和思想是很有意义的。""会议从1956年10月8日到13日,一共开了5天。"[1]

赵瑞蕻记述:"拙作中提到Leipzig(莱比锡)和莱比锡大学教授招待所主任朗太太(Frem Maria Lang)等,也许多少会引起你那年到德国访问、在莱比锡度过的日子的回忆。我记得你看见过那位玛丽亚·朗夫人(我为你介绍过的),是一位很好的典型的德国知识妇女,她的丈夫死于第二次世界大战,而她自己也已于一九六〇年冬逝世了。"[2]

---

[1] 吴伯箫:《记海涅学术会议》,《吴伯箫文集》下卷,第375页。
[2] 赵瑞蕻:《致吴伯箫》,1980年5月10日,华夏天禧(墨笺楼)线上专场拍卖第381期,孔夫子拍卖网,2017年4月9日。

　　10月24日,结束会议返程时,先生顺访苏联莫斯科,拜谒列宁、斯大林墓,参观列宁博物馆,在当地写下新诗《谒列宁——斯大林墓》,刊载于《人民日报》1956年11月30日。

　　郭小川记述:"早八时许到大楼。九时多,白羽来,得知匈牙利卡达尔成立工农政府,苏军出动援助政府平息叛乱的消息,至为欣喜。吴伯箫从德国回来,略谈几句。"①

　　10月28日至11月4日,人民教育出版社副社长戴伯韬率领调查组到天津市做调查研究。

　　11月初,先生结束外访,回到北京。

　　11月9日,《人民教育》1956年第11期《语文教学问题讨论》专栏发表《课文提示和大纲说明的精神有抵触》、《我对编选文学课本的看法》、《不要片面强调学古典文学的作用》、《新教材中古典文学的比重大了》、《课本里有的译文不能保持原作的艺术价值》、《为什么语文教师会感到时间不够用》等六篇文章。

　　11月26日至12月10日,文学、汉语编辑室调查组到郑州、开封、洛阳调查研究。

　　12月10日,先生致信外甥亓举安,提及本年下半年一些活动:"今年下半年,我曾于九月间去武汉、上海等地参观一月,十月间又去民主德国一个月,在家的时候比较少,所以没有常写信给你。本月十二日我又要去湖南了,主要了解教科书使用情况,估计明年一月初回京。"②

　　12月12日,先生随教育部工作人员到湖南长沙、湘潭一些学校做调查、听课,了解文学、汉语教科书使用情况,参观湖南一师,又见徐特立先生。

　　《钥匙》记述:"记得1956年冬天,在长沙交际处大楼,他在

①郭小川:《郭小川全集》第8卷,《日记1944—1956》,第515页。
②吴伯箫:《致亓举安》,1956年12月10日。

走廊一看见我就大谈语文分科的问题。当时我很惊讶，因为我参加编辑语文教材以后还没见过他老人家。可是老人对语文教学从理论到实践谈得条分缕析，头头是道。仿佛语文分科这件事他早已经过深思熟虑。分科有什么优点缺点，实行起来会遇到什么问题，他都了如指掌。"①

《忘年》记述："一晃二十年，一次我去长沙，在一所他（按：指当年抗大战友'韦'）当头头的大学里我们再见。寄东西的事一字不提，他首先拉着我去看号称'三绝'（文字，书法，石刻）的李邕碑，瞻仰爱晚亭，畅谈毛主席早年进行革命活动的胜迹，他虽然也已经是度过中年的人了，但步履矫健，精神抖擞，不减当年。登岳麓山像在游击队的时候爬太行山，直到云麓峰都看不出疲累。"②

曾仲珊回忆："大约是1956年，我在湖南省教育厅教研室工作。吴老那时是人民教育出版社副社长，到湖南来作调查，我陪同他在长沙市中学听了一些语文课，又去湘潭市参加一次语文教师的会议。在长沙市学校听课的时候，他来回总是步行，从不乘车。在回来的路上谈到听课的印象，他对教师教学的点滴成绩，都予以肯定，在湘潭参加会议，他和教师在一个组里讨论问题，在一个桌上吃饭，丝毫也不特殊。"③

刘征回忆："单说吴伯箫同志。当时的几位领导，受到批评，都唯唯称是，不敢有异词，独有伯箫不服。教育部组织了两个调查组深入学校调查研究，实质上是为那些批评意见搜集事实依据，证明其符合实际，完全是正确的。那年月非常重视调查研究，'没有调查研究就没有发言权'，但是有些调查，实为带着领

①吴伯箫：《钥匙》，《吴伯箫文集》下卷，第667页。
②吴伯箫：《忘年》，《吴伯箫文集》下卷，第508—509页。
③曾仲珊：《忆吴伯箫同志》，《语文教学论坛》1992年第5期。

导确定的框框去搜集证据,此即一例。调查组分兵两路,一路按领导的调子跳舞,对分科作出否定的结论;另一路由伯箫领队,以实事求是的态度进行调查,得出了肯定的结论。两个报告针锋相对。吴的调查成了他的一项罪证。教育部组织对伯箫的批判,调子是'以专家自居,同党分庭抗礼'。批判进行中,伯箫忽然挺身站起,一手高举中央文件(即中共中央政治局扩大会议批准的胡乔木的报告),理直气壮地说:'你们说陆部长代表中央,这也是中央,到底哪个是中央,我们应该执行哪个中央的指示?!'伯箫在延安就尝过挨整的苦头,并非缺乏党内斗争的教训,在那种众口一词的形势下,敢于如此以大无畏的精神据理力争,令人感佩。"①

6月,先生论文《谈海涅》刊载于《解放军文艺》1956年6月号。

12月,《人民教育》1956年第12期《语文教学问题讨论》专栏发表《开展讨论以来》文章。

1957年　52岁

1月1日,元旦,先生写散文《从实际出发》。

1月初,先生自湖南返京。

1月29日,先生阅读当日《人民日报》关于阜新新邱煤矿工人事迹后,写作新诗《向煤矿工人致敬》,刊载于《北京日报》1957年2月4日。

2月,毛泽东在最高国务会议第十一次(扩大)会议上发表《关于正确处理人民内部矛盾的问题》的讲话。

3月,先生修改《波罗的海·追记》并新加重印说明。修改部分主要是原文第三自然段涉及艾青部分。原文为:"译诗的有

———————

①刘征:《忆吴伯箫同志》,《百年潮》2002年第6期。

些篇章曾在艾青同志主编的《诗刊》和延安《解放日报》发表过;集结之后,艾青同志又曾在国民党反动派进攻解放区的日子里带着它出入战争环境整三年,直到在北京一块参加全国文学艺术工作者代表大会,他才又交给我转周而复同志介绍印行。"修改为:"译诗的有些篇章曾在延安《解放日报》和《诗刊》发表过。集结印行,已经离那时整整七年了。"

4月下旬,教育部在北京召开中学语文教师座谈会,决定停用高中《文学》课本等。

《新中国中小学教材建设史(1949—2000)研究丛书·中学语文卷》记述:"1957年4月下旬,根据中宣部部长陆定一的指示,在国务院文教办公室负责人张际春出席并指导下,教育部在北京召开三次中学语文教师座谈会。会上,决定秋季开学停用高中文学课本第一、二册,高一年级暂用初三的文学课本,并要求修改高中文学课本第三册,抽掉艰深的古典作品,补充一些现代作品,使现代汉语课文占一半或者一半以上。"①

4月27日,中共中央下发《关于整风运动的指示》,提出这次整风运动的内容是:反官僚主义、反宗派主义和反主观主义。

4月,重印本《波罗的海》由上海新文艺出版社出版,全书133页,32开。前面有英国鲍林《亨利希·海涅》一文,正文收入《哈尔兹山旅行记》、《波罗的海》、《奴隶船》、《短诗》(五首),另有译者《追记》、附录《谈海涅》二文。《谈海涅》即1956年2月17日发表于《人民日报》的《革命诗人海涅》。

4月9日,《人民教育》1957年第4期发表张毕来《中学文学教材分量问题》和张志公《汉语教学中的几个重要问题》。

5月15日,先生在北京,写散文《北极星》。《北极星》是回

---

① 课程教材研究所:《新中国中小学教材建设史(1949—2000)研究丛书·中学语文卷》,第63页。

忆参加 1942 年延安文艺座谈会的文章。

6 月 8 日,中共中央发出组织力量反击右派分子进攻的党内指示,《人民日报》同日发表题为《这是为什么?》的社论。

6 月 22 日,《人民日报》再发表社论《不平常的春天》,反右派运动全面展开。

6 月,教育部颁发《1957—1958 学年度中学教学计划》,语文分为汉语、文学两科。

6 月 26 日至 7 月 15 日,第一届全国人民代表大会第四次会议在北京举行。会议期间,先生与几位朋友到前门饭店看望以山东人大代表身份出席会议的王统照先生。

《怀剑三》记述:"今年夏天,你到北京出席全国人民代表大会,住在新建的前门饭店。我跟几个老朋友去看你。那时你说话已经很困难,精神那样好,话却只能喘息一阵说一句。那时候我认识到了人类语言的珍贵,人们说,有的话字字珠玑,对那样的说法,那时候我也有了深刻的体会。"①

7 月,人民教育出版社中学文学编辑室编成高中《文学》课本第三册,除古代作品外,并编成一个现代汉语议论文单元。

8 月,杂文《从实际出发——记四十年前毛泽东同志办的夜学》刊载于《教师报》1957 年第 8 期。

9 月,康生批评《文学》课本。

11 月,国务院通过《汉语拼音方案(草案)》。之后于 1958 年 2 月,第一届全国人民代表大会第五次会议批准公布该方案,3 月,教育部通知要求全国中小学和各级师范学校教学汉语拼音。

11 月 14 日,中国作协整风办公室《整风简报》第 61 期印发《书记处决定停办文学讲习所》通报。

11 月 18 日,先生写散文《记列宁博物馆》。

---

① 吴伯箫:《怀剑三》,《吴伯箫文集》下卷,第 326 页。

11月29日,王统照先生在济南病逝,享年七十岁。

12月18日,先生写散文《剑三,永远活着!》,刊载于1958年《前哨》第1期,后被收入《北极星》时改题为《怀剑三》。

12月,高中《文学》课本第四册出版。选入17篇课文,最后一篇选用的是《人民日报》1957年6月22日的社论《不平常的春天》,内容为动员全国人民反对资产阶级右派。

1958年 53岁

1月2日,先生将1957年版新书《马卡连柯全集》一套寄赠外甥亓举安,题签"舅父寄赠"。

1月,论文《读〈在延安文艺座谈会上的讲话〉》刊载于《语文学习》1958年1月号。

3月8日,写杂文《思想改造也应当跃进》,刊载于《中国青年》1958年第6期。

3月22日,于下乡回来读《剧本》月刊第1期刊载的《青春之歌》剧本,又看该剧演出后写论文《歌唱青春——剧本〈青春之歌〉读后》。

自述:"陪同下乡参加生产劳动的同志出发,刚刚回来,我有机会看到1958年1月号《剧本》月刊刊载的这个剧本的原文,一气读完,感到非常亲切,最近又有机会看到这出戏的演出,就更像身临其境,获得了深刻的感受。"①

3月,中宣部宣布汉语、文学仍合并为语文,教育部颁发《1958—1959学年度中学教学计划》,恢复语文学科。

《关于教材的几点意见》记述:"但是那套课本在少数学校试用一年之后,被康生给否定了。他质问:为什么报纸社论不编进

---

① 吴伯箫:《歌唱青春——剧本〈青春之歌〉读后》,《吴伯箫文集》下卷,第414页。

课本？并一口判定：'这套课本最多只能培养小资产阶级思想意识。'以致课本在尚未编完出齐，也没有普遍使用就夭折了……在叶圣陶先生指导下，曾经搞过一个《作文教学》初稿，想在分科的情况下找出一条有效的指导学生学习写作的路子，可惜《作文教学》尚未定稿，文学、汉语分科教材就不用了。"①

《新中国中小学教材建设史（1949—2000）研究丛书·中学语文卷》记载："1958 年 3 月至 4 月间，张际春通过不同途径指示教育部和人民教育出版社，合并文学课本、汉语课本为语文课本，中断中学文学、汉语分科教学。人民教育出版社副社长吴伯箫和文学编辑室主任张毕来持不同意见，事后遭到批判，也显示了人民教育出版社教材建设者的骨气。"②

刘国正记述："1955 年上半年，编辑和试教工作已经完成。6月，教育部召开全国语文教学会议，由叶圣陶向大会作《改进语文教学，提高语文教学的质量》的报告，动员在全国推广使用新的分科教材，可谓万事俱备，只欠东风。但是正当此时，一直不曾过问此事的中共中央宣传部部长对文学、汉语分科以及文学课本选材不当提出严厉的批评，致使大会不了了之。大会报告不作正式传达，分科教材使用与否各地可以'因地制宜'，也可以使用旧课本。从此文学、汉语分科的命运泰极否来，一落千丈，对文学课本的批评纷至沓来。如康生指责说：'文学课本非改不可'，'与教育方针相违背，最多只能培养小资产阶级感情'，'许多课文思想性不强，语言也混乱，可砍去百分之三十到五十，换选政治论文、社论和应用文'。这场大起大落是在怎样的背景下发生的，有待发现更多的资料进一步说明。但联系当时的极左

---

①吴伯箫：《关于教材的几点意见》，《吴伯箫文集》下卷，第 643—644 页。
②课程教材研究所：《新中国中小学教材建设史（1949—2000）研究丛书·中学语文卷》，第 63 页。

浪潮,从康生的讲话中不难看出其主要原因。'更能消几番风雨,匆匆春又归去。'此后文学课本形同废止。60年代初开始另起炉灶编写语文课本。同时,在一份中央文件中提出:不要把语文课教成文学课,也不要教成政治课。《人民教育》发表了《反对把语文课教成政治课》和《不要把语文课教成文学课》两篇文章。中央文教小组指示:'文学、汉语合而为一,叫语文。'文学、汉语分科教材正式寿终正寝。在史无前例的'文革'中,语文课教成政治课有了恶性的发展,而文学教育却成了禁区。"①

本月,写新诗《咏大字报》,落款为"1958年3月大鸣大放中",刊载于《诗刊》1958年第4期。

4月,文论《文风不是私事》刊载于《语文学习》1958年4月号。

5月5—23日,中共八大二次会议,在北京召开。刘少奇代表中共中央委员会作工作报告;邓小平作《关于各国共产党和工人党的莫斯科会议的报告》;谭震林作《关于农业发展纲要(第二次修正草案)的说明》。会议通过了刘少奇、邓小平、谭震林所作各项报告。会议决议的主要内容:一是对我国主要矛盾作了新的分析,正式改变了八大一次会议关于国内主要矛盾问题的正确提法;二是根据毛泽东的倡议制定了鼓足干劲、力争上游、多快好省地建设社会主义的总路线及其基本点;三是提出改进党的作风、加强党的建设,以及改进管理体制和改进国家工作的任务,大会增选了中央委员会候补委员。会后,"召集在京文艺领导和专家座谈会",先生发言②。

---

① 刘国正:《似曾相识燕归来——中学文学教育的风雨历程》,《课程・教材・教法》2000年第6期。
② 黎之:《回忆与思考——在"大跃进"的年代(上)》,《新文学史料》1995年第2期。

5 月,写创作谈《写作杂谈》,刊载于《人民文学》1958 年第 5 期。

7 月,旧体诗《歌集体》和新诗《24 小时是 3 天》刊载于《诗刊》1958 年第 7 期。

9 月 8 日,诗作《六万万人的意志》刊载于《北京日报》第 5 版《美国军队从台湾地区滚出去》专版,同版另有沙鸥、冰心等人诗作。该诗被收入本月北京出版社出版的诗集《美帝滚出台湾去》。

10 月,新诗《敬礼,志愿军》被收入作家出版社出版的《举国欢腾庆凯旋》一书。文论《游记也要厚今薄古》刊载于《旅行家》1958 年第 10 期。

11 月 28 日,写新诗《劳动在天安门》,刊载于《诗刊》1958 年第 12 期。

本年,《曲艺》杂志第 1 期刊载湖北渔鼓调《迷路记》,先生读后撰写评论,《读〈迷路记〉》,后被收入《吴伯箫文集》1993 年版。

1959 年　54 岁

1 月 21 日至 4 月 1 日,先生先后参加出版工作座谈会及中学语文教材编写方面会议,有笔记。

先生杂记记述:"这本笔记本是除了开头几页有有关出版工作座谈会部分材料外,其余都是关于编写中学语文通用教材方面的座谈杂记。1959 年 1 月 21 日至 4 月 1 日。"①

6 月 4 日,写评论《读〈木兰诗〉》,刊载于《诗刊》1959 年第 6 期。

1959 年 7 月 2 日至 8 月 16 日,中共中央在江西庐山连续举

---

①吴伯箫:《关于出版工作座谈会及编写中学语文通用教材方面的座谈杂记》,1959 年手稿,孔夫子拍卖网:HXTX7604,拍品编号:25423632,2017 年 2 月 10 日。

行政治局扩大会议和八届八中全会,史称"庐山会议"。7 月 14
日彭德怀给毛泽东写了一封信,使得会议形势急转直下,会议方
向由纠"左"转向反右倾。随后全国进入更大范围的反右倾斗
争,被重点批判和定为右倾机会主义分子的干部和党员有 300
多万人。先生受到批判。

　　先生晚年回忆:"我是偏于思想保守的。反右倾运动中曾被
批判,因为我问'火箭师范'怎么做到四个月学完四年的课程?
'无盲县'用什么办法短期可以达到? 天津小站水稻在快成熟的
时候集中移植,吹电扇,照太阳灯,说要亩产十二万斤;我问移走
稻棵的空地列不列到统计? 从而判定我反对科学实验。"①

　　9 月,杂文《说读报》刊载于《语文学习》1959 年 9 月号。

　　9 月 16 日,中共中央、国务院发布《关于确实表现改好了的
右派分子的处理问题的决定》。

　　9 月 15 日,先生复信外甥亓举安,谈其索要教学参考书及国
庆节来京事,劝其"取消"来京计划,并作出解释。信中云:"前后
两信都收到了。因为我社今年没编教学参考书(由各省市自
编),无从寄给你,所以前信未复……今年国庆,北京人多,政府
有统一规定,没有特别要紧的事,外地的人都不能在九、十两月
到北京来。甚至连有些会议也不在北京开,你 29—30 日到北京
来的打算应当取消。再说,自己有工作岗位,又是党员,应当在
休假期间好好计划一下工作,为开学后工作作准备,到外地参观
是不应当的。若要来北京,最好把工作做好,做出成绩,遇有机
会由组织选拔来京,名正言顺,也有荣誉。平常到北京来,意义
不大,不过花些路费,增加车运拥挤而已。"②

　　9 月 30 人,写散文《天安门广场》。

---

① 吴伯箫:《谈语文教学》,《吴伯箫文集》下卷,第 613—614 页。
② 吴伯箫:《复亓举安》,1959 年 9 月 15 日。

本年,在已停止使用的《汉语》课本基础上,先生负责安排编辑的《汉语知识》出版。

张中行回忆:"可惜的是,试教,推广,这文学、汉语的二分法究竟好不好,很难证明,调查,问人,人各有见,正如一切的大小事,好不好,可行不可行,最后只能看在上者的脸色,不知道是谁表示了反对意见,文学、汉语出生不久就都停止,合为语文一种,已编成的文学课本和汉语课本成为新古董,陈之高阁了。勉强说,汉语课本还有余韵,是汉语课停止之后,人(郭翼舟和我)和书(课本)废物利用,由吴伯箫(领导语文室的副总编辑)布置,编了一本《汉语知识》,正式出版发行,也许有一些人买了看看吧。"①

1960 年　　55 岁

本年,先生在人教社,负责《语文》课本编写工作。

2 月初,反右倾学习告一段落,先生就业务工作与戴伯韬商议。

2 月 14 日,先生写《读〈沙田水秀〉》,评论《红旗》杂志 1960 年第 3 期所载陈残云散文《沙田水秀》。

3 月 8 日,先生词作《西江月·"三八"》刊载于《北京晚报》。

4 月,教育部决定,高等教育出版社与人民教育出版社合并,合并后的社名为人民教育出版社。组成新的领导班子,先生任副总编辑。领导班子成员如下:

社长:叶圣陶

第一副社长兼总编辑:戴伯韬

副社长:武剑西　李之乾　皇甫束玉　刘松涛(兼副总编辑)

副总编辑:吴伯箫　张凌光　朱文叔　刘薰宇　于卓　钟

---

① 张中行:《汉语课本》,《流年碎影》,第 388 页。

兆琥

在河南遂平,走访国内第一个人民公社诞生地嵖岈山,并采访红石崖打豹英雄钟殿奎。

7月22日至8月13日,中华全国文学艺术工作者第三次代表大会在北京召开。先生参加会议并作会议札记。

10月27日,先生诗作《农村雨中杂咏》刊载于上海《文汇报》。

10月,写散文《嵖岈山》初稿,后于1962年9月9日修改。

1961年　56岁

2月1日,写创作谈《多写些散文》。

2月15日,春节,写散文《记一辆纺车》,刊载于《人民文学》1961年第4期。

4月9日,写散文《种菜篇》,后改题为《菜园小记》,刊载于《人民文学》1961年第6期。

4月11—25日,中宣部会同教育部和文化部在北京召开高等学校文科和艺术院校教材编选和计划会议。5月19日向中共中央提交报告。6月17日中共中央向各中央局、各省(市)自治区党委等批转该报告。

5月5日,先生参加讨论北京景山学校《语文》课本目录。

6月29日,写散文《延安》。

6月,北京《文艺报》1961年第6期刊载臧克家1961年4月17日致先生信《给吴伯箫同志——评〈记一辆纺车〉》,对先生本年发表的散文《记一辆纺车》给予评论。

7月18日,写散文《一种〈杂字〉》。

7月22日,先生致信外甥亓举安,向其了解基层学校情况。信中“官桥小学”即外甥亓举安任教的小学,位于山东省新泰县(今新泰市)官桥村。

举安：

七月十五日来信收到，知家中都好，甚慰远念。

你们学校环境如何？官桥是个小镇吧？有多少人口？是山地，还是平原？农家主要种什么庄稼？今年收成如何？都有些什么副业？学校里有多少学生？分几班？五年制，还是三三制？有没有复式班？同事几人？都是当地的还是外县的多？学校有没有生产？教师吃饭自己做，还是在集体食堂？蔬菜怎么解决？学生有没有住宿的？校舍如何？今年有没有毕业生？有多少升中学的？你们放忙假不放暑假吧？……这些我想了解一下，有空来信告诉我。

家中都好。祝

努力工作，学习

舅父手书七月二十二日

另寄练习簿两本。①

7 月 27 日，先生到北京师范学院了解教学情况，拟定编选文选工作计划。

7 月，先生教育论文《中学语文的选材标准和范围》刊载于本年《人民教育》1961 年第 7 期，署名"齐延东"。此文发表后，浙江省杭州二中读者骆斌 9 月 2 日致信叶圣陶先生，对该文中"诗歌对于培养学生的写作能力来说，作用不是很直接，学校里也不宜特意提倡学生写诗……"的观点提出异议。9 月下旬，叶圣陶回京后看到此信，认为"齐延东文中的话是很有道理的，只是没有说得透，就引起这位老师的怀疑了。"并提出请"齐延东"同志答复，先生遂于 10 月 12 日复信骆斌，进一步阐明了上述观点，并以《是否提倡学生多写诗？》为题发表于《人民教育》1961

①吴伯箫：《致亓举安》，1961 年 7 月 22 日。

年第 11 期《书简》专栏。

8 月 1 日,先生召集社内调查座谈会。

8 月,受璋文章《〈给吴伯箫同志〉读后》刊载于《山东文学》1961 年第 8 期。

9 月 30 日,写作散文《延安的歌声》,刊载于《光明日报》1961 年 10 月 1 日国庆节东风副刊,后被收入《北极星》1963 年版时改题为《歌声》。

《致徐开磊》记述:"六一年《光明日报》发我的《延安的歌声》,国庆前送去,第二天看清样,第三天见报。"①

1961 年 12 月,人教社中层以上干部欢送辛安亭同志赴甘肃任职
(前排左起为先生、朱文叔、叶圣陶、辛安亭、刘薰宇、戴伯韬)

---

①吴伯箫:《致徐开磊》,1980 年 6 月 28 日,见马国平:《吴伯箫致徐开垒的两封信》,《中华读书报》2017 年 4 月 19 日。

先生晚年回忆:"于是,1961年9月30日,假日,我用了一整天的时间,写了《延安的歌声》(后改为《歌声》)……"①

10月1日,写散文《春秋多佳日》,后被收入《北极星》1963年版。

11月20日,写散文《难老泉》,刊载于《新港》1962年第1期。

12月下旬,先生南下参加江浙调查。

12月26日,在宁波,先生参加调研,参观天一阁,29日下午从宁波到杭州。

1962年　57岁

从上年12月下旬开始,先生乘火车去南方江浙一带杭州、宁波、绍兴、苏州、南京等地调查,途中写旧体诗《旅途(四首)》,回忆当年济南、泰山、曲阜、徐州旧事。在绍兴参观鲁迅故居,观看戏剧《跳女吊》等,后写作散文《跳女吊》、《"早"》。

1月2日晚,先生从杭州乘火车到苏州,此后数日,连续参观学校和参加座谈,1月7日制定计划,1月10日到扬州。

1月30日上午,先生参加人教社江浙调查汇报会。

2月2日,上午工作,下午参加春节联欢会。

2月20日,写散文《跳女吊》,刊载于《人民文学》1962年第3期。

4月7日,教育论文《基础知识与基本训练要结合》刊载于《文汇报》。

4月19日,诗作《春游》刊载于《北京晚报》,署名"天荪"。

4月,诗歌《旅途(四首)》刊载于《诗刊》1962年第4期。

5月18日,先生起草《纪念〈讲话〉发表廿周年座谈》,并应

①吴伯箫:《就〈歌声〉答问》,《吴伯箫文集》下卷,第602页。

北京师范学院邀请,为中文系学生讲延安文艺座谈会专题课(到北京师范学院讲课事系首都师范大学吴思敬教授 2018 年为笔者提供,吴为 1961 级中文系学生,听过吴伯箫的专题课。子张按)。

5 月,教育部党组对 1960 年设立的中小学教材编审领导小组进行调整,普通教育教材编审小组仍由戴伯韬任组长,成员包括刘松涛、李之乾、肖敬若、彭文、张凌光与先生,共七人,在中宣部副部长张磐石、教育部副部长董纯才的直接领导下开展工作。

6 月 11 日,写散文《窑洞风景》,刊载于《北京文艺》1962 年第 8 期。

6 月 15 日,在北京二龙路中学参加座谈,讲《菜园小记》创作情况。

6 月 16 日,写评论《〈野牛寨〉》,评论艾芜小说《野牛寨》,刊载于《人民文学》1962 年第 5 期。

8 月,将本年新书、中国科学院文学研究所(简称文学研究所)中国文学史编写组编写的《中国文学史》寄赠外甥亓举安,题签"寄赠举安"。

9 月,北京出版社出版游记选集《江山多娇》,收入吴伯箫作品《难老泉》。

9 月 20 日,写散文《猎户》。

张鹏记述:"'董昆,人很爽快,又有些腼腆,看他眯缝着眼睛,好像随时都在瞄准的样子。据说在漆黑的夜里,他能识别猎物的踪迹哩……'现代著名散文家、教育家吴伯箫在被列入中学语文教科书的散文《猎户》一文中,对董昆这个打豹英雄精彩的描写,让每一个走过高中时代的人都难以忘怀。""2002 年农历正月初四,我走进了大跃进时期创办全国第一个人民公社的河南省遂平县嵖岈山区,'董昆'就住在这里。'吴伯箫大个、长方脸……'老人坐下便向我讲起了当年吴伯箫访问他时的往事。"

"头天,我去县里领子弹去了,晚上接到电话,村里让我回红石崖村,说有客人找我。三更天我便赶回村里。吴伯箫一眼便认出了我,他很随和,没有大人物的架子,我就把自己打死金钱豹的事一五一十地讲了。采访完毕,他说:'你打死豹子为山里人除了一害,是个英雄。'说完又给我留下一个片子,用毛笔写下了'打豹英雄钟殿奎 吴伯箫'。当时他还告诉我:'我想把这事写一写,但不能写你的真名,否则找你的人多,你招待不完。'记得我还问吴伯箫咋知道我打死豹子的,他告诉我是从报纸上看的。我才知道我受表彰的事,已经登到报纸上了。""后来吴伯箫还托人送来发表以后的文章。我才知道我的名字被改为董昆,董昆就是俺钟殿奎。"①

10月1日,写《北极星·跋》。

10月23日至11月3日,先生参加《〈中国现代文学史〉纲要(草稿)》讨论。有笔记详细记录参加讨论者冯至、唐弢、邵荃麟、杨晦、毛星、何洛、吴组缃、何家槐的发言,以及11月3日周扬的总结讲话大意。

本年,先生主持编写的《古代散文选》上册由人民教育出版社于4月出版,9月第一次印刷,印数5500册。中册于1963年7月出版(主持编写《古代散文选》事见张中行:《流年碎影》,子张按)。

本年,散文《记一辆纺车》被选入上海市五年制中学课本《语文》第五册,上海教育出版社1962年出版。

1963年 58岁

1月12日,写散文《"早"》。

---

① 张鹏:《吴伯箫笔下的猎户"董昆"》,金羊网:http://www.ycwb.com/。数据截止日期:2002年3月21日。

3月12日,新诗《一颗巨星——雷锋同志赞歌》刊载于北京《工人日报》。

4月,散文集《北极星》第一版由北京人民文学出版社出版。

《北极星》目次:《多写些散文》(代序)、《齿轮和螺丝钉》、《北极星》、《延安》、《记一辆纺车》、《菜园小记》、《歌声》、《窑洞风景》、《记列宁博物馆》、《怀剑三》、《天安门广场》、《火车,前进!》、《难老泉》、《嵯峨山》、《猎户》、《春秋多佳日》、《说读报》、《从实际出发》、《一种〈杂字〉》、《写作杂谈》、《跋》。

5月,教育部颁发新的中小学语文教学大纲。

6月30日,香港《大公报》刊载刘岚山评论《星光灿烂——吴伯箫的〈北极星〉及其他》。

上半年,先生在人教社工作,下半年,进北京西苑中央高级党校学习一年零一个月,至1964年秋。

先生晚年回忆:"一九六三年秋入中央高级党校学习一年零一个月。"①

又:"等到1963年,我到中央党校学习的时候,老艾同志是副校长。他住的楼房虽然是通明敞亮的,但除了更多的中外图书和半导体收音机,却很少增添新的家具什物。从宿舍到办公室他喜欢骑脚踏车。经常散步到我们学员宿舍。不讲阔气,不摆架子,看不出进城二十年一般人所常有的那种变化。跟同志们谈的也是土地改革的经验,蹲点调查,搞公社化运动、社会主义教育运动的收获。对安徽宿县那次土改,他说:'这次下乡住了四个月,对我来说,是有生以来第一次真心同农民生活发生密切关系。时间虽然很短,给我的教育却很大。'"②

---

①吴伯箫:《吴伯箫(答〈调查提纲〉)》,《中国现代文学研究丛刊》,第1辑,第232页。
②吴伯箫:《我所知道的老艾同志》,《吴伯箫文集》下卷,第521页。

9月下旬,先生在党校收到《人民日报》副刊姜德明约稿信:

吴伯箫同志:

　　知来党校学习,特写信至此约稿。

　　今年国庆节副刊拟多登一些作家的庆祝文章,以示国内形势的开始好转和全国人民的团结。我们想请您赶写一篇散文随笔之类。如果觉得不好写,是否可借《北京晚报》的题目"我和北京",请您写一篇关于北京的抒情散文,这在国庆节发表是很合适的。

　　时间比较急迫,盼能帮助我们写一篇。

　　敬礼

　　　　　　　　　　　　　　　　九、廿一,姜德明①

10月1日,国庆节;2日为癸卯中秋节,先生回沙滩家中。

10月3日,臧克家致信先生:"伯箫:计时,你该'入学'了吧? 四句打油,给你送行。小平已成初二学生。苏伊入了景山小学。我这些天,头晕甚重,老舍归来否也未打听。到校后,望来个信。好。克家三日",附诗笺一纸,毛笔竖写:"忙里抽身心意专,清秋正是读书天。凝思入耳虫声脆,明月照人看西山。四句打油送伯箫负笈去西郊。克家。"

10月5日,臧克家再次致信先生,谈及老舍、戈矛等人及个人诗集《烙印》、《罪恶的黑手》合并本出版事:"佳节思念,正拟草数句致候,只得首句:'读书之乐乐无穷。'老舍去湖南,我早知道,本想告诉你,你的通讯处不详。他身体不甚好,应康濯之邀,夫妇携往。过节想你可能进城。我去看光年、荃麟,各谈一小

①据吴伯箫旧藏陈白尘、王任叔、陈翔鹤、吕叔湘、姜德明等手迹,华夏天禧（墨笺楼）线上专场拍卖第235期,孔夫子拍卖网,2017年2月10—13日。

时。欣潮同志写字事,乘兴即草好寄你处。《烙印》、《罪恶的黑手》合并本,日内即出,定即奉寄。戈矛去古巴,我也是从报纸□消息得知,俟老舍归来,大家吃涮羊肉如何? 只不知你一周中那天晚上空着? 苏伊去'景山小学',相当紧张,小平日夜长,个越高两脚越大。你给我写的字已裱好挂起,时常立读,情味至美。'践火炼''应日出'甚好。'论征途'不及洪玉□舒亲切有情意。好。蔡窃如何定案? ——多此一问。家。五日早。"①

10月,先生散文《记一辆纺车》被收入周立波选编的《1959—1961散文特写选》,由人民文学出版社出版。

12月,先生在党校致信周而复。31日,收周而复复信:

伯箫同志:

　　昨奉大札,欣悉入中央高级党校学习,至以为慰。人生难得有此学习机会。回首我辈同在延安中央党校学习,转眼之间二十年矣。

　　《上海的早晨》蒙赐阅,私心至感。有何意见,望能示书,以便重版时修正,同时对第三部写作亦有帮助也。

　　何时进城,望告,以谋晤谈。弟电话为44185。

　　此致

敬礼

而复　一九六三年
十二月卅一日②

本年,先生散文《记一辆纺车》被选入浙江省干部业余学校初中课本《语文》第六册(试用本),浙江人民出版社1963年

---

①臧克家:《致吴伯箫》,1963年5月3、5日,臧克家有关老舍等致吴伯箫信札四通,中国篆刻网,2017年3月24日。
②周而复:《致吴伯箫》,1963年12月31日,据华夏天禧(墨笺楼)线上专场拍卖第381期,孔夫子拍卖网,2017年4月9日。

出版。

1964 年　59 岁

本年上半年,先生在北京西苑中央高级党校学习,手订学习笔记,如三月份之《关于毛泽东思想》(为教育部党员学习会报告)。下半年结束党校学习回人教社。

1 月 11 日,先生将 1963 年 12 月出版的《毛泽东诗词》及手抄本,一并题签寄赠外甥亓举安。

2 月 10 日,先生代《中国青年报》群众工作部拟稿《复沈文》,回答、讨论大学生提出的"衣服穿得破旧像不像大学生的问题",刊载于该报。

3 月 9 日,周而复致信先生,谈其小说《上海的早晨》,感谢所提意见并拟寄第三部草稿征求意见。信用对外文化联络委员会便笺毛笔竖写。

伯箫同志:

前谈拙作《上海的早晨》意见,至为感激。

党校开学后忙否? 如有暇,拟将拙作第三部草稿奉上,请赐阅指正。但希勿为外人道,因传闻开去,报刊索稿,出版社催促出版,难于应付。阅时希能随时记下意见,何章何节,以便研究修改。

此致

敬礼

而复　三月九日①

3 月 21 日下午,应教育部党委要求,先生为教育部全体党员

---

① 周而复:《致吴伯箫》,1964 年 3 月 9 日,据华夏天禧(墨笺楼)线上专场拍卖第 381 期,孔夫子拍卖网,2017 年 4 月 9 日。

学习会作题为《关于毛泽东思想》的报告。

3月,在中央高级党校,先生为章欣潮收藏《羽书》题句:"翻阅三十年前的旧稿,好像重温童年幼稚的写照"。

先生晚年回忆:"我也见过另一本《羽书》,那是章欣潮同志由于收藏作品初版本的爱好从南方一处旧书摊上搜集来的。书的封面已经没有了,换了牛皮纸的新装。在中央高级党校同期学习的时候他拿给我看,要我在扉页上写几句话。盛意难却,我写了'翻阅三十年前的旧稿,好像重温童年幼稚的写照'。时间是1964年3月。地点在北京西苑。"①

6—8月,先生在中央高级党校参加学习,内容包括划分阶级、批判杨献珍"合二而一"论等。

9月1日,先生参加总支扩大会议,总结十天学习讨论情况。

9月20日,先生写散文《天安门的哨兵》,刊载于《人民文学》1965年第1期。

11月23日,先生将本年新书《教育战线上的一面红旗》寄赠外甥亓举安。

12月,人民教育出版社中学语文编辑室编写的1963年版初级中学课本《语文》第四册正式出版。其中第二十一篇课文选用先生散文《记一辆纺车》,这是人民教育出版社教材首次在中学《语文》课本中选用先生作品。

本年,散文《记一辆纺车》分别被选入:上海市五年制中学课本《语文》第五册,上海教育出版社1964年出版;北京市初级中学试用课本《语文》第五册,人民出版社1964年出版;浙江省干部业余学校初中课本《语文》第六册(试用本),浙江人民出版社1964年出版;河北省工农业余高级中学通用课本《语文》第四册(试用本),河北人民出版社1964年出版。

---

① 吴伯箫:《〈羽书〉飞去》,《吴伯箫文集》下卷,第570页。

本年，先生为孙友田诗集《石炭歌》作序。该诗集由作家出版社于 1964 年出版。

1965 年　60 岁

1 月 6 日，先生致信外甥亓举安，说明"《毛泽东选集》第一卷北京也买不到"而暂时只能寄赠《毛泽东著作选读》甲种本、乙种本和《选集》单行本，并寄上述图书①。

5 月，先生为所在单位个人档案撰写《自传》，5 月 30 日写完。

本年夏，去江西南昌、井冈山寻访革命遗迹，从九江乘江轮到上海，住秦皇岛路泰安旅馆，游览虹口公园、南京路，再乘海轮经青岛返京。其间，与同事刘国正在青岛会面。

自述："那是祖国社会主义革命和建设已经进行了十六年的时候。我访问了'八一'起义的南昌，革命圣地井冈山和共产主义劳动大学，想从上海绕道到离开了三十年的青岛回北京。当时不是想游山玩水，而是想温习一下革命队伍的艰苦而欢乐的生活。下了从九江驶来的江轮就买好了海轮的船票，都是三等客舱。""为了上船方便，我在上海秦皇岛路住了泰安旅馆。这家旅馆小，设备简单，床位也便宜（一宿五角，是上海大厦一天四十元房费的八十分之一）……第二天早晨，很早就起来，在附近的饭铺吃过糍粑油条，咸豆浆，最早一个进虹口公园，瞻仰鲁迅先生的铜像。在铜像前边的草地上徘徊了半个上午……从虹口公园出来，乘当时上海还仅剩的一段有轨电车，转到南京路，想去拜访'好八连'。但是在街上阔步疾行，并没碰到一个解放军同志。"②

①吴伯箫：《致亓举安》，1965 年 1 月 6 日。
②吴伯箫：《第二次到上海》，《吴伯箫文集》下卷，第 563—564 页。

刘国正回忆:"一九六四〔五〕年夏,我在青岛第一次学游泳,是伯箫同志亲手扶持作指导的。其实何止学游泳,我在伯箫同志领导下工作多年,良师益友,惠我实多。"①又:"记得1964年夏天,我到青岛调查研究,住了一个多月。这期间,吴老从上海来到。谈工作之余,一起去海滨浴场游泳。吴老爱游仰泳,他的胖大给他增加了几许浮力,仰卧碧波之上,转侧自如,如同躺在沙发上休息。我呢,从来没有学过游泳,浮也浮不起来。"②

6月,论文《百花齐放》刊载于《人民教育》1965年第6期。

7月,教育论文《谈看图识字的图——耕读小学教材问题研究》刊载于《人民教育》1965年第7期,署名"齐延东"。

8月5日,先生在北京医院体检,17日体检结果出。

8月15日,写《天下第一山》。

本年秋,先生到房山参加"四清"工作,约十个月,至1966年上半年。

本年,散文《记一辆纺车》被选入上海五年制中学课本《语文》第五册,上海教育出版社1965年出版。

---

① 刘国正:《哭吴伯箫同志》,《中学语文教学》1982年第10期。
② 刘国正:《忆吴伯箫同志》,《百年潮》2002年第6期。该文署名刘征。

第八章 北京、凤阳、北京:"文革"十年
(1966—1976)

1966 年　61 岁

3 月 22 日,先生在延安抗大时期的教师、哲学家艾思奇因心脏病在北京逝世,享年 56 岁。

5 月,"文化大革命"全面爆发,人教社被迫停止工作,所有编辑、出版的教材被停止使用。

刘国正回忆:"'文革'开始。此后因为是社领导,被列为'走资派'遭到批斗,并被停止党组织生活,吃了许多苦头。"①

吴光玮回忆:"可有一天这和谐的气氛随着'无产阶级文化大革命'的到来而被彻底打破了。父亲被揪斗,家里数次被查抄。眼看着毛主席送给父亲的亲笔题词和周总理给父亲的亲笔信被造反派们抄走,父亲难过极了(平反后发还了复制品)。再以后父亲被隔离审查,先后关在人民教育出版社的浴室和历史编辑室。家里人只能在送三顿饭时和父亲见见面,门口站岗的造反派们不允许任何有营养的食品带进'牛棚',若是发现一个鸡蛋也要挑出来。其间父亲每天还要写检查及思想汇报,其数量之多不次于他一生的文学创作。"②

---

① 刘国正:《致子张》,1995 年。
② 吴光玮:《我和父亲吴伯箫》,《追求》1997 年第 6 期。

8月,毛泽东在北京检阅红卫兵。

8月24日,先生的前辈友人、作家老舍在23日遭受"红卫兵"迫害之后,不堪屈辱,是夜自沉于北京西城太平湖,终年67岁。

9月14日,先生致信"张××同志等八位同志","欢迎同志们九月九日对《谈海涅》的批判",并交代此文写作的一些背景,此信草稿写在一个笔记簿上(此笔记簿曾在孔夫子旧书网上拍卖,子张按)。

9月21日,先生对××9月17日针对自己的大字报进行反驳,重申1941年调边区教育厅是有林伯渠亲笔信和组织的决定。大字报主要涉及先生与周扬的关系,其中提到先生对周扬"万般吹捧",周扬对先生"多方袒护"。

1967年　62岁

5月,先生开始手抄毛泽东诗词及相关解释并分批寄给山东莱芜外甥亓举安,至7月上旬全部抄完寄出。

先生在致亓举安的信中道:"找到一本油印的《毛主席的回忆》,寄给你。这是'文化大革命'中,一些学校传印的,错字一定有,读时注意。关于毛主席诗词的解释,我又看到一种,想一首一首都复写一份寄给你,这里先寄一首《七律·答友人》,其余复写后再寄。这些解释,都只能帮助自己读诗词时理解,没有把握,不要乱传。"①

又:"现在能找到的对毛主席诗词的解释都抄完了。里边没有我的解释。这里把三首的解释同十三种主席的手稿寄给你。"②

---

①吴伯箫:《致亓举安》,1967年5月17日。
②吴伯箫:《致亓举安》,1967年7月11日。

7月10日,撰写《中学语文课本编辑中所犯的错误》①。

8—9月间,在北京沙滩附近,先生路遇老舍夫人胡絜青,始知老舍已在一年前去世。

先生晚年回忆:"一九六七年八九月间,在沙滩无意间碰见胡絜青同志,我问她:'舒先生好吗?'她突然脸色苍白,沉默一会,低声说:'已经去世一年了!'像晴天霹雳,我一下被打懵〔蒙〕了。疾风暴雨,是一阵高一阵,不便多谈,絜青同志默默地走了,我也默默地回家。她的话我却无论如何不敢相信,也不愿相信。"②

1968年　63岁

本年,先生仍被隔离审查。

2月开始,先生分别被社里的三个"组织"叫去"交代问题""写材料"。

3—4月间,先生住所遭人教社造反派一二十人冲击。

9月,先生二女儿吴海南去内蒙古插队。

本年,先生次子吴光玮被动员去陕北插队。

吴光玮回忆:"1968年,全国掀起了知识青年上山下乡的高潮,由于父亲被审查,我不能去黑龙江的虎林,不能去内蒙古的锡林郭勒盟,不能去云南的西双版纳,担心像我这样的人在那几个边境地区不可靠。因此动员我去陕北,不去的话,还会给父亲带来更大的麻烦。父亲在'牛棚'里听说我报名去陕北很高兴,写信给我,介绍延安的地理概况、风土人情,还特别提到毛主席在延安十几年,他本人和我妈妈在延安学习工作过各八年和四

---

①"吴伯箫旧藏之三",艺典中国网:http://www.yidianchina.com。数据截止日期:2016年9月9日。

②吴伯箫:《作家·教授·师友——深切怀念老舍先生》,《吴伯箫文集》下卷,第526页。

年,几个姐姐在大串联时也去过那里,我去锻炼几年也是很有好处的。字里行间充满了对延安老区人民的爱、对黄土高原上那一排排窑洞的深深的眷恋和对小儿子的殷切期望。"①

1969 年　64 岁

1 月 27 日,先生次子吴光玮去陕西省延安专区安塞县(今安塞区)插队。

2 月 16 日,农历乙酉年除夕,先生二女儿吴海南自内蒙古回来与父母过春节。

4 月 7 日,先生小女儿吴陆一到吉林扶余县(今扶余市)插队。先生长女吴海妮随同学到房山参加劳动修铁路,周末回家。

5 月,先生参加人教社政治学习,为参加"五七干校"做准备。

先生致信亓举安:"北京家里几个孩子:海南去年九月到内蒙〈古〉插队,春节回来一个多月,回内蒙〈古〉后搞宣传队(演出文艺节目)当队长;光玮今年一月廿七日和同学一道去延安专区安塞县插队,到现在整四个月了,来信和去看的人,都说他在那里很好。陆一也于四月七日到吉林扶余县插队,那里地多人少,来信说条件很好。在北京的只有海妮了,最近一个多月也跟同学一道去房山参加修铁路,每逢星期天回来。上周因公右手受伤,治疗几天,已基本好了。光琦仍在太原……我参加学习已三个星期。基本同全社革命群众生活一致。集体住,集体学,星期六晚上回宿舍,星期一早晨再回班上,为将来参加'五七干校'作准备。家里在社里住的三口人:爷爷、舅母和我,都从食堂打饭吃。星期日在宿舍'会餐'。生活过得很有意义。"②

6 月下旬,先生随人教社全社干部到昌平马池口公社参加三

---

①吴光玮:《我和父亲吴伯箫》,《追求》1997 年第 6 期。
②吴伯箫:《致亓举安》,1969 年 5 月 24 日晚。

夏劳动20天,7月上旬回京。

先生致信亓举安:"我社全体干部(除老弱病残者外)到昌平马池口公社参加三夏劳动廿天,刚刚回来。我虽六十三岁,劳动仍可抵一个壮劳动力。劳动中接受贫下中农再教育,收获很大。寄'九大'特辑《人民画报》一本。"①

7月,先生为赴凤阳"五七干校"作准备,儿女均回京帮助整理东西。莱芜老家姐姐不慎跌断锁骨,先生函汇人民币二十元慰问,并将整理出的《中国人民文艺丛书》一套52本寄外甥亓举安。

先生致信亓举安:"人民教育出版社全体干部(只三人留守)到安徽凤阳办'五七干校'。八月三日我和你舅母即随大队乘火车出发。家里留北京的只爷爷和海妮(她住科技大学,每星期回社看看)。光琦、光玮、海南都回来(陆一日内可到)帮助整理东西。我们走后,他们再陆续回各自省区。整理图书,把《中国人民文艺丛书》一套(留下了《种谷记》)五十二本送你学校(另寄)。这是一九四九年出版的解放区的作品,可能毒草少些,中学生看是可以的。不过时间不同,内容多不适于现在。你自己先翻翻,若介绍给学生看时,先说明抗日战争时期的基本情况才好。"②

8月3日,先生随人教社全社干部到安徽省凤阳县大红山办"五七干校"。

张中行回忆:"记得是1969年6月下旬,我们在昌平县的白浮村参加麦收劳动,有一天开大会,传达上级的指示,都下放'五七干校'。""七月的前一大半,仍须照常上班,名义,学习是绝顶重要……""8月5日乘火车,次日侵晨到蚌埠,下车,改乘卡

---

① 吴伯箫:《致亓举安》,1969年7月9日。
② 吴伯箫:《致亓举安》,1969年7月(日期不详)。

车东南行,约行几十里到凤阳(府城)干校总部。午饭之后,乘卡车再东南行,约一个小时到了目的地。出版社改牌号为干校的第七连。七连的劳动地点名三合输(黄泥铺镇)原属凤阳园艺队的二队。"[1]

10 月 24—26 日,先生起草个人检讨《检查我在文艺工作上所犯的错误和罪行》。

10 月 26 日至 11 月 2 日,先生起草个人检讨《检查我在被审查期中的错误》,检讨自己"三年多以来,我对'文化大革命'的伟大意义理解得很慢……"

1970 年　65 岁

本年,先生在安徽凤阳"五七干校"下放。

张中行回忆:"积肥。记得干过不少天,是把猪圈里混合尿的粪先掏到圈外,然后抬到另外的地方。抬要两个人,另一个经常是吴伯箫。吴是由延安经过东北来的文人干部,到出版社任副社长兼副总编辑,领导语文室的工作,是我的上司;已经印过文集,记得所写《记一辆纺车》还入了语文课本。他位高,并有名,可是干校的熔炉有优越性,优越性之一是有的地方真消灭了阶级,即如他和我到积肥之场就平了等。他身体不坏,且有飞将军身先士卒的精神,掏、抬,都抢着干,我们还忙里偷闲,或苦中作乐,谈些有关旧事的闲话,如他比我早来北京两三年,上师范大学,曾听辜鸿铭的讲演,就是一同掏粪时告诉我的。"[2]

刘国正回忆:"教育部干校在安徽省凤阳县大红山下。伯箫同志等数友同我共居一室。我们自动组成一个小'歌唱队',共

---

①张中行:《准备离家》,《流年碎影》,第 525 页。
②张中行:《流年碎影》。

推伯箫同志当'队长',公笑应之。常常夜晚拉琴高歌,以舒积郁。"①

吴光玮回忆:"那些年,我们家和全国千千万万个家庭一样,是天各一方:父母亲在安徽凤阳'五七'干校盖房子、种葡萄,哥哥在山西太原教书,大姐在安徽淮南煤矿,二姐在内蒙古农区插队,三姐在吉林扶余插队,爷爷独自在北京看家。由于全家分散在七处,互相联系一次要两个多月时间,全家人在北京团聚更是难得。大姐有一次从淮南去凤阳探望父母,父母很是开心。临走时,父亲要送送大姐,却得不到造反派的同意! 父亲伤心地对姐姐说:'我连送送女儿的权利都没有了,还抽什么烟!'愤然戒掉了抽了多年的烟。"②

7月,教育部以及所属的机构撤销并成立国务院科教组,接管原教育部和国家科委的工作。原8341部队政治部宣传科副科长、清华大学工宣队负责人迟群成为科教组的主要领导成员。

先生晚年回忆:"那时候,学校都不要了,'停课闹革命',不少人烧书卖书,不烧不卖也被'扫四旧'抄光。文化园地一片荒芜……教育部取消了,人民教育出版社取消了。古今中外找不出第二份。地下地上的水都枯竭了,还提什么水平? 一些老编辑经批斗之后下放'干校'劳动去了,后来调回来也不让编教科书,而要搞'评法批儒'。当时奖励的是交白卷的'英雄',奖励打砸抢,阴谋夺权。"③

1971 年　66 岁

本年,先生在安徽凤阳"五七干校"。后在政治上获"解

---

①刘国正:《哭吴伯箫同志》,《中学语文教学》1982年第10期。

②吴光玮:《我和父亲吴伯箫》,《追求》1997年第6期。

③吴伯箫:《关于教材的几点意见》,《吴伯箫文集》下卷,第642页。

放"，恢复党组织生活。一批被抄走的图书文稿发还，但不全。

先生晚年回忆："是十年内乱打砸抢抄，翻箱倒柜，把它（指贴有王统照序的《羽书》印刷本，子张按）挖了出来，带走了。同时被抄走的有：周恩来同志给我的亲笔信和我在延安时收集、整理的张云逸将军的传略记录。一九七一年一般被抄走的书籍、文稿、信件被送还原主的时候，三件都不在列。后二者我写了郑重声明查找，解放军政治部还作了大力帮助，至今杳无音信。这是我每次想起都感到痛心的事情。"①

1972 年　67 岁

本年，先生由安徽凤阳"五七干校"回京。

1 月，人教社编制被撤销，大批干部从安徽凤阳教育部"五七干校"分配到十一个省、自治区工作。

1 月 14 日，在"五七干校"，先生参加一排誓师大会，听军管人员宣布任务分配名单。

2 月 14、15 日，农历壬子年除夕、春节，在北京，先生与家人团聚，其后复返凤阳住五十天，至 4 月 7 日正式回京。

3 月 15 日，写完《狠批反革命政变纲领〈纪要〉对我国大好形势的恶毒攻击和污蔑——驳所谓"政局不稳"论》第二稿，共 7 页。

3 月，戴伯韬请国务院秘书长周荣鑫向周恩来总理反映人教社业务停顿、人员星散的情况。继而又写信给周总理（请周荣鑫转交），陈述培养一支强有力的中小学教材编辑队伍之不容易，希望经过考察后，人教社能够恢复建制，投入工作，为中小学教材建设做出贡献。至 7 月，经周恩来总理同意，人教社得以恢复重建，从"五七干校"抽调部分干部回京。

---

① 吴伯箫：《〈羽书〉附记》，《散文》1982 年第 10 期。

3月20日,在凤阳"干校",先生致信夫人郭静君,谈家事。

4月7日,先生正式返回北京,在人教社暂时休息,做些轻微的图书、档案资料整理工作。

四五月间,新华书店发行四种古典小说,购《水浒传》、《三国演义》等分寄亲友。

先生长子光琦、长女海妮在山西工作,二女儿海南、小女儿陆一、次子光玮分别在内蒙古、吉林、陕西插队。

先生致信亓举安:"舅父去年解放,恢复党的组织生〈活〉。春节曾回家,跟你外祖父全家八口团聚,懋莲回莱芜可能谈到。中间返安徽凤阳又住五十天,于四月七日正式搬回北京,这次回来,不是分配工作,也不是退休,而是暂时休息休息,并帮助整理图书、档案资料,准备移交或继续办社。活轻,工作不累,空时满可读书学习。光琦、海妮现在山西工作,都未结婚;海南、陆一、光玮分别是内蒙〈古〉、吉林、安塞插队,常有信来,都很好……最近新华书店发行四种古典小说,大家争购,寄新源的《水浒》,是其中一种。信外另寄《三国演义》,你看后可给孩子们看看。从学习历史常识出发,当不致受多少毒也。"①

吴光玮回忆:"我所在的村离延安九十多里地,交通闭塞,缺水少电。才到村里时,曾有十名北京知青,几年后出身好的同学利用招工机会纷纷离开了。我一个人过了些日子,后来听说有政策规定身边无子女的家长可以调一个子女回京,我就在京等消息。那时父母已回京待分配。一天,父亲跟我谈,要我回去。他说,一个人长期脱离组织,是不正常的;在任何时候,都要依靠组织,还是回去一边劳动一边等消息,情况会好起来的。就这样,我又回到了陕北。"②

---

①吴伯箫:《致亓举安》,1972年5月22日。
②吴光玮:《我和父亲吴伯箫》,《追求》1997年第6期。

8月,国务院科教组发布《关于重建人民教育出版社的通知》,由高等教育出版社和原人民教育出版社的部分人员重新组成人民教育出版社。

12月,先生在自己收藏的《辞海》未定稿上题记:"听说未定稿只印了一万部,山屋得存万一,晨夕翻阅,堪称快事。一九七二年十二月补记。北京"。

本年,散文《记一辆纺车》被选入广西壮族自治区试用课本初中《语文》第二册,广西人民出版社1972年版出版。

1973 年　68 岁

3月26日,先生写日记提及"关于巩固无产阶级专政和国家消亡问题"。

4月24日,先生开始从"干校"回来后的工作,筹建新的人民教育出版社。

6月上旬,先生列席华北教材编写会议。

6月17日,先生致信吴雁南,谈个人工作近况。

> 雁南同志:六月六日来信收到几天了。因连日列席华北教材会议,听各省市经验交流,才来写回信……我从四月廿四日起开始工作,是参加筹建新的人民教育出版社。跟松涛同志一屋。目前是检阅存书,提处理意见;帮科教组看一些交流经验的材料,工作时间填得满满的。七年之后,再过编辑室生活,新鲜而生疏,又带一些意中的兴奋。跟割麦、插秧、和泥、盖房子工种不同,年轻的心情倒是一致的。[1]

吴雁南,生于1929年,1952年毕业于东北师范大学历

---

[1] 吴伯箫:《致吴雁南》,1973年6月17日,"吴伯箫旧藏之三",艺典中国网:http://www.yidianchina.com。数据截止日期:2016年9月9日。

史系,1960 年 10 月至 1972 年在人民教育出版社任编辑,后为贵州师范学院(今贵州师范大学)教授、校长。

8 月 24—28 日,中国共产党第十次全国代表大会,在北京举行。

9 月 6 人,听时任第二机械工业部部长刘西尧报告。

9 月 8—12 日,先生参加"批孔"座谈会,其间 9 月 11 日日记提及杨荣国关于"批林批孔"的报告。

10 月 22 日,先生起草学习班小结。

11 月 4 日,北京大学中文系严家炎致信先生,希望先生就延安文艺座谈会来校在"小范围内做一个报告",同时告知其编选的《散文特写选》选入《记一辆纺车》、《歌声》两篇作品。信末又提及"几次见到唐弢同志时,谈起来您,他向您问候。"①

本年底,国务院科教组负责人迟群和谢静宜导演"考教授"恶作剧。用突然袭击的办法,出一些偏题、怪题来考一些大学教授们,令其"出洋相""闹出笑话",且疯传全国上下。此后,"四人帮"又借机推出了教育革命战线的"白卷英雄"张铁生。

本年,散文《记一辆纺车》分别被选入:浙江省初中试用课本《语文》补充教材,浙江人民出版社 1973 年出版;吉林省中学试用课本《语文》第四册教学参考书,吉林人民出版社 1973 年出版;辽宁省中学试用课本《语文》第四册,辽宁人民出版社 1973 年版。

齐天举记述:"在《记一辆纺车》中,作者把停转的纺车比作'露出头角的蜗牛'。因有许多人不同意这个比喻,在 1973 年编入中学语文教材时,作者把这个比喻改成'像花间站定的蝴蝶'。但

---

① 严家炎:《致吴伯箫》,"吴伯箫旧藏之三",艺典中国网:http://www.yidi-
　anchina.com。数据截止日期:2016 年 9 月 9 日。

1978 年再版的《北极星》，仍恢复了'像露出头角的蜗牛'"①。

1974 年　69 岁

1 月 5 日，先生在听了毛泽东 1973 年 12 月 22 日关于八大军区司令员互相对调的命令、读了两报一刊《元旦献词》后写日记表示"感到极大的振奋和鼓舞"。

1 月 23 日，农历甲寅年春节，先生与家人在京过年。

2 月 1 日，先生次子吴光玮从陕西插队回京后安排工作，小女儿吴陆一在吉林被推荐考取重庆建筑工程学院。

2 月 2 日，《人民日报》发表社论《把批林批孔的斗争进行到底》。

先生致信亓举安："现在全国正展开'批林批孔'轰轰烈烈的运动，你在公社、学校要带头积极参加。《人民日报》二月二日社论《把批林批孔的斗争进行到底》，阐述了'批林批孔'重大的现实意义和深远的历史意义，你可找来好好学习，认真掌握运动的精神。农村里像买卖婚姻、巫婆神汉、黄色书戏、走后门、请客送礼，一切牛鬼蛇神都应通过运动予以横扫。个人也要改造世界观。这方面一定要站稳党的立场，积极参加战斗。寄你《批林批孔文章汇编》（二）（〔一〕已经买不到了，莱芜书店可能有）看看，对孔老二的反动思想体系可有一个大概的认识。一寸照片一张，是为贴《工作证》照的，照得比本人老。给你父母看看，从照片还能想象得出四十年前的样子么。光琦还没结婚，主要是等房子。光玮（21 岁）从陕北安塞插队调回后已于二月一日正式分配工作，在北京西城区'服务机械修造厂'。那里夹钳、铣、翻沙〔砂〕、冲压等各种工作都有，先入学习班再分。陆一从吉林插

---

①齐天举：《明净　和谐　朴素　自然——谈吴伯箫的散文集〈北极星〉》，《学习与思考》1982 年第 2 期。

队被推荐考入重庆建筑工程学院。入学一周后,患传染性黄胆
〔疸〕型肝炎,在重庆住院四十天,已痊愈;现在京修养。海妮在
山西忻县地区广播管理站工作,回家过春节,二月五日回山西。
海南带小孩在家住半年,新年回内蒙〈古〉,常有信来,情况很好。
二老爷在家同住,生活很有规律,每天除了散步、打太极拳,就是
看书、看报,听英语广播,七十六岁,看起来像六十来岁,很
健康。"①

　　6月9日,先生在自存的古典小说《红楼梦》扉页题词,寄亓
举安:"从这部小说,学习封建社会的阶级斗争。不永远埋葬腐
朽黑暗的旧社会,巩固光辉灿烂的无产阶级专政,劳动人民怎么
能获得并且确保幸福生活! 伯箫寄自北京。一九七四年六月九
日。一九七二年五月于北京(购)。"

　　6月,作为"批林批孔"运动重要内容的"评法批儒"拉开序
幕。12日,江青、王洪文、姚文元接见"梁效""唐晓文"等写作班
子的成员,座谈如何使"批林批孔"运动更深入、更普及、更持久
的问题。江青提出儒法斗争持续到现在的观点。并要这些写作
班子把儒法斗争一直弄下来。14日,江青在人民大会堂举行的
"批林批孔"座谈会上作长篇讲话,提出要重视和开展儒法斗争
史的研究和宣传。18日,《人民日报》发表社论《在斗争中培养
理论队伍》,以培养理论队伍为由,提出要学习历史,要读一点法
家的著作,要总结儒法斗争的历史经验。7月5日至8月8日,
他们以国务院科教组等单位的名义,召开了一次大规模的法家
著作注释工作会议。法家著作的选编、注释、出版和研究,是这
一时期儒法斗争史研究的一项重要内容,同时也是"四人帮"

①吴伯箫:《致亓举安》,1974年2月3日。

建构和宣传他们那一套儒法斗争理论的重要途径①。

7月,先生去上海出差,住复旦大学,参加系列会议,19日看望刘大杰,20日返程,前后约一个月。返程经泰安时曾打算下车回莱芜探亲,因集体行动不便作罢。回来后致信唐弢、刘大杰等,谈及这次出差到复旦大学等事。19—31日,整理出座谈会议记录稿《共同学习 共同战斗——在沪东造船厂的复旦哲学系工农兵学员座谈》12页,记录哲学系师生与船厂领导等8人的发言,内容多涉及"批林批孔"运动。

先生致信亓举安:"回莱芜的事,原是想从上海出差回来,路过泰安时下车的;后来因为是集体行动,统一买的卧铺票,中途下车就作废了,影响也不好,便改变了主意。"②

唐弢致信先生:"伯箫同志:24日手书收到,鲁迅著作,加上拙注,实有佛头着粪之嫌,不过聊博一晒而已。知道您近有壮游,令人羡煞。'我本江南人',虽不至如古人思乡,但北调以来,一事无成,岁月匆匆,一眨眼已经十五年过去,常使人有不知老之将至之感。特别是您以五项'正常',作十一次畅泳,更为难得。复旦新貌,闻之神往。"③

8月14日,先生在上海六里人民公社调研。

9月4日,先生为唐弢书写鲁迅"万家墨面没蒿莱"一诗,落款:"鲁迅先生戌年初夏偶作。书应唐弢同志雅属。吴伯箫。一九七四年九月四日。"此后曾往访唐宅不遇。

①彭厚文:《论"批林批孔"运动中的儒法斗争史研究》,《党史博览》2011年第12期。
②吴伯箫:《致亓举安》,1974年9月25日。
③唐弢:《致吴伯箫》,1974年8月27日,艺典中国网:http://www.yidianchina.com。

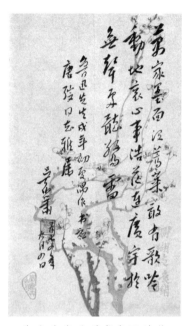

先生为唐弢手书鲁迅诗作

9月22日,先生致信刘大杰,谈8月19日在上海见面等事。

10月5日,先生收到刘大杰手书《七一感赋》及来信。

10月6日,先生往访唐弢不遇,往访冯至、草明、臧克家等。

唐弢记述:"伯箫同志:光临失迎为歉。那天我的老伴弄到二张《闪闪的红星》电影票,两个心脏病人一时高兴,同去看了。我的老四因为要去学军,留家洗完被单,即去集合,一定没有很好招待,思之更为内疚。"①

10月12日复信刘大杰。

本年,先生遭逢两件事,受刺激,触发冠心病。

先生晚年回忆:"一度得过的冠心病:'左心室劳损,供血不

———————
①唐弢:《致吴伯箫》,1974年10月7日,艺典中国网:http://www. yidianchina.com。

足。'不就是来自'钢铁''帽子'公司出品的冲击么？——《诗选》里不让选李白的作品。理由是姚姓文痞一句不敢公开的批（屁）语：李白不是法家，思想倾向还有待讨论。有人竟把它当了圣旨，说是'中央'的指示。连'千古诗人之冠'那么崇高的评价也不理睬了。'李杜文章在，光焰万丈长'，韩愈的话当然不足挂齿。文学史家警告说：'现在选李白是要冒一点风险，中国诗选而不选李白却要犯大错误。'都不管。甚至为了选不选李白做广泛的调查，访问工农兵、作家、学术界、出版社、印刷厂，几乎没有一个人不同意选，而是要必选。竟被斥为'无组织无纪律'。直接批评了'没有调查就没有发言权'。米大的'权'用作万钧，生杀予夺……""紧接着，'北京一霸'要召开文科教材会了。内部决定要批判一部《中国古代作品选》，说是毒草，是封建糟粕。明天开会，今天晚上六点钟电话传来：'你翻翻这两本书，提出批判重点，明天早晨写出书面意见。'好家伙，这是一个通夜的劳动。不是'目下十行''倚马可待'的捷才，是个难题。自己不出席会议，纵然写了意见，又谁去用它作批判发言呢？若是根本看不出需要批判的地方，会不会被栽诬为拿毒草当香花呢？欺人太甚，愤火填胸了。一口气咽不下去，于是干脆回答：'不干！'……大概脸色不对，懂医道的传话人，伸过手来给试试脉，惊讶地叫起来：'要抢救！'急忙给左右手腕扎了针，又把个人收藏的红参隔水煮汤给喝了，一时感到的心慌气闷，呼吸壅塞，才慢慢清通舒畅，脉搏正常起来。第二天，看医生，作心电图，确诊是冠心病。"①

因冠心病，"照传颂的话略作改动，写了《座前铭》：脑体兼顾，劳逸适度；心情舒畅，勿轻喜怒。"②

本年，散文《记一辆纺车》分别被选入：甘肃省初中试用课本

①吴伯箫《回春》，《吴伯箫文集》下卷，第532—533页。
②吴伯箫《回春》，《吴伯箫文集》下卷，第533页。

《语文》第三册,甘肃人民出版社 1974 年出版;吉林省中学试用课本《语文》第四册,吉林人民出版社 1974 年出版;河北省中学课本《语文》第四册教学参考资料(试用本),河北人民出版社 1974 年出版;四川省《初中语文教材体系研究》上册,四川教育出版社 1974 年出版。

1975 年　70 岁

元旦,先生在京寄 1974 年新书《读点法家著作》给外甥亓举安,并于扉页题字:"祝贺新年好!"

2 月 10、11 日,农历甲寅年除夕、乙卯年正月初一日春节,先生在京与家人过年。

先生致信亓新海:"喜欢吃煎饼、香肠,只是因为是家乡风味。香肠是五十年前詹家馆的最好,听说詹家早已歇业了……明天春节初一,玉仑、懋莲、增义可能来,我们要跟你外曾祖父祖孙四代(算上文军)过一个欢乐的家乡春节。"①

2 月 18 日,春节期间,先生陪友人访臧克家。臧克家为因病不能畅谈而致信道歉:"伯箫:你陪树森同志来玩,恰值犯病,未能畅谈。节日期间,客人太多(直到昨晚还有友人三位玩到九点),疲劳不堪。今日虽起床,但头晕,须休息三五日。今日已给树森同志去一信,过些时,身体好些时,我去访他。你上班,该大忙了。静君同志好? 握手! 克家。75、2、18"。②

3 月 12 日,上海儿童文学作家贺宜复信先生:"来示早收悉。嘱寻访尊著《羽书》,托友人在各旧书店翻找,又通过旧书店工作的关系搜觅,均无结果。未能按尊嘱办妥此事,殊为抱歉。"

①吴伯箫:《致亓新海》,1975 年 2 月 10 日。
②臧克家:《致吴伯箫》,1975 年 2 月 18 日,"吴伯箫旧藏之三",艺典中国网:http://www.yidianchina.com。数据截止日期:2016 年 7 月 11 日。

5月初，先生与友人李文同游故宫。

李文记述："伯箫同志：你好。五月初约游故宫，又已两月，谅近况很好。据我院去你们那里办公的小韩同志谈，知道你近来身体很好。支农三夏麦收，虽然没有去，在社内还帮助同志们劳动，他们对你勤奋学习、认真负责的公正态度，是很敬佩的。"①

　　李文，曾用名李济安，江苏江阴人。历任北京世界语协会常务理事和教育委员会副主任，中华全国世界语协会荣誉理事，国际世界语协会会员，北京钢铁学院党委书记，著有《胡愈之与世界语》，电影剧本《韬奋的路》《邹韬奋》等。

6月3日，先生去山西省昔阳县大寨大队参观，月中返还。

先生致信亓举安："六月三日去山西昔阳大寨，月中可返。"②

夏，先生在京为编审某书稿选文学作品。

曾仲珊回忆："我第三次见到吴老，是1975年夏天的事。离上次见面已经有十七年，吴老苍老了许多，但是精神仍然很好。从谈话中，我知道吴老正在编审一本书。他为了选一位作家或者一篇作品，很费斟酌，有时到北京高等学校去找一些专家教授研究。那天上午外出，就是为的这件事。和我同住在招待所的一位大学中文系教师，正在这里参与这本书的编辑工作。他对我说，无论是一篇作品的解说，一条词语的注释，他都非常认真。我想，这大概是吴老治学和工作的一贯态度罢。"③

7月19日至8月7日，先生到内蒙古呼和浩特参加出版工作会议，并参加那达慕开幕式，8月8日返京，患感冒。

①李文：《致吴伯箫》，1975年6月29日，"吴伯箫旧藏之三"，艺典中国网：http://www.yidianchina.com。数据截止日期：2016年7月22日。
②吴伯箫：《致亓举安》，1975年6月1日。
③曾仲珊：《忆吴伯箫同志》，《语文教学论坛》1992年第5期。

自述："我从七月十九日到八月七日去内蒙古呼和浩特参加出版工作会议,八日才回来。接着感冒,至今未全〔痊〕愈。"①

写旧体诗《那达慕即景》："草原盛会人如海,招展红旗艳似霞。绿野凝望三千里,幕毡散落百万家。山遥云岫擎天树,水畔群羊铺地花。最喜飞龙追急雨,雷鸣电掣入平沙。"后刊载于1978年《诗刊》1978年第8期。

自述："一九七五年我有机会参加一次那达慕开幕式。开幕式刚结束,忽雷电交加,暴雨倾盆,瞬又放晴。秋阳明丽,草原一望无际,蔚如壮观,因成此八句。"②

9月22日,先生在北京师范大学调研。

9月29日,上午,先生在北京师范大学中文系调研,听郭预衡介绍办学情况。

10月5日,得知亓举安之子被推荐上师专英语专业,先生写信给予勉励："知你被推荐上师专,这是很好的学习提高机会,老爷爷等都很高兴。学习靠自觉,只要有三大觉悟,什么困难的科目都可以学会。陈永贵副总理由不识字到作那样长篇有力的报告,完全是在革命实践中自己锻炼出来的。专业是英语,就学英语也好。你们班里没学过英语的怕不只你一个。人一己百,人十己千,认真下功夫,两年完全可以能学到自修。英语学好了,语文也可以提高,特别看报、看杂志都是提高语文程度的机会。英语若现在不学,今生怕再无学习的时机。不必变动专业了。我是大学英语系毕业的,毕业后教书却教语文的时候多,写作当然也写中文。但英语终久〔究〕是另一种战斗武器,有时读读英文书,可另有所获。——在学习中需要什么书,可来信,设法替你买。我今晚乘15次火车去广州,归途在长沙、武汉、郑州都要

①吴伯箫:《致亓举安》,1975年8月19日。
②吴伯箫:《那达慕即景》,《吴伯箫文集》下卷,第590页。

停停,往返可能要一个半月,行前复你这段话。努力学习!"①

当晚,先生乘火车去广州出差,归程在长沙、武汉、郑州停留,前后约一个半月,走了四个省,七个市,走访十二所大学。

先生致信亓举安:"我月中可能到广州、武汉去,往返时间约一个半月。"②

10月8日上午,在广东师范学院物理系参加调研。

10月20日下午,在广州中山大学中文系调研,参加学员座谈会。

11月26日,在开封师范学院调研,听取校负责人介绍。

11月28日下午,在开封师范学院参加文科座谈。

12月6日,作家杨朔骨灰安放仪式在北京八宝山殡仪馆举行,先生因在外地出差未能参加,返京后到杨家慰问亲属,并在签到簿上补签名字。杨渡回忆当时场景:

> 第一次见到他,是在七五年年底。那年十二月六日,我父亲杨朔的骨灰安放仪式在八宝山举行。当时正是黑云压城之时,他生前的许多战友、朋友却毅然前来参加,表示对浩劫中去世的战友的怀念和对那一伙群魔的愤慨。安放仪式举行后不几天,记得是一个寒风凛冽的下午,一位六十多岁的老人来到我家的小院。他穿一件棉布大衣,头戴棉帽,脚蹬一双轮胎底棉鞋,显得朴素、持重。虽然上了年纪,可步履很轻健。他向我打听:"杨朔同志的亲属住哪间屋?"声音不高,却和蔼可亲。我忙把他请进屋,向他介绍家里的情况。他听了对我说:"我是吴伯箫,过去和你爸爸很熟的。""嗨,我知道您,我们中学课本里有您写的《歌声》"。

---

① 吴伯箫:《致亓新海》,1975年10月5日。
② 吴伯箫:《致亓举安》,1975年9月14日。

"对对,那是我写的,赶不上你爸爸的散文"。老人家谦虚地说,"我和你爸爸在延安住一个窑洞,彼此很了解,他是个好同志,好同志啊!"说话间,他眼圈红了,我忙把目光转向别处。静默了一会儿,老人家又说:"这次安放仪式我没参加,是因为当时正在外地出差,回京后才看到通知,今天是来看看你们,还想在签到簿上补签个名。"

我听了心里一阵感动,忙拿出安放仪式签到簿,又找来笔墨。吴伯伯脱去棉大衣,坐在桌前,工工整整地在签到簿上写上"吴伯箫"三个字,神情是那样庄重,态度是那样认真,像是把自己所有的情感都倾注在这三个字上了。顿时,我对老人家产生了敬重之情。"①

1976 年　71 岁

1月1日元旦,毛泽东《词二首》发布。《诗刊》复刊号出版。

1月8日,周恩来逝世,享年七十八岁。

1月15日,周恩来总理追悼会在北京人民大会堂举行,邓小平致悼词,遗体在八宝山公墓火化。先生写《青玉案·再悼周总理》。

1月20日,《人民文学》复刊号出版。

春节期间,作家杨朔之女杨渡来访。

杨渡回忆:"七六年春节,我去看望吴伯伯。走进他的家,与我想象的大不一样。我原想象他这样的著名作家,又是教育出版社的副社长,住房一定较舒适,可实际却很拥挤,两间屋摆得满满的。吴伯伯的屋子,写字台、书柜、床、沙发都挤在一起,既当会客室,又是书房和卧室。"②

---

①杨渡:《再读〈歌声〉——缅怀吴伯箫伯伯》,《柳泉》1982年第2期。
②杨渡:《再读〈歌声〉——缅怀吴伯箫伯伯》,《柳泉》1982年第2期。

2月8日,农历丙辰年正月初九日,全家在出版社内寓所合影,先生又分别与二叔吴式贤、夫人郭静君合影(亓举安2002年2月20日来信提供,子张按)。

3月2日,先生与夫人郭静君一起陪同杨朔女儿杨渡到中医研究所诊病。

3月中下旬,先生与夫人郭静君致信杨渡:

杨渡:

　　三月二去中医研究所看病,已经半个月了。不知按方服药没有?效果怎样?

　　原想找个星期天来看你,因为星期天有时也开会,没有办到。真希望你快一点壮健起来。'既来之,则安之。'要根据医生的指导注意饮食,多做户外活动;年轻,健康应当是容易恢复的。不要有思想负担,抓时间自学,身体好了再下去锻炼,收获会更大。

　　来信简单写一下诊疗和学习的情况。你的字写的不错,写信又是写作的练习。

　　痊安

　　　　　　　　　　　　　　　　　郭静君、吴伯箫①

3月19日,农历丙辰二月十九日,先生七十周岁生日。此前3月17日收到外甥亓举安寄来家乡特产,复信称:"三月十七日收到来信和小米、花生米,正赶上我七十岁生日之前。这件事本身就是对我'古稀'之年的祝贺。还是亲姐姐想得周到。可是我离开家乡久,你爸爸、妈妈的生日我竟然不记得。希望来信告诉。"②

---

①杨渡:《再读〈歌声〉——缅怀吴伯箫伯伯》,《柳泉》1982年第2期。
②吴伯箫:《致亓举安》,1976年3月28日。

3月,香港司马长风著《中国新文学史》中卷由香港昭明出版社有限公司出版,其中第四编第二十一章《散文的泥淖与花朵》有"吴伯箫的《马》"一节。

夏,先生只身冒雨去复刊后的《人民文学》编辑部看望老编辑。

涂光群回忆:"直到1976年夏天的一个大雨滂沱的日子里,我们才重又见面。说来,那是感人的一幕。当时,《人民文学》刚刚复刊不久。由于'四人帮'阴谋制造的所谓'文艺黑线专政'论的枷锁,许多老作家压根儿不能抛头露面,发表文章,否则就会大祸临头!可是吴伯箫同志并不认为真理就在他们手里。他感到自己作为一个作家,有责任为人民写作。""他自己闯到了编辑部。他顶着淋漓的大雨,从狂风暴雨中走来。""他说,这么多年了,文艺界的老人都被打散了,有的还已经去世了。他熟悉的一些编辑也不知分到哪儿了?昨天,他在街上书亭偶尔看到了复刊后的一本《人民文学》,高兴极了!这才按照刊物上面印的地址找上门来。他想知道一些老编辑还在不在?他想来看看大家,实在是太想念了!说着,一个个数着我们的名字。接待他的正巧是一位新同志,这才赶忙把我们都找了来。我们高兴地一块儿回忆了许多往事。他又关心地问到许多作家的情况。他不无感慨地说:唉,我们总算熬过来了。可是白白浪费了多少年时光啊!此时,我随意问了他一句:您今年高寿?他微笑了,回答说:整七十喽。在场的人都面面相觑,更为他今天的举动肃然起敬。"①

6月23日,先生复信长春吉林师范大学张德馨,29日又将

---

①涂光群:《雨中忆》,亓勇主编:《吴伯箫纪念文集》,第47页。

张德馨 26 日第二次来信转"陈、孙、何诸同志。"①

> 张德馨（1905—1992），山东省黄县人，数学家、国家一级教授。1929 年同时从北京盐务专科学校和北平师范大学数学系毕业。1937 年夏获德国柏林大学数学博士学位。抗战时期先后任北平师范大学教务长、长春大学教务长兼理学院院长。1948 年任东北大学（今东北师范大学）副校长兼数学系教授。1955—1966 年任长春市副市长。兼任中华全国自然科学联合会长春分会主席、全国数学会理事、吉林省数学会理事长。主要著作有《整数论》。

7 月 3—13 日，先生到大连出差。回来时正赶上 7 月 16 日教育部组织的纪念毛泽东畅游长江十周年积水潭游泳活动。

7 月初，先生长女海妮从山西忻县调回北京铁道部电子计算技术研究所。

7 月 26 日，唐山大地震，影响北京，先生全家住防震棚。

先生致信亓新海："来信是八月一日收到的。正是唐山—丰南一带强烈地震后第五天。北京也有较强的震感。高大的老房子西山上部有的塌了。出版社就有，但人员都安全。几天来机关干部和街道居民都在户外搭帐篷露宿，有的在院内，有的占街道两旁，报上登载的都是事实。目前北京家里七口人（老爷爷，在服务机械修造厂的光玮，七月初从山西忻县调铁道部电子计算所的海妮，暑假回京的光琦、陆一，再加舅老爷夫妇）就都搬在院子里住油毡顶的棚子（海妮单位照顾的）。棚子在屋门口，主要东西还放在屋里，到今天九天了。""我七月三日至十三日去大

---

①张德馨：《致吴伯箫》，1976 年 6 月 26 日，华夏天禧（墨笺楼）线上专场拍卖第 381 期，孔夫子拍卖网，2017 年 4 月 9 日。

连一趟,回来正赶上'七一六',争取参加教育部组织的积水潭游泳。"①

先生致信亓举安:"……余震已逐渐减轻了。房子结实的人家都已搬进屋。你到过的我们的房子,北墙外倾,望得见天;西山〔墙〕内凹,有倒塌的危险,因为屋架子好,屋顶前廊倒保险。白天一般已进屋工作,晚上还睡在搭在当院的帐篷里。叔父住的屋子,廿八日早晨后墙半壁塌在床上,幸好刚坐起来没伤着。我们一块睡帐篷睡了半月,现在已搬进房里睡了。不再大震是不要紧的。房子正计划修,争取九月初修好。回莱芜住的事就作罢了。"②

7月27日,写旧体诗《题半间屋》:"入门揖日月,推窗纳乾坤。胸怀千秋史,眼观五洲云。主客称同好,促膝畅谈心。"后被收入《吴伯箫文集》1993年版。

8月18日,臧克家复信先生,谈及"地震形势已大缓和",亦谈及沈从文、萧涤非、游国恩、杨晦等人。

9月,北京地震警报解除,住房得以维修,先生与家人从防震帐篷搬回房里住。

先生致信亓举安:"北京地震已解除,住室要修的墙已拆除另垒,四五天后就可以搬到屋里住了。"③

10月6日,"四人帮"被隔离审查,24日,中共北京市委在天安门广场举行百万人"双庆大会",即庆祝华国锋任中共中央主席和中央军委主席,庆祝粉碎"四人帮"的胜利。

10月11日,先生响应中共中央10月8日《决定》号召,将毛泽东1938年题词"努力奋斗"原件装镜框送交中共中央办公厅。

---

① 吴伯箫:《致亓新海》,1976年8月5日。
② 吴伯箫:《致亓举安》,1976年8月23日。
③ 吴伯箫:《致亓举安》,1976年9月9日。

并于 10 月中旬,写散文《"努力奋斗"》以作纪念。该文于《人民文学》1976 年第 9 期首发,后被收入散文集《北极星》1978 年增订版。

10 月,先生到上海嘉定参加高等学校理工科英语教材会议。

先生晚年回忆:"1976 年 10 月在嘉定开高等学校理工科英语教材会议,会议有一项日程是观摩上海科技大学的英语教学。我们十多个代表徒步走在去科技大学的路上,有一位女同志开玩笑对我说:'你走得动么?走不动的话我们大家抬着你。'我立刻回答:'走得动。我还可以跟你比赛呢。真是走不动的话,一定接受你的盛意。不然,那我不是叫不识抬举么?'"①

11 月 5 日,午后,先生访叶圣陶。

叶圣陶记述:11 月 5 日星期五"上午下雪。午后吴伯箫来访。见余小恙,稍坐即去。"②

11 月 24 日,北京举行毛泽东纪念堂奠基仪式。此后先生"有几次到纪念堂工地参加劳动。从铲土递砖到栽树浇花,感触异常深切。"

11 月 26 日,先生致信外甥亓举安,询问姐姐身体情况并汇寄人民币六十元,又谈及北京防震:"北京唐丰余震一直没解除。我们也是床上架床睡下铺。已有几次四五级小震,都没发生影响。"③

11 月 27 日,先生接外甥亓举安寄来醉枣、花生米,29 日复信外甥:"醉枣大概是姐姐想到的。小时爱吃,只有母亲、姐姐最了解。给你舅老爷看,他立刻抓下一大把。家乡风味,谁都喜欢。"又谈及防震:"京中时有小震,多在四五级以下,有时竟感觉

①吴伯箫:《谈语文教学》,《吴伯箫文集》下卷,第 613 页。
②叶圣陶:《叶圣陶集》第 23 卷,《日记(五)》,第 410 页。
③吴伯箫:《致亓举安》,1976 年 11 月 26 日。

不到。但家家防震并不放松,室内措施不断改善加固。"①

年底,先生与公木一起看望朱子奇②。

本年,另写有回忆"干校"生活的散文《八间房》,投《光明日报》,未能发表,后被收入散文集《北极星》1978年增订版。

张又君记述:"吴伯箫是位很重视同编辑友谊的作家,他的散文朴实无华,情真意切。《东风》副刊曾经发表过他的散文,我们见面时,也是谈散文的多。《延安的歌声》、《菜园小记》、《窑洞风景》的写作,多次成为我们之间的话题。""吴老对自己的每一篇作品,从开始动笔到它的发表,都是极其认真负责的。记得粉碎'四人帮'后不久,我们约他写文章,他送来一篇散文《八间房》,是写'五七干校'知识分子劳动生活的,我立即发排了,并且打电话通知了吴老。不料,拼上了版的《八间房》却被当时的领导抽下了! 据说是美化了知识分子。我猜测,还包括对刚刚平反的作家的疑虑。虽然极力争取,这个版面仍然没有能发表吴老的新作。""那时许多作家都还心有余悸,吴伯箫对拼了版的自己的作品被抽掉,非常关心,专门到副刊编辑室的另一位编辑家中询问;我听到以后,还赶到吴老那里去道歉。过了一年,这篇散文才在《东风》上发表出来。"③

---

①吴伯箫:《致亓举安》,1976年11月29日。
②朱子奇:《怀抱理想　俯首耕耘——悼念吴伯箫同志》,《文艺报》1982年第10期。
③张又君:《编辑和作家的情谊》,《文艺评论》1986年第4期。

第九章　北京:《忘年》
（1977—1982）

1977 年　72 岁

1 月 1 日,元旦,先生与莱芜同乡、诗人吕剑见面畅谈。

吕剑(1919—2015),山东莱芜人,现代诗人,抗战时从山东流亡到湖北宜昌,后到重庆、昆明,进昆明《扫荡报》主持文艺副刊,任文协昆明分会常务理事。又分别任职于广州《中国诗坛》、香港《华商报》。1949 年后先后担任北京《人民文学》编辑部主任和诗歌组组长,参与筹备《诗刊》创刊事宜并担任第一届编委。1957 年被错划"右派",离开《诗刊》,1979 年平反后改任《中国文学》编委至离休。著有诗集、杂文集和随笔集多种。

1 月 8 日,写旧体诗词《水调歌头·为总理逝世周年作》。

年初,先生小女儿吴陆一重庆建筑工程学院毕业留校工作。

2 月 20 日,农历丁巳年正月初三日,致信吕剑并派次子吴光玮携莱芜香肠亲递以为"春节点缀"。①

4—6 月,先生忙于工作,先后应约去北师大、北师院讲授中国现代文学史课程三次,主要讲延安文学及毛泽东《在延安文艺

---

① 吴伯箫:《致吕剑》,1977 年 2 月 20 日。

座谈会上讲话》。如一份备课资料显示 5 月 10 日为师院中文系二年级讲毛泽东《在延安文艺座谈会上的讲话》。

先生致信亓举安："四、五、六三个月太忙，写三篇文章，到师大、师院讲三次课。十年不动笔，廿多年不登讲台，再来倒可勉强从事，也算自我安慰……暑假几个孩子都回来住了几天，十号前后又要各回单位了。"①

北京朝阳区第一教师进修学校牛宝彤回忆："几年以后，在北京师范学院的课堂上，我亲眼见到了仰慕已久的吴伯箫先生。""那时，他是人民教育出版社的副社长，是应聘来校讲授现代文学史课程的。吴先生讲的是《在延安文艺座谈会上的讲话》发表前后这一段。一九四二年，他在延安中央党校礼堂参加过延安文艺座谈会，听了毛主席在会议开始结束时的两次讲话，中间的几次座谈会他也参加了。""我们师生相处的日子并不长，一共两个半月，他的课讲完就离校了。"②

6 月，《四川师范学院学报》1977 年第 3 期刊载贺永年论文《延安歌声扬万代——〈歌声〉试析》。这是"文革"后较早评论先生散文的论文，此后评论先生散文的文章就多起来了。

同月，先生根据到毛主席纪念堂劳动的经历，写散文《红太阳居住的地方》，9 月被收入散文集《我站在毛主席纪念堂前》1977 年版，后被收入《北极星》1978 年增订版。

7 月 6 日，散文《岗位》刊载于《人民日报》战地副刊，先生曾将样报一份寄莱芜二弟。

8 月，散文《趁年轻的时候》刊载于《儿童文学》1977 年第8 期。

9 月 18 日，先生复函吉林师范大学学报编辑室："半年来，武

---

①吴伯箫：《致亓举安》，1977 年 8 月 6 日。
②牛宝彤：《一刻不忘老师对我的希望》，《光明日报》1985 年 8 月 29 日。

聪、蒋锡金、孙中田……来,得知学校变化很大……现在邓副主席抓教育,学校大有好转……离校廿七年,眷恋颇深,特简函致意。"①

9月,写访谈《就〈歌声〉答问》,刊载于《北京文艺》1977年第10期。

同月,教育部决定以人民教育出版社中小学教材编辑人员为基本力量,同时在全国范围内选借大、中、小学教师和教材编辑人员,以"全国中小学教材编写工作会议"形式,开始编写全国通用中小学教材。

10月2日,先生致信雷加,告诉三五天内拟去上海嘉定参加大学英语教材座谈会,往返约半月。

10月24日,先生从上海参加大学英语教材座谈会后返回北京家中,随即去访雷加,不遇,遂留信,谈出差上海之事,并开始忙教材编写事。

自述:"我今早八点一刻刚从上海回来,来看你。你又不在家,我一边喝茶一边写下下边几句话。去上海是参加大学英语教材座谈会。趁两个星期天,看到了巴金、李俊民和罗荪同志。并在罗荪家里碰到了厂民、罗荪在编《上海文艺》,月内出版第一期,很有干劲。厂民是从无锡去上海,要办退休后复职手续,还没办妥,正为此焦心。他们上了'四人帮'在东北的爪牙的当,去年退休,落草到现在,绝不会干这种傻事……开始忙教材,今年剩下的八周,我怕动笔不得了,只好读同志们的作品。"②

10月28日,先生到北影招待所看望来京治病的马加不遇,留信雷加谈此事。

---

①"吴伯箫旧藏之三",艺典中国网:http://www.yidianchina.com。数据截止日期:2016年9月9日。
②吴伯箫:《1977年10月24日致雷加》,《文艺报》2018年4月20日。

12月,先生先后去长沙、太原、北京等地大学各半月左右,直至1978年初。

本年,散文《记一辆纺车》分别被选入:湖北省初中试用课本《语文》第三册,湖北人民出版社1977年出版;山西省初中试用课本《语文》第三册,山西人民出版社1977年出版;江苏省中学课本《语文》第六册,江苏人民出版社1977年出版;浙江省初中试用课本《语文》第五册,浙江人民出版社1977年出版;上海市中学课本《语文》第七册,上海人民出版社1977年出版;上海《中学语文教学参考书》第七册,上海人民出版社1977年出版;安徽省中学补充教材《语文》(供初中二年级用),安徽人民出版社1977年出版。

1978年　73岁

1月18日,教育部颁布《全日制十年制中小学教学计划试行草案》,并为此发出通知。

1月,先生应邀赴山西太原参加《外国文学简编》书稿讨论会。其间1月12日为刘胡兰牺牲三十一周年纪念日,随会议代表前往文水县参观刘胡兰纪念馆,往返一天。回太原当夜写散文《英雄乡》,刊载于《解放军文艺》1978年3月号。

《英雄乡》记述:"出了太原,在去文水的路上,我被道旁耸立的这样一排大字标语深深感动了。很不容易感情激动的古稀年龄,竟然老泪纵横。"①

康林记述:"1978年1月,《外国文学简编》的书稿讨论会在太原举行。大会向这位教育家、原人民教育出版社副社长发来了邀请函。我受大会的委托,亲自登门面请。吴老师说:'邀请信收到了,是发给我个人的,但我不能去,作为一个党员,任何时候都要有组织性。'后来大会给人教社党组发来了加急电报,吴

---

①吴伯箫:《英雄乡》,《吴伯箫文集》下卷,第513页。

老师星夜赶到了太原,8点准时进入了会场。大家劝他先休息一下,他不顾旅途的疲累,出席了会议。会上,他发言时强调指出:这部书编写要有特色,要适合学生的需要。因此,概述部分宜略不宜详,重点作家作品的分析宜详不宜略。正因为这部书有了这个特色,后来被教育部推选为大学教材。”“太原会议期间,他始终和我们这些高校教师在一起。白天开会,晚上接待来访者,日夜不得休息。我建议大家:如果非要去同吴老师谈话不可,最好是几个人一块去,时间不要过长,他太累了。然而我们看到的是吴老师总是兴致勃勃,同中青年教师促膝交谈。”“会议期间,由山西大学组织去文水县参观刘胡兰纪念馆。吴老师与我们同车前往,往返奔波整整一天。回来后大家劝吴老师早点休息,我也担心老人家过度疲劳,早晨起来就到他的宿舍去探望他。他顺手把写好的一篇文章拿给我看,《胡兰颂》,昨夜一气呵成。”①

　　2月6日,农历丁巳年腊月廿九日,除夕,先生将1977年版新书《周总理与诗歌》《陈毅诗词选集》寄赠外甥亓举安,并致信:“一月三十日寄来的邮箱,六日春节除夕海妮从邮局取回,打开一看,箱子里几乎把家乡的年货都装全了。一样一样都是舅父从小爱吃的。大概姐姐到现在还记得我小时的爱好。就是燕南的石榴和醉枣,舅老爷也很喜欢。石榴北京水果摊上很少卖,千里捎来有深厚的心意。醉枣,各地很少见,偶尔见到,也仿佛不如莱芜的新鲜。吃这些东西,心情又回到了年轻的时候,实在高兴。年前两三个月我总在出差,从长沙回来去太原,太原回来去北京大学,时间不太长,都半月左右,几次想往莱芜寄点东西都耽误了……”同时又另纸致姐夫、姐姐短信:“姐夫、姐姐:叫海妮在铁道部电子计算所附近买二斤冰糖寄出,祝贺春节! 全家

---

①康林:《吴伯箫老师在郭著编委会工作的日子》,亓勇主编:《吴伯箫纪念文集》,第68页。

都好。弟熙成。一九七八年二月六日"。①

2月7日,农历戊午年正月初一日晚,先生参加首都群众联欢晚会,在天安门观礼台观看焰火。当晚以书信形式写散文《忘年》,翌日完稿,刊载于《北京文艺》1978年第5期。

《忘年》记述:"昨天晚上在天安门观礼台上看焰火,热情握手的时候,看你穿素朴灰制服的身躯依然那样魁梧康健,鬓角斑白了,笑声比最初认识的时候还宏亮爽朗,心里说不出多么高兴。回来兴奋得睡不着,就披衣写了这些话。"②

2月13日,春节期间,先生与诗人张志民见面畅谈,翌日致信张志民:"相识二十四年,昨天得获第一次畅谈,是新春佳节一大快事……"③

2月17日,收到艾思奇夫人王丹一当月15日来信:

伯箫同志:

您好!许久不见了,春节过得好吧?工作很忙吧?身体好吗?均在念中。

我搬至三里河已一年多,因75年摔了一跤,腿疼始终未能复元,所以较少外出,也未能去看望您,希见谅。

我住的是国务院宿舍,六楼一单元六号,这儿老同志很多,您何时转到这儿请顺便来家坐坐。有些问题想向您请教。仅此致

革命敬礼! 并祝

健康

王丹一   15/2

---

① 吴伯箫:《致亓举安及其父母》,1978年2月6日。
② 吴伯箫:《忘年》,《吴伯箫文集》下卷,第509页。
③ 张志民:《延安纺车声——吴伯箫同志二三事》,《人民日报》1982年9月27日。

2月中旬，先生去天津参加南开大学主编理科英语教材审稿会议约半个月，3月1日返京①。

3月18日，写《答〈调查提纲〉》，后以《吴伯箫〈答〈调查提纲〉〉》为题刊载于高校中国现代文学研究会、北京出版社合编《中国现代文学研究丛刊》1979年第1辑。

3月，先生调任文学研究所副所长。3月27日，七十二岁生日这天前去报到，主管郭沫若著作编辑出版工作，此前一日原东北师大学生来探望，前后共三拨。

先生致信亓举安："花'盛'到京，正逢吉日良辰，合家欢欣。你的记忆好，又会计算时日，值得称许。巧的是：舅父工作调动，正好生日这天到社会科学院报到，重返文艺战线作新的长征开始。更巧的是：廿六日，原东北师大师生，一天中有三起来我处，午饭西餐，晚饭寿面，十多个人畅谈三十年来盛事，至为欢快。而他们都不知道我第二天过生日，同时离开工作了廿四年的出版社到社会科学院新岗位报到。——这些都应预兆新的长征有个良好的开始。"②

康林记述："我国卓越的无产阶级文化战士郭沫若逝世后，中央决定出版《郭沫若全集》，委托吴伯箫同志主抓这项工作。开创工作是艰巨的，当时一无办公地点，二无人手。吴老师从文学研究所借来一位年轻同志，两人在社会科学院院内的木板房开始办公，手提包里只有二百元钱。他四处奔走，各处求援，终于组建起编委会工作的班子。后来在于立群同志的大力支持下，在郭老院内设立了办公室。他整天坐班，筹划全面工作。重要文件，他亲自起草；编委会的工作，他一一过问。就连添置一项设备，他都耗费过心血。一个痰盂，一把剪刀，他也要精打细

①吴伯箫：《致亓举安》，1978年3月5日。
②吴伯箫：《致亓举安》，1978年3月28日。

算。艰苦朴素,勤俭节约是他的一贯作风。每天上下班,这位七旬老人总是徒步行走,虽然郭老的汽车已移交办公室,但他从来不乘坐。他在《布衣》中写道:'最不好是把车辆变成摆阔的工具。'一个夏天,已到下班时间,雷声从天空中滚过。我考虑吴老师走不到家就会下雨了。我叫来了办公室的小汽车,他执拗地表示谢绝,自己走了。不久,他又返回办公室来找我,我以为是要车来了,哪知道老先生乘坐公共汽车把月票、钱票和工作证全丢了。他不为几十元钱感到不安,担心的是怕坏人拿他的工作证招摇撞骗。我跑到汽车总站、派出所去挂失。一位民警说:是写《歌声》《记一辆纺车》的那位作家吗? 如果有人捡到,我愿意亲自送上,认识一下这位散文作家。吴老师听到后,感到由衷地高兴。有一次我去给楼适夷同志送材料,正好郭编的小汽车去加油站,我搭上小汽车就走了。事后,吴老师对我进行了严厉的批评。还有一次,他让通讯员去给编委们送材料,通讯员通过邮局一下子全部发出了,也受了严厉的批评。"[1]

3 月,散文集《北极星》增订版由北京人民文学出版社第三次印刷,定价 0.30 元。此集较之 1963 年版,删去《记列宁博物馆》《跋》,新增《"努力奋斗"》《红太阳居住的地方》《天下第一山》《岗位》《八间房》《"早"》,将原版代序《多写些散文》列为最后一篇,全书共 25 篇。

4 月 3 日,上午,先生与文学研究所常务副所长陈荒煤到所长沙汀处讨论陈荒煤起草的工作规划。

陈荒煤记载:1978 年 4 月 3 日星期一"上午到沙汀处谈规划,伯箫参加。"[2]

---

[1] 康林:《吴伯箫老师在郭著编委会工作的日子》,亓勇主编:《吴伯箫纪念文集》,第 66 页。
[2] 陈荒煤:《陈荒煤文集》第 10 卷,中国电影出版社 2013 年版,第 215 页。

4月20日,胡乔木在中国社会科学院宣布各研究所新领导班子名单。

陈荒煤记载:1978年4月20日星期四"上午院部开会……乔木同志宣布各所领导名单。"①

4月22日至5月16日,先生参加教育部在北京召开的全国教育工作会议。出席的有各省、自治区、直辖市教育部门主要负责人,国务院有关部委的副部长、教育局局长,部分学校的负责人等937人。中共中央副主席、国务院副总理邓小平、李先念,中共中央政治局委员、国务院副总理方毅等出席了开幕式,邓小平作了重要讲话。教育部部长刘西尧在开幕式上作了报告,在闭幕式上作了总结。

4月29日,先生参加文学研究所全所大会。

何西来记述:"荒煤同志是在4月29日上午的全所大会上与其他几位新任命的所长们一起与大家见面的。这也是我第一次近距离地与他接触。沙汀任所长,荒煤是常务副所长,吴伯箫和许觉民也是副所长。"②

5月9日,在北京西苑饭店教育工作会议期间,先生写散文《我所知道的老艾同志》,刊载于《社会科学战线》1979年第3期,后被收入《一个哲学家的道路——回忆艾思奇同志》云南人民出版社1981年版。

《诉衷情》记述:"1978年在北京西苑饭店开教育会议,我以从事教育工作四十多年,作为代表参加了。会议期间,沈阳农学院梁传诗教授寄给我一部稿子,叫《经济动物》。"③

---

① 陈荒煤:《陈荒煤文集》第10卷,第215页。
② 何西来:《追忆荒煤到文学所的"施政演说"》,《新文学史料》2003年第4期。
③ 吴伯箫:《诉衷情》,《吴伯箫文集》下卷,第634页。

6月2日,写散文《作家·教授·师友——深切怀念老舍先生》,刊载于本年《北京文艺》1978年第7期。

7月30日,先生致信莱芜侄子、三弟之子吴懋恪:

懋恪:

　　来信收到。

　　忘记寄给你的是什么书了。二大爷给人看了,正好,书就是要给人家看的,破了旧了证明书在发挥作用,应当高兴,对二大爷不满意的话说过头了。一本书值几毛钱？老人的感情却是多少钱也买不到的。特别七十多岁的老人,还在当养路工,从事重体力劳动,孝敬、供养犹恐不足,哪里来的那么多不满意?!

　　你父亲也六十多岁了,两户在家的壮劳力只有你一个,照顾老的,又照顾小的,担子很重,绝对不要因自己不好使老人伤心。

　　懋莲在这里很好,她靠自学达到现在高中的程度,工作也不错,正成为党员培养的对象,二大爷对她很满意,你应该向大姐学习。

　　有空来信,详细告诉在家老小的情况,遇有困难,需要什么,也一一说明。

　　问你父母和二大爷好。

伯父

一九七八、七、三十

　　此信被收入毕玉堂散文集《洗心》,文章题为《我心目中的吴伯箫》,百花文艺出版社1994年版。

8月10日,先生用毛笔起草《文学研究所研究生院筹建情况意见》,共三部分:一、关于课程;二、关于教师;三、关于培训。

夏秋之交,先生因冠心病住首都医院,9月初出院后写散文

《回春》,刊载于《长春》1979年2月号。

《回春》记述:"盛夏,短短十天,心情上经历了秋冬春三个季节:由草枯叶落,冰雪消融,到花木萌发。""一身轻松地漫步走下条石台阶,回头望望绿琉璃瓦房檐,不禁举手致意,向输液、打针、日夜辛劳的白衣战士和拿了扫把、沾布不断的这里扫扫,那里擦擦,总保持着走廊门窗清洁明净的工人同志表示衷心的感谢。是你们还给了我健康的春天。"①

杨渡回忆:"一个蒙蒙细雨的星期天,我带着父亲的再版书《三千里江山》去吴伯伯家。得知他因冠心病住院治疗,前些天才出院,我很替他的身体担心。可到家里一看,他却不在。伯母告诉我,他在办公室写东西呢……不久,果然在《战地》上看到了他写的《回春》。"②

9月8日,先生全家在景山公园合影。

9月17日,中秋节,先生致信雷加,谈住院十天事。

10月31日,先生以文学研究所负责人身份与陈荒煤、许觉民参加了由中、青年作者和评论工作者参加的关于真理标准问题的座谈会③。

11月,应臧克家邀请赴臧家做客,并与臧克家、邓广铭、陶钝等合影。

12月21日,先生与黄烈、楼适夷、王廷芳四人联名致信刘仰峤,商谈郭沫若著作编辑出版委员会办公地址问题④。

---

① 吴伯箫:《回春》,《吴伯箫文集》下卷,第531页。
② 杨渡:《再读〈歌声〉——缅怀吴伯箫伯伯》,《柳泉》1982年第2期。
③《本刊编辑部召开关于实践是检验真理的唯一标准问题座谈会》,《文学评论》1978年第6期。
④ 黄烈、楼适夷、王廷芳、吴伯箫:《致刘仰峤》,"吴伯箫旧藏之三",艺典中国网:http://www.yidianchina.com。数据截止日期:2016年9月9日。

　　黄烈(1924—2006),字治平,湖北汉川人。1948年毕业于西北大学历史系,任郭沫若秘书兼学术助手。刘仰峤(1911—1980),山西岢岚人。曾任山西青年抗敌决死队第四纵队总队主任、总队政治部主任,延安中央党校秘书处处长等职,时任中国社会科学院秘书长。

　　12月,香港司马长风著《中国新文学史》下卷由香港昭明出版社有限公司出版,其中第五编第二十七章《散文的圆熟与飘零》有"吴伯箫的《羽书》"一节。

　　本年,人民教育出版社中学语文编辑室编写的1978年版初中《语文》课本(试用本)第六册选用吴伯箫散文《歌声》①。高级中学《语文》课本第一册第十一篇课文选用吴伯箫散文《记一辆纺车》。

1979年　74岁

　　1月2日,先生参加中国文联举办的迎新茶话会与时任中宣部部长的胡耀邦交谈,胡耀邦犹记得当初先生入抗大的旧事。

　　先生晚年回忆:"我们的政治委员胡耀邦同志,四十年后还记得我。新时期在新侨饭店举行的第一次文艺茶会上,他说:'你不是带学生一起进抗大的么?'"②

　　相关记述:"1979年1月2日,胡耀邦出席中国文联迎新茶话会,首次与文艺界300多名人士见面。他先请文化部部长黄镇宣布:文化部和文学艺术界在'文化大革命'前17年工作中,根本不存在'文艺黑线专政',也没有形成一条什么修正主义'文

①此套课本根据1978年3月颁布的《全日制十年制学校中学语文教学大纲(试行草案)》编写,1978年秋首先在初中试用,1979年6月全套教材编写完成,1980年经过修订后在全国正式使用。
②吴伯箫:《无花果——我和散文》,《吴伯箫文集》下卷,第496页。

艺黑线'。接着他发表热情洋溢的讲话,提出要'建立党与文艺界的新关系'。对于什么是新关系? 他说:林彪、'四人帮'把全国的文艺界办成一个'管教所',我们要砸烂这个'管教所',建立新的'服务站'。'黑线'之冤被宣告解除和胡耀邦的讲话,使会场反应热烈。"①

1 月,先生为《烟尘集》写再版后记。

2 月 14 日,先生致信雷加,谈其新出散文集《从冰斗到大川》。

3 月 16 日,先生复信外甥亓举安:"办学校,最重要的是教师和图书。而教师离不开图书。记得'文化大革命'前曾寄给你《辞源》一部,那样的工具书,旧了,现在正修改,何时出书很难定。读书有一部《辞源》帮助,已经很难得了。《辞海》我有一套分类编的本子,缺历史部分,过些日子看是不是能寄给你。作为学校,你们应当同县里新华书店联系好,有新书就请它〔他〕们给留一部。必要时也可存一点钱在那里。在凤阳干校时,我们能从县新华书店买到北京都不易买到的书,莱芜或者也有这可能。"②

3 月,先生为北京师范学院分院中文系编的《作文选评》撰写序言,并以《写真情实感》为题刊载于《语文学习》1979 年 4 月号。

4 月 9 日,写作《答〈歌声〉试析作者》。

4 月,散文《雷雨里诞生》刊载于《战地》1979 年第 4 期。

5 月 4 日,写《"征稿"一议》,刊载于《光明日报》1979 年 6 月 3 日,引起反响。

5 月 9 日,先生复吉林四平师范学院中文系七八级三班学生来信,谈作品《记一辆纺车》结尾,以《复来信》为题发表于《中学

①萧冬连:《胡耀邦与转折年代的文艺界》,《中共党史研究》2013 年第 1 期。
②吴伯箫:《致亓举安》,1979 年 3 月 16 日。

语文教学》1979 年第 4 期。

5 月 12 日,先生陪同辽宁师范学院教师康平访雷加不遇,留信说明情况。

5 月 22 日,香港《吴伯箫选集》编者为该书撰写前言,对吴伯箫的生平及其散文创作作了较详尽的介绍和客观的评价,选入吴伯箫自《羽书》至《北极星》时期散文作品 28 篇。该书作为《中国现代文选丛书》之一,于本年由香港文学研究出版社出版。

《吴伯箫选集》目次:《吴伯箫选集·前言》(编者)、《山屋》、《话故都》、《岛上的季节》、《马》、《野孩子》、《夜谈》、《啼晓鸡》、《梦到平沪夜车》、《灯笼》、《说忙》、《羽书》、《我还没见过长城》、《几棵大树》、《荠菜花》、《边庄》、《萤》、《海上鸥》、《阴岛的渔盐》、《沁州行》、《微雨宿渑池》、《怀剑三》、《多写些散文》、《记一辆纺车》、《菜园小记》、《一种"杂字"》、《难老泉》、《猎户》、《"早"》。

6 月 2 日,先生致信张白山,谈拟参加郭沫若研究学术讨论会。

　　白山同志:

　　　　郭沫若研究学术讨论会,订于六月十二日至十八日在四川乐山市召开。我被邀参加,五月间已征得周扬同志、沙汀同志同意,拟于六月四日与楼适夷等同志趁火车去川,会后乘船转武汉、南京回来。估计到月底了。特函向支部报告行止。

　　　　六月份党费五元,请转交。

　　布礼!

　　　　　　吴伯箫一九七九年六月二日①

---

① 吴伯箫、姚雪垠、臧克家等致张白山信札一组,北京华夏藏珍国际拍卖有限公司双龙盛世 2014 华夏鸿禧专场拍卖会,名人墨迹专场,孔夫子拍卖网,2014 年 12 月 10 日。

张白山(1912—1999),福建福安人。中共党员。1937年毕业于浙江大学。历任记者、编辑,重庆《商务时报》、《新民报》副刊主编,省立四川教育学院中文系教授,上海市文联副秘书长,上海音乐学院教授。1955年入北京,调入中国科学院文学研究所工作,曾任《文学评论》编辑部主任、《文学遗产》副主编、《文学研究》编辑、古代文学研究室副主任。著有《宋诗散论》、《王安石研究》、《王安石评传》等。

6月4日,先生以郭沫若著作编辑出版委员会办公室负责人身份去四川参加郭沫若研究学术讨论会并作题为《祝贺与希望》的发言,往返两访眉山三苏祠。

6月12日,在乐山凌云寺参加会议,会后登峨眉山至万年寺。先生为眉山三苏祠题词:"文苑千秋怀四杰,京华万里访三苏",附注云:"一九七九年六月参加郭沫若研究学术讨论会,登峨眉山,往返两访三苏祠,印象弥深,书此留念。"《眉山文艺》1979年第18期封二、封三刊载吴伯箫等人访三苏祠照片及吴伯箫、楼适夷、戈宝权题词照片。

6月19日,郭沫若研究学术讨论会全体代表发表《关于成立郭沫若研究学会的倡议书》。倡议书第一段写道:"四川省乐山地区、乐山市和四川大学联合主办的郭沫若研究学术讨论会,于一九七九年六月十二日至十九日在乐山大佛寺举行。代表来自全国二十三个省、市、自治区的九十多个单位,共一百三十余人。经过酝酿、讨论,全体代表一致倡议成立郭沫若研究学会。"其后提出五条具体建议。

6月26日,在成都,先生参加四川大学郭沫若研究室成立大会并讲话,祝贺我国高等院校第一个郭沫若研究室的成立。回程坐火车到重庆,由重庆坐船游三峡。7月3日到武汉,5日乘飞机返北京。

先生致信亓举安:"去四川往返整一月。到成都,看了武侯祠、杜甫草堂。过眉县,访三苏祠。在郭老故乡乐山开会,住凌云山大佛寺,苏东坡有诗:'生不愿封万户侯,亦不愿识韩荆州。但愿身为汉嘉守,载酒时作凌云游。'可见地方不错。会后登峨眉山,仅及万年寺,未到金顶。然后由成都坐火车到重庆,再坐船过长江三峡。望神女峰,粗览施工中的高峡平湖工程。七月三日到武汉,五日乘三叉戟飞机回北京。一路多见多闻,大开眼界。"①

楼适夷在《一位严于律己的共产党员——缅怀吴伯箫同志》中记述:"他是一位作家,他也是一位教育家,由于岗位不同,各人忙着自己的工作,长时期很少有私人的接触。待到我们有机会作亲切的来往,大家都已经互相以老相称了。我觉得自己已开始有些龙钟,而他却还是很轻健的,一起上四川参加会议,一路上舟船旅舍,他总是处处照顾别人,却不让别人去照顾他。他捷足先登,总是把好房好铺让给别人,而自己则抢先去占领较次的。遇事总是虚心听取别人的意见,不肯擅自作主。即使对年轻后辈,也总是谦和平易,处处关心别人的痛痒。因此和他共事的年轻人都喜欢这位可爱的老头子。和他相处,都觉得非常愉快。"②

楼适夷记述:"关于《郭集》的事,吴伯箫硬拉我,我已辞了三次,决定不干。(一)周公挂帅,不投麾下;(二)郭文芜杂,全集难搞;(三)我想写作,力避杂务。但吴老情谊难却,又不忍绝之过甚,不免作为私人略供刍荛,想问问你年来组织鲁注经验,借

---

① 吴伯箫:《致亓举安》,1979年7月6日。
② 楼适夷:《一位严于律己的共产党员——缅怀吴伯箫同志》,《人民日报》
　1982年8月30日。

花献佛,乞诸其邻而与之,好吗? 当然还有别的话。"①

陈德忠回忆:"吴伯箫先生和我们乐山结缘,是在 1979 年。那年 6 月中旬,为纪念郭沫若逝世一周年,在乐山凌云寺召开了一次全国性的学术讨论会。吴伯箫作为《郭沫若全集》编辑出版委员会办公室负责人出席会议,到会的专家学者中还有孙席珍、楼适夷、高兰、艾芜、段可情等老一辈作家、诗人,济济一堂,堪称'文革'过后乐山文化界的第一次盛会。我作为乐山地区文教局工作人员,参加了会议的组织接待工作。""当时文学艺术百废待兴,为繁荣本地文学创作,发现培养新人,地区文教局正在筹办一本文学刊物,取名《沫水》。正想请人题写刊名,现在机会来了,我与主编周纲兄商议决定,就请吴伯箫先生题写。对此吴老欣然同意,立即提笔书写。不久后《沫水》创刊号出版,封面的刊名,就是吴老亲笔题写的墨宝。"②

本月,先生长子吴光琦正式调回北京,在民族语言翻译局工作,小女儿吴陆一借调北京交通部教育局工作。

7 月 6 日,先生致信北京《学作文报》编辑部:

士洪同志:

六月四日起去四川,参加"郭沫若研究学术讨论会",昨天刚回来。回来看到《学作文报》又已出版两期,很高兴。发现《写真情实感》一文里印错一个字,附还增刊一份,请编辑部再一期印行时订正。'既''即'两字,青少年错用的很多,甚至大报上也有时印错,故有订正必要。如能请寿康同志或哪位老师写一篇短文把两个字的用法谈一下当更好。

本学期快结束了吧? 学校一定很忙。匆匆不赘。

---

①楼适夷:《致王仰晨》,见王小平:《楼适夷伯伯性情印象》,《美文》2006 年第 7 期。
②陈德忠:《吴伯箫:为〈沫水〉创刊号题刊名》,《乐山日报》2014 年 8 月 10 日。

敬礼

吴伯箫

一九七九年七月六日

《学作文报》为北京师范学院分院中文系编,1979年创刊。吴伯箫去世后,该报于1982年9月16日出版时,刊头套黑框发布"沉痛悼念本报顾问吴伯箫同志",并发表头条文章《他仍然和我们在一起——追念吴伯箫同志》,其中提及:"我们的《学作文报》就是在他的倡导下创办的。"

7月12日,写散文《攀金顶》,刊载于《人民文学》1979年第9期。

8月1日,写散文《打前站》,刊载于《解放军文艺》1979年11月号。

8月28日,文学研究所召开党员大会,选举党委会,陈荒煤任书记。

王平凡记载:"1979年5月,院党组提出,要改革科研领导体制,建立'党委领导下的院长分工负责制'。各所科研领导体制,实行'党委领导下的所长分工负责'……在荒煤同志关心下,由党总支负责人徐达同志和我筹建党委工作。于8月28日召开全所党员大会,选举党委。党委由荒煤、许觉民、毛星、朱寨、王士菁、张正、马良春、徐达、王平凡九人组成。书记荒煤,副书记徐达、王平凡。后来,院领导考虑荒煤兼职过多,改由王平凡任书记兼副所长。"①

8月30日,《郭沫若研究学会章程(草案)》拟定。

9月28日,在八宝山革命公墓参加戏剧家孟超追悼会,送挽联:"悼念孟超同志:光照太阳社,遗恨《李慧娘》。吴伯箫敬挽"。

---

① 王平凡、王素蓉:《文学所往事》,金城出版社2013年版,第338页。

9月,为《丹东师专学报》创刊号(10月25日)题词:"实事求是。理论联系实际。实践是更重要的学习。"

9月,写散文《归来》,刊载于《芳草》1980年第1期。

9月,新版散文集《烟尘集》由上海文艺出版社出版,印数30000册,定价0.61元。

　　孟超(1902—1976),现代作家,山东诸城人,早年先后在济南、上海求学,1928年与蒋光慈、阿英等人组织太阳社,创办春野书店,左翼作家联盟成员。1934年移居青岛,与王统照、吴伯箫等相识并曾一同在1935年暑期创办《避暑录话》。抗战后期及战后在桂林、昆明、重庆、香港一带从事文学活动,1949年后历任华北人民政府教科书编委会委员,出版总署图书馆副馆长,人民美术出版社创作室主任等职,1960年代初创作的昆剧《李慧娘》曾引起巨大反响,后遭批判,本人也遭到迫害。

10月,由高校中国现代文学研究会和北京出版社合编的《中国现代文学研究丛刊》创刊号出版,《作家自述》专栏刊载四位作家自述,第二篇为《吴伯箫(答〈调查提纲〉)》

10月,先生收到郭沫若著作编辑出版委员会办公室编印《郭沫若全集·文学编》第1卷《女神》、《星空》、《瓶》、《前茅》、《恢复》注释本(初稿)并于封面题签。

10月30日至11月16日,全国第四次文代会在北京召开。来自全国各民族的文学家、戏剧家、美术家、音乐家、表演艺术家、电影工作者和其他文艺工作者的代表3000多人参加了会议。这是"文革"结束后召开的第一次全国文代会,邓小平、叶剑英、李先念等党和国家领导人出席开幕式。中共中央副主席、国务院副总理邓小平代表中共中央、国务院向大会致祝词。

11月4日,第四次文代会期间,先生起草,并与楼适夷、戈宝权联合署名《致周扬同志并大会主席团》信,建议会议"考虑"成立全国郭沫若研究学会。

12月4日,写创作谈《经验》,后被收入《文学:回忆与思考》人民文学出版社1980年版。

12月8日,先生致信外甥亓举安谈北京西苑参加文代会、托单位订购新出三卷本《辞海》等事宜,并将所存"文革"前的"未定稿"转赠亓举安①。

12月25—31日,中国教育学会中学语文教学研究会成立大会暨第一次年会在上海召开,先生应邀赴会出席,作题为《谈语文教学》的发言,并被选为副会长。

孙移山报道:"中学语文教学研究会于一九七九年十二月二十五日至三十一日在上海举行了成立大会和第一次年会……参加会议的有来自全国二十八个省、市、自治区的正式代表一百一十八人,列席代表二百零五人。""讨论并通过了《中学语文教学研究会章程》……大会聘请叶圣陶同志为名誉会长,选举吕叔湘同志为会长,选举吴伯箫、苏灵扬、张志公、罗竹风、陈哲文、于漪和刘国盈七位同志为副会长。"②

罗竹风回忆:"一直到一九八〇年一月间,全国中学语文教学研究会在上海成立,我才第一次把吴伯箫这个名字与其实体联系起来,即所谓'名实相符'。这次会议,我和吴伯箫同志都被选为副会长。今后大家共同为中学语文教学研究服务,也算是志同道合吧。会议期间,我曾去拜访过,谈起往事,真是一见如故。当时所谈的内容主要是有关中学语文教学问题。"③

---

①吴伯箫:《复亓举安》,1979年12月8日。
②孙移山:《语文教学工作者的盛会——记中学语文教学研究会的成立大会和第一次年会》,《中学语文教学》1980年第2期。
③罗竹风:《悼念吴伯箫同志》,《语文学习》1982年10月号。

本年,外甥亓举安所在学校拟办图书室,向先生寻求支持,先生一次寄书百余册①。

1980 年　75 岁

1 月 1 日,先生参加中国作协和农垦部组织的作家参观活动,与秦兆阳、雷加、菡子、丁宁、李纳等人访问广东湛江、海南岛、云南西双版纳,历时五十天,2 月 12 日自昆明乘飞机返京。

先生致信亓举安:"我十二日从昆明坐飞机回北京。这次到南方去,往返整五十天。在海南岛,直到天涯海角;在西双版纳,直到勐海。在昆明看了滇池、石林、大观楼,开了眼界,增加了见闻。旅行参观是农垦部和作家协会组织的,他们筹划安排,费了不少心机、金钱,回来就是还债(写文章,子张按)的问题了。担子很重,过春节也不感到轻松。"②

张枫记述:"七十五岁高龄的吴伯箫,是其中年纪最大,也最活跃的一员。他中等个头,戴顶半旧呢帽,一身褪色蓝中山装,脚蹬老布鞋,走路虽有点蹒跚,但腰板挺直,慈祥的国字脸总是乐呵呵的。"引广东《花城》杂志编辑李某《赠吴老》诗:"吴老年高志更强,天涯海角意气昂。手书'天涯'沙滩上,大海惊喜急收藏。后人到此不见字,但闻涛声情意长。谁有伯箫赤子心,写得好字好文章。"③

鄂家骏记述:"1980 年 1 月 30 日,边陲西双版纳勐遮坝里还有点春寒料峭。但是一个消息像春风一样传到了黎明农场中学数十名教师心中:著名作家吴伯箫同志到农场来了。大家都梦寐以求地想见见这位当年'孔府'的教师、当代著名的教育家、散文大家。吴老是受国家农垦部邀请,与当代中国著名作家秦兆

---

①亓举安:《图书登记表格》。
②吴伯箫:《致亓举安》,1980 年 2 月 15 日。
③张枫:《人生八十是中年——记老作家吴伯箫》,《随笔》1981 年第 14 期。

阳、雷加、菡子、丁宁、李纳和八一电影制片厂编剧黄宝善等同志到西双版纳垦区采风的。""1月31日清早,黎明农场中学一间宽敞的教室里,坐满了全校教师。吴伯箫老人精神矍铄,笑容满面地同教师们一一握手,连连说道:'很高兴和大家见面,很高兴……'那略带山东口音的普通话,顿时使我们同吴老之间都变成了零距离的接触。吴老虚怀若谷,给我们讲他写《歌声》的动机、目的以及创作过程,还征求我们教学中的意见。""中午,吴老并未休息,因为一位教师在早上开会前给吴老送去一篇小说稿,题目叫《英语教师》,足有一万多字。吴老一个中午认真看稿,还把这位教师找去,当面给他指出作品人物形象太单薄,情节要修改,甚至哪一段话有语病……末了,吴老还鼓励这位教师多读书,继续努力。刚刚送走这位教师,吴老又乘车下分场采访去了。""1980的2月1日清早,我陪著名作家吴伯箫一行,从黎明

先生晚年照片

农场前往 40 多公里外的南糯山,叩拜 800 多年历史的'茶树王'。"①

1 月 10 日,散文《布衣》刊载于《人民日报》。

1 月,《河南教育》(中学版)1980 年第 1 期刊载河南新乡市烽火中学魏旭《就〈记一辆纺车〉中的几个问题给吴伯箫同志的信》及先生的复信。

2 月 29 日,先生在北京参加中国作协深入生活的座谈会并发言。当日上午山东《少年之友》编辑来访约稿不遇。

3 月 3 日,先生在家接待山东《少年之友》编辑。

3 月 7 日,报道《呼吸新鲜空气　丰富创作素材——中国作协邀请部分作家座谈深入生活体会》刊载于《光明日报》第 3 版。该报道称:"八十年代第一天,在中国作协和农垦部的共同组织安排下,雷加、吴伯萧〔箫〕、秦兆阳、菡子、李纳、丁宁等六位作家到湛江、海南岛、西双版纳的一些农场参观访问,历时四十多天(先生自述中为五十多天,子张按),行程八千里。各地四化建设的沸腾生活,人民群众的昂扬精神,深深地感染了他们。在二月二十九日举行的座谈会上,他们兴致盎然地畅谈了这次深入生活的体会和收获。""七十五岁的老作家吴伯萧〔箫〕,一九四三年曾到南泥湾深入生活,收获很大。他说,这一次出去看到的不是一个南泥湾,而是许多个南泥湾。我们看到,南泥湾精神没有丢,延安作风没有丢,艰苦奋斗、自力更生的精神在农垦战线许多领导干部和广大群众中得到继承和发扬。坐在北京只能从报纸上看'四化'。到实际生活中一看,那才真是热火朝天,生气勃勃呀;我感到自己从人民那里取得过多,贡献太少。虽年已古

---

①鄢家骏:《永不凋谢的文化记忆——追忆吴伯箫西双版纳之行中的两件小事》,《凤鸣》2012 年第 1—2 期合刊。

稀,我还要努力为人民多创造点精神食粮。"①

3月20日,先生撰写关于贯彻执行《关于党内政治生活的若干准则》的笔谈稿《重在实践》刊载于《光明日报》。总标题为《认真贯彻执行〈准则〉的规定恢复和发扬党的优良作风》,编者按云:"为了学习和贯彻执行《关于党内政治生活的若干准则》,我们组织了在京的五位理论工作者和文艺工作者举行笔谈,现在发表如下",五位作者是:北京大学冯定、中国社会科学院法学研究所孙亚明、中共中央党校龚士其、中国人民大学胡华、中国社会科学院文学研究所吴伯箫。

3月21日,散文《天涯》刊载于《人民日报》。

4月12日,先生致信湖南省中学语文教学研究会,为不能到会致歉。

曾仲珊回忆:"一九八〇年四月下旬,我省召开中小学语文教学座谈会,会上成立湖南省中学语文教学研究会。事先,我们去信邀请吴老。在开会前几天,收到吴老四月十二日写的回信,回信说:'同志们,三月三十一日《请柬》收到了。承邀参加大会,本应遵嘱于四月廿二日准时报到,奈因工作关系,不能成行,方命之处,深感憾愧。湖南省语文教学是有光荣传统的。会议一定会广泛深入地调查研究,总结优秀语文教师的丰富经验,在培养学生自己能读书,准确地理解祖国的语言文字;自己能写作,真实地反映社会生活,表达思想感情等方面,从实际出发提出切实可行的教和学的办法,把语文教学水平大大提高。祝大会胜利成功!"②

4月14日,中国作协文学讲习所第五期在北京开学,先生以

---

① 《呼吸新鲜空气　丰富创作素材——中国作协邀请部分作家座谈深入生活体会》,《光明日报》1980年3月7日。
② 曾仲珊:《忆吴伯箫同志》,《语文教学论坛》1992年第5期。

文学讲习所原负责人身份到会表示祝贺。次日《光明日报》报
道:"文坛上三十多名初露头角的中青年作者,今天下午和一些
老作家欢聚一起,共庆中国作家协会文学讲习所第五期开学。"
"中国作协文学讲习所在五十年代办过四期,有三百多名文学工
作者在这里学习过。为培养文学新生力量,繁荣文学创作,停办
了二十多年的中国作协文学讲习所今天又恢复了。中国作协的
负责人冯牧、沙汀、陈荒煤、孔罗荪、刘宾雁,文学讲习所的原负
责人之一吴伯箫等,今天到会对中国文学讲习所第五期开学表
示热情祝贺。"

4 月,写散文《"鹰"》,刊载于《花城》1980 年第 7 辑。

《吉林师范学院学报》创刊号出版,先生为之题写刊名,收到
编辑部寄来样书五本①。

5 月 10 日,写回忆录《〈羽书〉飞去》,刊载于《新苑》1980 年
第 3 期。

5 月 14 日,先生读《诗刊》1980 年第 4 期后,写评论《赞〈诗
刊〉新人新作》,刊载于《人民日报》。

5 月 28 日,出席中学语文教学杂志社举办的有关《一封令人
忧虑的来信》的座谈会并发表"何以解忧"的建议。《中学语文
教学》于本年第 7 期封二刊载座谈会照片,头条发表《大力改进
语文教学 适应四化建设需要——本刊就〈一封令人忧虑的来
信〉召开座谈会》的报道。报道称:"到会的有:叶圣陶、茅以升、
吕叔湘、吴伯箫、钟敬文、苏灵扬、朱德熙、张志公、张毕来、周振
甫、叶至善、刘国正、张寿康、张中行同志等教育界、科技界、语言
学界、文艺界知名人士和第一线的语文工作者:厉善锋、朱志新、
刘胐胐、连树声、时雁行、章熊、陶伯英等同志。出席会议的还有
教育部普教司和《光明日报》、《人民教育》、《教育研究》、《北京

①吴伯箫:《致亓举安》,1980 年 4 月 29 日。

教育》等报刊的代表,以及《中学语文教学》杂志主办单位的领导人:人民教育出版社戴伯韬同志、北京师范学院崔耀先同志。本刊编委都参加了会议。""吴伯箫同志谈的是'何以解忧'的建议。他说:学生的语文水平低,确实令人忧虑,何以解忧呢? 建议两点:一、要继续肃清林彪、'四人帮'的流毒。'假、大、空'、'白卷英雄'、'读书无用论'、'有权有势说话就是真理'这些恶劣的风气,还严重地影响着现在的学生,因为他们都是那十年成长的,所见所闻都是如此,所以要'解忧',就得彻底肃清流毒。二、建议教材编辑到学校教一班课,搞点儿实验,掌握第一手材料。"①

6月6日,先生致信西南师范学院傅德岷,谈其所编书稿《散文名作欣赏》并提建议。8月为该书撰写序言②。

6月19日,复信上海陈梦熊,谈《北极星》已无存书,人民文学出版社重印计划等,并寄《烟尘集》。同日,复信上海《文汇报》笔会副刊编辑徐开磊并寄散文稿《第二次到上海》,此文为6月12日接徐开磊约稿信后所写。6月28日再次复信徐开磊,对其6月24日来信告知采用《第二次到上海》及处理稿件的速度表示赞赏。

6月,先生旧体诗《西双版纳杂咏》三首刊载于《战地》增刊1980年第6期,有注,如第一首《无题》注云:"'诗被催成墨未浓'。从葫芦岛热带植物园拾红豆出来,过罗梭江吊桥,菡子同志催诗,无以应命。翌晨得句,草此。"第二首《访曼厅》注云:"曼厅,意思是花园,西双版纳傣族的一个寨子,以亚热带植物比较齐全著称。旅行家说:'不到曼厅,就没有到西双版纳。'1980

---

① 《大力改进语文教学　适应四化建设需要——本刊就〈一封令人忧虑的来信〉召开座谈会》,《中学语文教学》1980年第7期。
② 傅德岷:《在燃烧着热情的书简里——怀念吴老》,《写作》1982年第6期。

年 2 月 2 日我们趁访问橄榄坝农场的机会,访问了曼厅。"

同月,先生在《战地》上读到杨渡怀念其父杨朔的文章《我的爸爸　我的童年》,致信杨渡。

杨渡回忆:"当八〇年六月,我写的怀念父亲杨朔的文章在《战地》上发表没过几天,意外地收到了吴伯伯的来信……"①

7 月 6 日,先生在承德地区行政公署招待所致信上海中国福利会《儿童时代》杂志社王珏,其中谈到"七月十日回北京,十一日又去北戴河,估计月底再回京。"

7 月 11 日至 8 月 3 日,先生在北戴河休息一个月,住西山宾馆,此为四十年来第一次脱产休息。其间在宾馆 219 号楼前留影寄亲友。

先生致信吴光玮:"光玮:我们八月三日趁 216 次火车晚八点卅四分到北京站。星期天,又是晚上,不要叫车接,最好你和郭林晚饭后乘 103 无轨到火车站看看。接不到,也不要去月台久等,因为中途上车,不一定上哪个车厢,无法事先告诉。同行有文联的曹叔叔(他的儿子你认识),会互相照顾,我自己也会平安回家的。把这情况告诉爷爷,妈妈,大姐,二姐,陆一等。爸爸
　　一九八〇年八月一日托苏叔叔"②

先生致信亓举安:"我在北戴河住了一月,这是四十多年来第一次脱产休息,时间充分利用了。也看点书,主要是游泳、爬山。对锻炼身体大有好处,回来晒黑了,结实了。"③

7 月 9 日,在中学语文教学研究会的成立大会和第一次年会上的发言摘要以《"语文"的三个问题》为题刊载于上海《文汇

---

①杨渡:《再读〈歌声〉——缅怀吴伯箫伯伯》,《柳泉》1982 年第 2 期。
②吴伯箫:《致吴光玮》,1980 年 8 月 1 日,"吴伯箫旧藏之三",艺典中国网:http://www.yidianchina.com。数据截止日期:2016 年 7 月 22 日。
③吴伯箫:《致亓举安》,1980 年 9 月 23 日。

报》。

7月20日,散文《第二次到上海》刊载于上海《文汇报》笔会副刊《我和上海》专栏。此专栏为新开,先生《第二次到上海》是该专栏发表的第一篇作品;同日,《青岛日报》第3版刊载鲁海文章《山屋主人吴伯箫》。

8月28日,先生致信山东《少年之友》并寄稿《〈中学生作文选评〉序》复印件。

8月,写散文《访南糯山》,刊载于《散文》1980年第8期。

先生致亓举安:"《散文》所载《访南糯山》是急就篇,写实而已。倒是可以看到我们在西双版纳畅游的情况一侧。可惜工作忙,没时间多写。业余写作总不如专业时间,精力可集中自由使用。"①

同月,写《〈散文名作欣赏〉序》,先后刊载于《青海日报》1981年2月24日、《重庆日报》1981年3月11日。

9月5日,先生写《一封复信——给一个〈中学生作文选评〉的读者》,发表于《中学语文教学》1980年第11期。该信是代中国少年报文艺组回复《中学生作文选评》的一个少年读者,该读者8月13日信由中国少年报文艺组转交。

9月20日,巴金在上海复信先生,谈加入中国笔会事:"从北京回来看到您的信。笔会的情况我也不清楚,请您见到冯牧同志时对他讲一声,他可以办妥这件事"。

中国笔会中心成立于同年4月份,选举巴金为会长,冯牧为秘书,首批会员共64名。在1982年4月举行的会员扩大会议上,先生被推选为中国笔会中心理事。

---

① 吴伯箫:《致亓举安》,1980年10月2日。

9月22日,先生致信西南师范学院傅德岷①。

9月23日,先生收到无锡教师进修学校寄来《现代文选》第一分册两本,随即转寄一本给外甥亓举安并复信谈北戴河休息事②。

10月,写散文《诉衷情》,刊载于《随笔》1980年第16期。

10月30日,写《〈特级教师笔记〉序》,刊载于《沈阳师范大学学报(社会科学版)》1980年第4期,后被收入沈阳师范学院学报编辑部编《特级教师笔记》,辽宁人民出版社1981年版。

11月7—18日,教育部在北京召开中学语文教材改革第二次座谈会,先生与叶圣陶、吕叔湘、王力、周有光、苏灵扬等出席。

11月10日,写散文《问路》,刊载于《新华日报(文摘版)》。

12月初,先生在政协礼堂参加中国作协茶会。6日致信潘炳皋,谈及八九日拟从北京去厦门主持郭沫若著作编辑注释工作会议。

12月10日,创作谈《〈南泥湾〉的写作》刊载于江西师范学院编《语文教学》1980年第6期。

12月中旬,先生赴厦门主持郭沫若著作编辑注释工作会议,并参观厦门大学、集美学校。

杨芝明回忆:"吴老作为《郭沫若全集》编辑出版委员会办公室负责人,从北京风尘仆仆地赶到厦门,主持编辑注释工作会议。他年逾古稀,身体不好,我们都劝他生活好一些,但他坚持同大家吃住在一起。有一回,到厦门大学去参观,大家是乘公共汽车去的。按理说,吴老可以坐小汽车。我们一伙中年人正在等候公共汽车时,只见他笑盈盈地慢慢地向我们走来,同我们一起上了车。一上车,不是忙着找座位,而是忙着掏钱买票,而后

---

① 傅德岷:《在燃烧着热情的书简里——怀念吴老》,《写作》1982年第6期。
② 吴伯箫:《致亓举安》,1980年9月23日。

一张一张地送到我们手里。又一回,到陈嘉庚故居集美参观,这天,天气晴好,兰〔蓝〕天碧海,使人心胸顿然开阔。波涛汹涌的大海,这天却像慈母般的安详。吴老这天心情也特别好。在海滨,他买了一大串香蕉,一支一支地掰开来,硬塞到跟他一起的同志们的手里。我们都是些中年人,儿女都已经很高了,平常是不好意思在公共场合吃零食的。可是,这次例外,在吴老面前我们觉得自己是后辈,便都高兴地一边漫步,一边香甜地吃了起来。在会议临近结束的一次座谈会上,吴老说:我是个文人,不会花钱,请大家出出点子吧。生活上有什么不周到的地方,也请大家谅解。大家没出什么'花钱'的点子,会议始终开得很节约。只是最后伙食有些结余,加了一次餐。吴老举着酒杯到每一张桌子敬酒,说大家千里迢迢到厦门参加会议很辛苦,爽朗地预祝大家会后将自己担负的注释任务如期完成。"①

12月,山东省中学语文教学研究会成立,因与厦门会议时间冲突,先生未能与会,致贺信表示:"我省中学语文教学研究会成立大会,我是应该参加的。不过开会时间跟郭沫若著作注释工作会议正相冲突,不能得兼,从岗位出发,只好不到济南而去厦门了。省会过门不入,实违本意。从一九三七年冬离开山东去延安,到现在整四十三年。四十三年前在故乡办乡师,教语文,四十三年后开会讨论语文教学,业务是遥相衔接的……"②

同月,宁波市教师进修学院、宁波市教育局教研室编《中学生阅读文选》出版,收入先生散文《菜园小记》。

本年,先生散文《歌声》被选入人民教育出版社中学语文编辑室编写的1978年版初中课本《语文》(试用本)第六册;散文

---

① 杨芝明:《忆念吴伯箫》,《山东文学》1983年第4期。
② 周长秋、王成勋:《情真意切　语重心长——访吴伯箫同志》,《山东教育》1981年第8期。

《记一辆纺车》被选入上海市初中试用课本《语文》第二册,华东师范大学出版社 1980 年出版。

1981 年　76 岁

1 月 10 日,先生致信文学研究所傅德惠,"送上郭著办公室材料三种,商请觉民同志,看能否编一期《文学研究动态》?"①。

1 月 26 日,先生以眩晕入住首都医院急诊。2 月 5 日,春节在医院过。2 月 9 日出院,全休一个月。3 月 10 日恢复上班。

先生致信亓举安:"元月廿六日忽患晕眩,天旋地转,不能自持。到首都医院急诊,即住院。经输液、服药,两天就好了,在医院住了两星期,已于二月九日康复出院……医嘱休息一月,进行理疗,服药,打针(复方丹参液),巩固疗效。一切已恢复正常……"②

又:"我的晕眩病已完全好了。全休一月,到三月十日即拟恢复正式上班。所谓上班,还是在家的时候居多。"③

2 月,河南《洛阳》杂志 1981 年第 2 期刊载先生给艾云海的复信。这是艾云海未经同意擅自投稿发表先生给他的复信,此后他又继续投稿《青春》,再一次发表先生复信,遂引发连锁反应,给先生带来极大被动。

《给〈青春〉编辑部的信》记述:"我曾三次被动地劝他不要广播、不要写文章提到我,他都没有听。《青春》上发表我给他的信是第二次;第一次发表在二月号的《牡丹》上。都是杂志社寄刊物来我才知道,我都没说什么,怕泼冷水,打击情绪。心里是

---

①吴伯箫:《致傅德惠》,1981 年 1 月 10 日,"吴伯箫旧藏之三",艺典中国网:http://www.yidianchina.com。数据截止日期:2016 年 9 月 9 日。

②吴伯箫:《致亓举安》,1981 年 2 月 12 日。

③吴伯箫:《致亓举安》,1981 年 2 月 28 日。

默默感到失望的。"①

　　3 月,山东大学校长吴富恒到北京邀请参加山大建校五十五周年校庆,先生在臧克家家里陪宴,决定不去。

　　3 月 17 日,致信亓举安谈山大校庆事,又谈到写诗:"山大校长吴富恒同志来京邀我们去济南参加五十五周年校庆,在臧克家家里陪宴一次,个人送他几本作品,权作祝贺礼物,最后决定都不去了。春暖花开后再说。知道这类消息,家里不必盼着。""写来的诗,只能算打油诗。小时没有诗的训练,写诗不容易。舅父现在连平仄都拿不准,偶尔有点意思,写几句带韵的话,只能顺口溜,有时也溜对了,但毫无把握。家里有《唐诗三百首》么? 可找来熟读。"②

　　本月,回忆录《办平民学校》刊载于《人民教育》1981 年第 3 期。

　　同月,署名"齐天举"的论文《明净　和谐　朴素　自然——读吴伯箫的散文集〈北极星〉》刊载于《中国社会科学院研究生院学报》1981 年第 2 期。

　　4 月,先生向中国社会科学院党委提交《关于郭沫若著作编辑出版工作请示报告》。

　　5 月 1 日,先生与家人在景山公园合影。

　　5 月 10 日,先生接受《山东教育》杂志周长秋等采访,相关报道刊载于《山东教育》1981 年第 8 期。

　　周长秋、王成勋记载:"一九八一年五月十日上午八点钟,我们到了吴老家中。这是一套普通的北京四合院,院落不大,一式平房。吴老早饭后正在院里散步,听说我们是从山东专程来访的,他亲切地拉住我们的手,让进他的书房,热情地给我们沏茶。

---

①吴伯箫:《给〈青春〉编辑部的信》,《吴伯箫文集》下卷,第 673 页。
②吴伯箫:《致亓举安》,1981 年 3 月 17 日。

他精神矍铄,和蔼可亲,看去身体很好……告辞出门,吴老执意要送我们,一直送到离家一百多米远的路上,老远还看到吴老在向我们挥手。"①

5月29日,中华人民共和国名誉主席宋庆龄在北京逝世。

5月,先生参与选编并题写书名的《历代名人与庐山》(李国强、王自立编著)由江西人民出版社出版。

6月3日,宋庆龄追悼会在北京举行,先生写《悼宋庆龄》挽联、悼词两则:"祖国荣耀,世界英杰;高风亮节,万代楷模。""为爱国主义、民主主义、国际主义和共产主义奋斗终生。宋庆龄同志永垂不朽。"刊载于《长江日报》1981年6月6日。

6月28日,在北京沙滩,先生写回忆录《无花果——我和散文》,刊载于《文学评论》1981年第5期。

6月30日,先生为山东泰安一中《语文小报》题写报头并复信。

梁军梅记载:"后来,我们学校语文组的老师办了一张铅印《语文小报》,写信请吴爷爷题写一个报头。信发出去不久,就收到了吴爷爷的回信。他在信中说:'听到家乡的消息是感到亲切的。二十年代每年寒、暑假,往返曲阜、北京,总经过泰安。泰安三中田佩之同志任校长时,我曾担任教导主任,虽然因国民党党棍挑动风潮离校,但留下的感情是深厚的。牺牲在西藏的夏辅仁同志,那时是一年级新生,十年后我们在延安会面,成为战友,至今我怀念他。曲阜师范校长范明枢老师,三七年夏我还到泰安拜访他,抗战中他八十高龄参加共产党成为党史的佳话。记得他家住在南关,光荣的后代还有什么人? 报头两幅。请选用吧。没有写好,留念而已。'随信寄来的,是用毛笔写在宣纸上的

---

① 周长秋、王成勋:《情真意切　语重心长——访吴伯箫同志》,《山东教育》1981年第8期。

两张'语文小报'的字样……接到信后,语文组的老师们便去调查了范老的后代情况,并且由学校实验室的老师拍了几张范老墓地的照片一起寄给了吴爷爷。吴爷爷看了很高兴。以后又多次给我们学校的图书馆寄来了他编写的书刊。他寄来的书,总是包得整整齐齐用塑料绳捆得严严实实,在扉页上工整地写上'赠阅'的字样。"①

　　7月15日,山东省泰安一中语文组编《语文小报》1981年第16期出刊,首次采用先生所题报名,并在头条发表先生6月30日致《语文小报》编辑小组的信,另配发编辑小组《我们的感激》一文介绍相关情况:"著名的老作家、老教育家、中国社会科学院文学研究所副所长、全国语文教学研究会副会长吴伯箫同志,应我们的请求,为《语文小报》题写了报头,并寄来热情的复信。"

　　宋遂良记述:"关于泰安一中的《语文小报》,我查1981年、1982年日记,有以下的记载:1981年1月6日:'语文组决定要办一个铅印的《语文小报》,十天一期。这是一个很费功夫的活,我本不热心,但光璞很有劲,我亦不能泼冷水。'1981年初正是十一届三中全会以后拨乱返〔反〕正的改革高潮时期,中学语文教学多年来把语文课当政治课教,积习很深。我们就是想为恢复语文课的正常功能而作一点努力。李光璞当时是我们语文教研组长,他是发起人。我之所以不积极是当时我自己想要写些文学评论文章,约稿多,时间少。但办起来后我也是很投入的。给吴伯箫先生的信和《我们的感激》,及每期的编辑部言论记忆中大都是由我执笔的。1月24日:'组里编辑的《语文小报》几经艰难已于今日正式印刷出版。这是一个费力的活,负担很重'。2月15日:'为小报撰文《要学好课本》,近千字。'2月21日:

①梁军梅:《"感人的歌声留给人的记忆是长久的"——悼念吴伯箫爷爷》,《山东教育》1983年第2期。

'《语文小报》出版后，很受欢迎。今天研究具体事项，以光璞为主编，我为副，定萱管会计。收到下边中学的老师同学热情洋溢的来信，很受鼓舞。'当时一起编报的还有甄长明、吕霄生、常文正、杨玉贵、郭澄海等老师。3月6日：'《小报》已发五期。唯印刷上矛盾重重，只好另找出路。订户已增至八千。收款付款，组稿校对，每日费事极多。昨日写好《小报》第四期用的范文及评介。'6月12日：'为小报写刊头事起草给吴伯箫同志信。'6月30日：'《语文小报》十五期以新版形式出现，印了一万三千份，准备推销，看能发多少。'7月2日：'收到吴老题字及热情的复信，大家欣喜不已，忙着制版、出刊'。"①

7月1—20日，先生去承德、北戴河参加会议各十天。其间收到文学研究所科研处来信，告知中国作协派其与冯骥才组团出访英国两周的决定，因电话不通，特写信征求对访英意见，要求先生回电话。

7月20日，在北京家里，先生接受张定远采访谈语文教学，就中学语文教学、作文教学、阅读教学、如何估价语文教学的成绩、办好语文刊物和文学创作等问题发表了自己的意见。

张定远回忆："去年（指1981年），我着手编辑《中学语文教学论集》，打算请吴老谈谈语文教学的有关问题。七月二十日下午二时许，我到伯箫同志的住处访问了他。吴老当时刚刚睡过午觉，见我来了，非常热情地接待了我。当我说明来意后，他谦虚地说：'我对语文教材建设和语文教学是有感情的，但我谈不出什么意见啊！'我诚恳地说：'您就不用客气了，随便谈谈吧。'吴老稍加思索就谈起来了。当时天气很热，吴老不顾劳累，就语文教学的一些重要问题谈了自己的看法。"②

---

①宋遂良：《致子张》，2018年5月2日，微信留言。
②张定远：《吴伯箫同志谈语文教学》，《中学语文教学》1982年第10期。

7月23日,先生复信上海《语文学习》杂志编辑范守纲,对来信中提出的就该杂志举办中学语文教师议论文竞赛征文写一篇"总的评论文字"的要求作出回应。此信后来以《把功夫下在多读原文上》为题发表于《语文学习》1990年2月号《名人语文教育书简》专栏,并附范守纲的文字说明,介绍了当时杂志邀请吴伯箫担任评委的一些情况。

同日,复信外甥亓举安,谈及《写作》杂志:"《写作》说是我主编,实际我过问很少,你可以看看,发现什么问题来信告诉。"①

7月28日,林焕平致信先生:"承惠赠墨宝,业经妥收,衷心铭感。回去后,当为裱好,挂在厅内,以为交谊之标志也。我将于后日乘火车返桂林,九月间当会再来,到时再见。"②

8月4—14日,中国写作研究会常务理事(扩大)会议在北京阜成门外召开,先生以会长身份出席。

8月5日,罗竹风与《语文学习》杂志编辑前来探望先生,并约写《中学语文教师论文竞赛获奖作品选》序言,辞③。

8月7日,上午,先生去冶金部招待所316房间看望中国写作研究会常务理事(扩大)会议成员。

傅德岷回忆:"一九八一年八月七日,我因出席在京召开的中国写作研究会常务理事(扩大)会议,在冶金部招待所316房间里第一次与吴老见面了!那天清晨,老周告诉我:'吴老上午来看大家。'吃罢早饭,我便在楼上等着。大约九点钟,吴老来了。他中等身材,穿着麻灰色的中山装,手提一只黑色皮包,微微发胖的脸上始终飘溢着和蔼的笑影。我坐在他身边。吴老同

---

① 吴伯箫:《致亓举安》,1981年7月23日。
② 林焕平:《致吴伯箫》,1981年7月28日,"吴伯箫旧藏之三",艺典中国网:http://www.yidianchina.com。数据截止日期:2016年9月9日。
③ 罗竹风:《悼念吴伯箫同志》,《语文学习》1982年10月号。

从边疆、山城、县市、学校、部队、工厂以及待业青年给我来信、来稿要求'帮助'的就数以百计(只就寄到我工作单位的约略估计;从转来的刘晓青同志的信稿看,寄到编辑部的也有一定数量吧)。"①

本年夏天,先生东北师大时期的助教丁耶来京看望。

丁耶回忆:"1981 年夏天,我到北京去看过吴老师,我走进他那两间小屋时,他正在一张 60 公分宽小桌上写文章呢。我在 1957 年曾到过他的家,也是沙滩 55 号,不过那时他是四间屋,可现在只剩两间了,不用问是'文革'期间被当成'上层建筑'占领了。我问他这怎么住得下呀? 吴老幽默地说:'这一间是男生宿舍,那一间是女生宿舍。'吴老师用的还是学校中的术语。我看到了一个教师的灵魂和苦衷。他老伴上班去了。可他一定要留我吃饭,他说:'你坐着,我给你去割韭菜'。我以为这个大杂院里有韭菜池子呢,我跟了出去,他在一只大花盆里种着韭菜,他一边用菜刀割着一边说:'这是二刀韭菜呀,锡金他们来时吃的是头刀……'吴老当时身体削瘦,看来健康情况已不甚佳,但他却是那样的乐观,对探望他的学生、朋友,都是热情招待,提起往事,谈笑风生,没有料到这是我最后见他的面!"②

初秋,先生为故乡莱芜寿石斋燕子石艺品研究所题词:"且喜飞燕入紫云",落款时间是"农历辛酉初秋",并署名钤印,然后按照寄石砚的地址,将题词邮寄到寿石斋。此前寿石斋老艺人曾精选一方清晰、做工精美的"燕子"砚台邮寄文学研究所吴伯箫。

9 月 4—8 日,先生以文学研究所负责人身份参加《文学遗

---

① 吴伯箫:《给〈青春〉编辑部的信》,《吴伯箫文集》下卷,第 671 页。
② 丁耶:《教师的灵魂,作家的劲笔:忆吴伯箫二三事》,《文艺论稿》1983 年总第 10 期。

2 日回到北京。

冯骥才记述:"1981 年初接到中国作协通知,去英国访问。一团三人,团长是吴伯箫先生,团员是我,还有一位年轻的女翻译何滨。"①

又"访问前,英国驻华大使馆在北京请我们吃饭。负责接待我们的英中中心文化委员会主任芮立(Wright)小姐特意从英国赶来,询问我们的想法和要求,以便安排访问期间的活动。"②

到达伦敦当晚,中国驻英大使馆大使柯华在使馆招待先生与冯骥才以及翻译何滨一行。

冯骥才记述:"伦敦由于常年大雾弥漫而别号雾都。按照过去气候的常规,在我们访英期间,正是伦敦多雾时节,但多日里只遇到一次雾。那是到达伦敦的当晚,大使柯华同志请我们吃饭。我们一出旅店就感觉一阵潮湿、浓重又阴凉的气息扑面而来。周围的楼房都隐没在烟一般迷蒙的空气里,只有五色变换的霓虹灯远远近近亮着,在雾里反而分出层次。汽车都改用黄灯,却只能照出一两丈远,必须缓缓而行。在使馆,柯华同志带着得意神情请我们参观他的后花园,想来他的花园非同寻常。"③

第二天,先生一行应邀参加麦康奈尔文学奖(The McConnell Prize for Literature)揭晓和授奖仪式。

在伦敦,先生还到利兹大学、伦敦大学、艺术家俱乐部、兰伯斯区"黑墨水俱乐部"以及伦敦附近诺维赤(Norwich)东英吉利大学做客与交流。

10 月 21 日,在伦敦,先生出席英中中心执行委员会主席约翰·艾迪斯先生举办的欢迎招待会。

①冯骥才:《激流中》,人民文学出版社 2017 年版,第 45 页。
②冯骥才:《雾里看伦敦》,百花文艺出版社 1982 年版,第 50 页。
③冯骥才:《雾里看伦敦》,第 10 页。

吃起更香。坐飞机,往返各六小时,只在加沙(沙特阿拉伯联合酋长国)、法兰克福(德国)略停。在飞机上吃五顿饭,鱼、肉、水果俱全,生活有如地上。坐着,半躺着,看电影而外活动较少而已。中英时差七小时,总有三四天不舒服,困顿思睡,又往往睡不好,但不是病态。回京数日已恢复正常。"①

　　先生接受上海《文学报》记者林中草采访。

　　林中草记载:"话题是从他的访英之行说起的。今年十月,应英中文化协会邀请,吴伯箫同志去英国进行了为时两周的访问,同行的还有天津的中年作家冯骥才。访问日程安排得很紧,到了伦敦、牛津、康桥等地,通过和英国朋友的交流,互相增进了了解。""吴伯箫同志现在是中国社科院文研所的副所长,还兼着郭沫若全集编选办公室的负责人,那天聊得很晚,他因工作还要去郭老旧居。""从他家四合院出来,已经下起了小雪,正告辞,吴伯箫同志却转身再入了走廊,不多时,取来了一把伞,硬要我带走。"②

　　张钦恩记载:"八一年冬,他和冯骥才同志按照中英两国政府签订的一九八〇年至八一年文化教育和科学交流计划赴英国访问。我对他说,回来时,你一定要写点什么。他说:'还是冯骥才同志写吧,他笔头快。'"③

　　11月6日,致《青春》编辑部长信,编辑部以《吴伯箫同志给本刊编辑的信》为题刊载于《青春》1982年第3期《作家书简》专栏,文后附编者按以及编辑部1981年9月3日致先生信。

　　11月17日,先生到北京八宝山革命公墓礼堂参加诗人穆木

---

①吴伯箫:《致亓举安》,1981年11月8日。
②林中草:《贵在有真情——访老作家吴伯箫》,上海《文学报》1981年12月17日。
③张钦恩:《吴伯箫的品格》,《深圳特区报》1984年10月28日。

天、小说家彭慧夫妇的追悼会。追悼会由北京师范大学副校长郭敬主持,钟敬文、刘漠分别致悼词。出席追悼会的还有:夏衍、林默涵、周而复、冯至、杨晦、吴世昌、臧克家、柳倩、蒋锡金、方殷、叶水夫等三百余人。

11 月 26 日,先生回复《青春》编辑部转来的刘晓青 8 月 28 日信,以《要写自己感受最深的生活》为题刊载于《洛阳日报》1981 年 12 月 16 日。

11 月 30 日,先生到新侨饭店六楼会议室出席《文艺报》"散文创作座谈会"并作题为《散文,应当提倡一下》的发言。

周明回忆:"我最后一次见到他,是一九八一年十一月,在新侨饭店六楼会议室,《文艺报》召集的散文创作座谈会上。已是入冬季节,他依然穿着多年来一直伴随他的那身绿色军大衣,风尘仆仆地走进会场。会上,他作了热洋溢的发言。他认为当前要大力提倡散文创作。"①

11 月,先生身体不适,经会诊,确定为"晚期食道癌"。

11 月,《语文教学通讯》1981 年第 11 期刊载田增科文章《一环抓住,环环相扣——吴伯箫同志谈评书活动》。

12 月 6 日,《北京日报》刊载报道《语文教师要勤练笔记——老作家吴伯箫一席谈》。

12 月 17 日,上海《文学报》刊载该报记者林中草采访报道《贵在有真情——访老作家吴伯箫》,并配发照片《作家吴伯箫、冯骥才在英国访问》一帧。

12 月 21 日,星期一,先生应气功师郭林之约到紫竹院诊所接受气功治疗。

郭林记述:"科学院(当为社科院,子张按)长老吴来用功治疗,但同时他还全用艾治,这与气功练习有矛盾,推拿病灶法,这

①周明:《雨中忆》,《文汇报》1983 年 1 月 20 日。

几位副所长退居二线。

陈荒煤记载:"沙汀同志:今日上午也召集所里室以上负责人会议,希抓紧对所领导班子调整问题,早日提名、确定,然后再与你研究,再转入抓今后长远规划问题,院部明春要开规划会议,制定十年规划……所里兼顾不了多少,也实在难以为继,所以还是想过渡一段,让新的领导班子起来担担子为好。你、我、余、吴几个老人都暂作顾问吧"。①

又:"我已公开在扩大党委会宣布,叫新的领导班子,觉民总抓,平凡抓党的工作与后勤。"②

王平凡记载:"荒煤到文学所后不久,就与我们同志提出领导班子年轻化的问题。他说中央三令五申要领导班子年轻化、知识化、专业化。文学所在国内所处的地位与任务日益繁重,国际交往、文化交流越来越频繁。但我们的领导平均年龄为68岁,而且大多身体不好,很难胜任工作。经过党委反复酝酿,确定所长沙汀,副所长吴伯箫、余冠英、王平凡都退下。1981年,荒煤同志调文联,沙汀同志调作协,我于1983年调少数民族文学所。由许觉民同志负责组织新的班子,领导全所同志奋进。"③

1982 年　77 岁

1月2日,先生住院多日老友雷加前去探望。

康平记述:"春节前,雷加同志来信说,'一月二日,我去探望伯箫,因他患病,他说已有多日,作协理事会,也只去过两次。正服中药,有所好转……但是前一天,有人告诉我,已确诊为喉头癌,并

---

① 陈荒煤:《1980 年 9 月 29 日致沙汀》,《陈荒煤文集》第 10 卷,第 346 页。
② 陈荒煤:《1981 年 11 月 12 日致沙汀》,《陈荒煤文集》第 10 卷,第 350 页。
③ 王平凡、王素蓉:《文学所往事》,第 347 页。

数 17500 册,定价 0.47 元。但实际印出在先生去世后。

同月,《北京师范学院学报》1982 年第 2 期刊载鲍霁论文《吴伯箫散文写作的"分水岭"》;《杭州大学学报》1982 年第 2 期刊载吕洪年、李孝华论文《吴伯箫散文的艺术特色》;《扬州师范学院学报》1982 年第 2 期刊载徐家昌论文《论吴伯箫散文的语言艺术》。

5 月上旬,先生抱病请曹辛之为《吴伯箫散文选》设计封面,并亲自为《吴伯箫散文选》拟选目供编者参考。

5 月 9 日,先生夫人郭静君与女儿拜访叶圣陶,请其为《吴伯箫散文选》撰序。10 日,先生在夫人郭静君和女儿搀扶下又亲访叶圣陶,叶圣陶"一口答应决为作序文"。

叶圣陶记述:5 月 10 日星期一"昨日吴伯箫之夫人及女儿来,言伯箫将出散文选集,要余作序文,明日亲自来看余。又言伯箫去冬卧病,迄今始稍愈,其病为食道癌,医生与家中人均讳而不之告。曾服强烈之中药,致大吐血数次云。今日九点后伯箫来,夫人、女儿扶之,满面皱纹极深,望而知甚瘦弱不堪。语声低弱,眼中渗出泪水。余一口答应决为作序文,伯箫表现心慰之神态。渠言怕余疲累即欲辞去,余言闲谈殊不以为累,女儿言其父亲不能多说话,遂为别。此一晤面颇生异感,我猜伯箫心中必自伤极深矣。"①

5 月 13 日,叶圣陶为《吴伯箫散文选》撰写序言。

叶圣陶记述:5 月 13 日星期四"今日作吴伯箫嘱作之散文集序文,至午后三点完篇,仅一千字耳(午后睡而不成眠,当是大脑不得松弛之故)。适泗原〔源〕来访,即请斟酌,有二三处小改动,至善亦参加。至善即誊清之,明日即可托老田送与伯箫。此为一快。"5 月 17 日星期一"伯箫看过余所作序文,缘余少叙其已出之

①叶圣陶:《叶圣陶集》第 23 卷,《日记(五)》,第 437 页。

敬礼!

　　　　　　　　　　　吴伯箫

　　　　　　　　　一九八二年五月廿四日

　　代寄文艺部叶圣老序文,看到了么?最好能用在《人民日报》。《文艺报》刚发表了叶老为《朱自清文集》写的序。

　　又及

　　5月27日,叶圣陶日记载:"写作研究会由吴伯箫来说,邀余与朱东润为名誉会长。"①

　　6月6日,写散文集《羽书》的附记。

　　6月10日,《人民日报》刊载叶圣陶《〈吴伯箫散文选〉序》。

　　6月19—25日,中国文联第四届二次会议在北京召开,先生被补选为委员会委员。

　　曹一明报道:"中国文联第四届全委会第二次会议于6月19日至28日在北京召开,全国近400名代表参加了这次会议。这次全委会着重讨论了《关于文艺工作的若干意见》(草稿)。这是一个以总结我国几十年文艺工作经验为主要内容的文件,与会代表在认真热烈的讨论中各抒己见,畅所欲言,对它提出了许多积极的意见和建议。大家一致认为,总结过去的经验,结合当前文艺工作的实际情况,制定　一个对今后文艺工作具有指导意义的文件是十分必要的。为使这一文件更加完备,会议决定由主席团根据代表们的建议,进一步广泛征求意见,继续进行讨论和修改。会议还讨论并通过了《文艺工作者道德公约》。大家认为,要使文艺为精神文明建设贡献力量,就要求文艺工作者本身首先具有良好的精神状态和道德面貌。与会同志们表示,要严格遵守《公约》,努力做好一个精神文明的建设者。这次会议还

----

①叶圣陶:《叶圣陶集》第23卷,《日记(五)》,第443页。

通过了增补朱穆之、吴冷西、舒同、胡风、沈从文、布赫、夏川、吴伯萧〔箫〕、郑类赛为中国文联全国委员会委员的决议和设立中国文联书记处的决议。"①

李辉记载:"就在胡风搬家之前,中国文联六月举行了四届二次会议,这是我当记者后第一次采访的重要文化活动。""这次会议,增补了九位文联委员,据大会秘书长冯牧在闭幕式所做的增补说明,胡风排在第四位。前三位依次是文化部部长朱穆之、广电部部长吴冷西、书法家协会主席舒同,胡风之后,依次是吴伯萧〔箫〕、沈从文、布赫等。"②

7月,臧克家写青岛记游诗《寻寻觅觅》之一《伯箫的"山屋"》:

"山屋",老友的故居,坐落山坡上,幽僻而奇突。

板门北向,脚步踏出一条小路,他在这儿写作,他在这儿读书。

"山屋"里充满泥土气味,小灯照我们对坐偶语。大海在耳边呼啸,我们的心胸窒息痛苦。

今日我重来旧地,找不到当年的"山屋",为了一片高楼的诞生,它不惜粉身碎骨。

7月15日,先生因咯血第三次入住首都医院。

8月,并发肺炎。

8月9日,昏迷,摘去氧气罩。10日中午12时10分,先生停止呼吸。当天傍晚,子女电话告知作协书记处书记朱子奇,遵照先生嘱咐将事先写好的遗言交付。

①曹一明:《中国文联第四届全委会第二次会议在京召开》,《剧本》1982年第7期。
②李辉:《三十年,两封信,一个被"胡风冤案"改变命运的人》,《收获》2018年第1期。

　　郭冬回忆:"八二年七月十五日,吴伯箫同志因咯血第三次住进医院。住院期间,总会负责人和我们在京的同志,经常探望吴老,并代表学会转达了各地会员的问候。""八月上旬,吴伯箫同志并发了肺炎,由于食道阻塞,又大量咯血,已经不能自由呼吸。他的床头上,每日挂着氧气瓶和葡萄糖液体,人常常处于昏迷状态。八月九日,医生摘去氧气瓶,吴伯箫同志大口地吸气,用手使劲地揉搓着胸口。他的小女儿吴陆一含泪问他:'爸爸,你很难受吗?'吴伯箫同志艰难地回答:'是呵,我难受呵。'陆一问:'爸爸,你想吃一点东西吗?'吴伯箫同志见女儿十分哀痛,便极力作出平静的笑容,说:'好,我,吃一点。'之后,又是大口地呼吸,然后是昏迷。这就是他临终前的最后一句话。这种昏迷一直持续到八月十日中午,十二点十分他永别人世了。"①

　　朱子奇记载:"随后,他就病重了,两次病危送进医院抢救。他一直不知道,他得的是不治之症。第一次去看他,还能谈问题,第二次即今年八月初去看他,就说话困难了,只能勉强以微笑点头示意。八月十日黄昏,伯箫同志的孩子在电话中抽泣着通告我:'爸爸去世了,曾有嘱咐,在他逝世后,一定要把他写的遗言立即交到你手里,说你了解他,他信任你。'我放下饭碗,赶到伯箫同志家,同他家人一起悲悼,并接过一张情感真挚、文笔流畅的遗书。读其文,如听其声,见其人,好像伯箫同志就坐在身旁谈心:

　　　　人生'百年'一关,总是要过的。

　　　　若"百年"之前,没有给人民立下什么丰功伟绩,甚至好事做得不多,'百年'之后,最好不要给人民添任何麻烦。不通知亲友,不举行任何仪式,默默火化。就各人所好,随意

①郭冬:《缅怀吴伯箫会长,把中国写作研究事业推向前进——在中国写作研究会理事会上的发言》,《写作》1982年第6期。

把骨灰撒向什么地方。自己就想把骨灰撒向泰山。借机会子女可朝东岳，登玉皇顶，看日出。眺望都没有到过的父祖的故乡，永远留下一个光芒万丈，时时向上，满怀欢快的印象……"①

8月11日，中国写作学会秘书长郭冬和中央电大李维国先后去首都医院和先生家中，代表学会向家属慰问，当天给学会总部电发先生逝世消息。翌日，二人再去先生家中，向家属了解先生临终前情况，受到先生长子吴光琦、小女儿吴陆一接待，并"将噩耗通知了在京的全体理事，在京的华北分会负责同志、司法文书分会负责同志，并召集了小型的商议会议。商议的结果，推举高潮同志，刘锡庆同志，李维国同志和我，代表中国写作研究会参加吴伯箫同志的治丧活动。"②

8月13日，新华社发讣告。

8月14日，《人民日报》《光明日报》等各大报刊发新华社电讯全文：

中国文联委员、作协理事、中国笔会中心理事、社会科学院文学研究所副所长、著名的文学家和教育家吴伯箫同志，因病于1982年9月10日在北京逝世，终年七十六岁。

吴伯箫是中国共产党优秀党员，山东莱芜人，1938年到延安参加革命工作，1941年入党，他先后担任陕甘宁教育厅教育科长、文化协会秘书长、延安大学和华北大学教授、东北大学社会科学院副院长、东北师范大学副教务长兼文学院院长、东北教育学院副院长、人民教育出版社副社长兼副

①朱子奇：《怀抱理想 俯首耕耘——悼念吴伯箫同志》，《文艺报》1982年第10期。
②郭冬：《缅怀吴伯箫会长，把中国写作研究事业推向前进——在中国写作研究会理事会上的发言》，《写作》1982年第6期。

总编辑等职。他长期以来从事教育工作和教育出版工作，为培养社会主义建设人才和发展社会主义文化事业作出了积极的贡献。早年他即从事业余文学创作，数十年来撰写出大量的充满革命激情的散文，成为我国当代卓有成就和影响的散文作家。他热爱党、热爱人民、热爱社会主义，忠诚于伟大的共产主义事业，处处维护党的优良传统，工作勤恳，作风正派，艰苦朴素，为人诚恳朴实、表里如一。他临终还谆谆教育子女为人民服务，做好革命工作，并遗言身后"不要给人民添任何麻烦，不通知亲友，不举行任何仪式"，希望把骨灰撒向家乡的泰山。①

同日，中国作协、中国社会科学院文学研究所联署发布讣告，作为邮寄件寄发相关人员。全文如下：

中国共产党党员、中国社会科学院文学研究所副所长、全国文联委员、作协理事、中国笔会中心理事吴伯箫同志因患病不治，不幸于一九八二年八月十日中午十二时在北京逝世，享年七十六岁。兹遵照伯箫同志遗嘱"不要给人民添任何麻烦，不通知亲友，不举行任何仪式，默默火化。把骨灰撒向泰山"。为此决定不举行追悼会等仪式。深望伯箫同志诸亲友，念伯箫同志一生为革命文化事业勤劳奋斗精神之可感，志纪念于永久。

特此讣告

中国作家协会

中国社会科学院文学研究所

一九八二年八月十四日

---

① 《著名作家吴伯箫逝世》，《人民日报》1982 年 8 月 14 日；《著名文学家和教育家吴伯箫逝世》，《光明日报》1982 年 8 月 14 日。

8月16日,因情况有变,临时决定在北京八宝山举办悼念活动,由文学研究所主持告别式,周扬、陈荒煤等文艺界负责人前往吊唁。

陈荒煤记述:"上午到八宝山与吴伯箫同志遗体告别。"①

康林记述:"逝世前,他留下了遗嘱:不举行追悼会,骨灰撒在泰山。周扬同志提出要到医院去看望吴老的遗体。在这种情况下才在八宝山举行遗体告别仪式。我打了一天电话,通知在京工作的同学。我们跟随中央领导同志之后,默默地流着眼泪,向我们的先师遗体鞠躬、告别。"②

郭冬记述:"八月十六日上午十时,天空飘着小雨。由文研所主持的向吴伯箫同志遗体告别的仪式,在北京八宝山革命公墓举行。前来告别的领导同志有:周扬、陈荒煤等,许多著名作家也参加了告别仪式。高潮、刘锡庆、李维国和我,代表写作研究会全体同志向我们尊敬的已故会长吴伯箫同志作了最后的告别,并对吴伯箫会长的夫人和五个儿女一一握手慰问。"③

8月22日,《光明日报》刊载佟家桓悼文《吴伯箫老师二三事》,追记1981年3月、5月、6月先生审阅其关于老舍的论文并提修改意见事。

8月26日,先生家人遵照遗嘱,经有关部门同意,将骨灰埋到泰山极顶。

8月30日,《人民日报》刊载楼适夷悼文《一位严于律己的共产党员——缅怀吴伯箫同志》。

---

①陈荒煤:《陈荒煤文集》第10卷,第295页。
②康林:《吴伯箫老师在郭著编委会工作的日子》,亓勇主编:《吴伯箫纪念文集》,第69—70页。
③郭冬:《缅怀吴伯箫会长,把中国写作研究事业推向前进——在中国写作研究会理事会上的发言》,《写作》1982年第6期。

9 月 16 日,《北京日报》刊载张守仁文章《忆吴伯箫》;《学作文报》1982 年第 13 期于报端加黑框宣示:"沉痛悼念本报顾问吴伯箫同志",并在头版刊载"本报编辑部"悼文《他仍然和我们在一起——追念吴伯箫同志》。

9 月 20 日,《语文报》头版刊载"本报记者"田增科悼文《"要把〈语文报〉办好"——怀念老作家吴伯箫同志》,并于《在这一期上》介绍:"著名文学家、教育家吴伯箫同志永远离开我们了。吴老生前十分关心我国的语文教育事业,并且为之做了大量的工作。正因为此,他很高兴地担任了本报的顾问,在重病期间还关心《语文报》的成长。这期我们发表了本报记者写的回忆吴老的文章,第二版刊登了吴老的小传和二则小故事,以表示我们对这位党在文学战线和教育战线上的忠诚战士的怀念。"①

9 月 26 日,散文集《忘年》出版,样书由出版社寄到北京家中。

9 月 27 日,《人民日报》刊载张志民文章《延安纺车声——吴伯箫同志二三事》。

9 月,《中国现代文学研究丛刊》1982 年第 3 辑刊载白烨论文《吴伯箫现代散文漫谈》。

10 月 1 日,《学作文报》1982 年第 14 期影印刊载先生 1979 年 7 月 6 日给《学作文报》编辑部的一封信。

10 月,《文艺报》1982 年第 10 期刊载朱子奇悼文《怀抱理想俯首耕耘——悼念吴伯箫同志》并配发先生生前照片一帧,文末注明"一九八二年八月底于井冈山—北京";《人民文学》1982 年第 10 期刊载臧克家悼文《五十二年友情长——追念伯箫同志》,文章写于 1982 年 9 月 2 日;《人民教育》1982 年第 10 期刊

①田增科:《"要把〈语文报〉办好"——怀念老作家吴伯箫同志》,《语文报》1982 年 9 月 20 日。

载刘国正、朱堃华、王少阁悼文《深切悼念吴伯箫同志》；《中学语文教学》1982 年第 10 期刊载张定远文章《吴伯箫同志谈语文教学》，此文写于 1981 年 7 月 20 日，篇末作者说明："这篇文章是去年七月二十日我访问吴伯箫同志后根据记录整理的。"同期刊载刘国正悼诗《哭吴伯箫同志》，篇末注明"一九八二年八月十八日，于庐山"；《语文学习》1982 年 10 月号刊载罗竹风悼文《悼念吴伯箫同志》。

同月，《散文》1982 年第 10 期《序与跋》栏目刊载王统照当年为先生散文集《羽书》撰写的序文和先生的附记，栏目编者按有说明，并云："今当吴伯箫同志逝世的日子里，我们发表这个序和附记，以作为对王统照和吴伯箫两位文学家的深切怀念。"

11 月，冯骥才访英见闻录《雾里看伦敦》由天津百花文艺出版社出版，作者于扉页题词："仅以这本小书，纪念此行的旅伴——我所尊敬的吴伯箫同志！"

12 月 29 日，《文汇报》文荟副刊刊载张毕来悼文《清澈如一江秋水的心境》，此文写于 1982 年 8 月 15 日，后被收入《张毕来诗文选》。

12 月，《诗刊》1982 年第 12 期刊载公木悼诗《啊，伯箫，伯箫哟》。

同月，早期散文集《羽书》被收入《文学丛刊选》1982 年第 2 辑，由广东花城出版社出版，印数 9900 册，定价 0.41 元。

同月，《文学评论》1982 年第 6 期刊载鲍霁评论《中国当代散文的重要收获——论吴伯箫〈北极星〉的艺术成就》；《写作》1982 年第 6 期刊出《沉痛哀悼吴伯箫同志》专栏并加编后语，内载三篇悼文：山东大学郭同文《象巍巍泰山一样苍翠——怀念著名作家、会长吴伯箫同志》，西南师范学院傅德岷《在燃烧着热情的书简里——怀念吴老》，北京师范大学一分校郭冬《缅怀吴伯箫会长，把中国写作研究事业推向前进——在中国写作研究会理事会上的发言》,并在《作家写作技法研究》专栏内刊载吕洪年、李孝华文章《豪情满怀　意趣盎然——读吴伯箫同志的游记〈天涯〉》;《沈阳师范学院学报》1982年第4期刊载马秋帆悼文《悼念吴伯箫同志》,康平悼文《怀念敬爱的吴伯箫老师》;《聊城师范学院学报》1982年第4期刊载王济生论文《略谈吴伯箫散文风格》。

本年,人民教育出版社中学语文教材编辑室编辑的第七套全国通用中学语文教材陆续编成并在全国发行。其中初中《语文》课本第三册第六篇课文选用先生散文《记一辆纺车》(阅读课文),初中《语文》课本第六册第六篇课文选用先生散文《菜园小记》,高中《语文》课本第二册第一篇课文选用先生散文《猎户》。

同年,《记一辆纺车》分别被选入:吉林省全日制学校高中课本《汉语》(试用本)第四册,延边教育出版社1982年出版;陕西省初中实验教材《语文》上册,陕西人民出版社1982年出版;湖南小学教师初师文化试用教材《语文》上册,湖南教育出版社1982年出版。

第十章　后谱
（1983—2018）

1983 年

1 月 20 日，上海《文学报》刊载周明悼文《雨中忆》，回忆自1950 年代以来向先生"组稿和请教工作"诸事。

1 月，《青年科学家》1983 年第 1 期出版，封面采用先生生前题写的刊名。同期刊载李昌文回忆文章《一份珍贵的遗墨——忆吴伯箫同志》。

2 月，《星火》文学月刊 1983 年第 2 期刊载公仲文章《萧鼓鸣兮发棹歌——缅怀吴伯箫同志》。

2 月，山东莱芜第四中学语文组油印刊物《百草》1983 年第1 期刊载张欣（子张本名）悼文《永怀故乡——挽吴老伯箫》、论文《诗情画意　眷眷乡情——读吴伯箫早期散文〈马〉》。

3 月，人民文学出版社将《北极星》1963 年版重印出版，版权页标明"1978 年 3 月北京新一版，1983 年 3 月北京第二次印刷"。

同月，牛宝彤选注、先生题写书名的《三苏文选》由四川人民出版社出版。书中《选注者的话》对题写书名一事有交代，由"当代散文大家、七十五高龄的吴伯萧〔箫〕先生为本书题写书名。"和此文写作时间"一九八一年五月"可推测书名题写时间当为1981 年上半年。

　　同月,《山花》杂志刊载先生 1981 年 9 月、10 月致成启宇信两通。

　　4 月 1 日,上海《文学报》刊载马鹏举文章《吴伯箫爱海》。

　　4—6 月,《山东文学》1983 年第 4 期刊载杨芝明文章《忆念吴伯箫》。山东文学季刊《柳泉》1983 年第 2 期刊载杨朔女儿杨渡文章《再读〈歌声〉——缅怀吴伯箫伯伯》。

　　5 月 23—27 日,由中国社会科学院郭沫若著作编辑出版委员会、文学研究所、历史研究所、考古研究所和中国文学艺术界联合会联合召开的郭沫若研究学术座谈会在北京举行,经与会代表协商选举,正式成立了中国郭沫若研究学会①。

　　7 月,《吴伯箫散文选》由人民文学出版社出版,定价 1.10 元。

　　《吴伯箫散文选》目次:《序》(叶圣陶),《话故都》、《马》、《山屋》、《岛上的季节》、《野孩子》、《夜谈》、《天冬草》、《啼晓鸡》、《海》、《梦到平沪夜车》、《灯笼》、《海上鸥》、《羽书》、《我还没见过长城》(以上第一辑),《记乱离》、《夜发灵宝站》、《马上的思想》、《潞安城》、《沁州行》、《响堂铺》、《神头岭》、《夜摸常胜军》、《微雨宿渑池》、《范明枢先生》、《向海洋》、《书》(以上第二辑),《客居的心情》、《论忘我的境界》、《斥无耻的"追悼"》(以上第三辑),《战斗的丰饶的南泥湾》、《"火焰山"上种树》、《黑红点》、《打娄子》、《游击队员宋二童》、《化装》、《一坛血》、《文件》、《"调皮司令部"》、《出发点》、《十日记》(以上第四辑),《北极星》、《记列宁博物馆》、《火车,前进!》、《记一辆纺车》、《菜园小记》、《延安》、《歌声》、《难老泉》、《窑洞风景》、《猎户》、《"早"》、《天下第一山》(以上第五辑),《岗位》、《忘年》、《作家·教授·师友——深切怀念老舍先生》、《回春》、《雷雨里诞

---

①杨均照:《中国郭沫若研究学会在京成立》,《中国现代文学研究丛刊》,第 3 辑,北京出版社 1983 年。

生》《打前站》《攀金顶》《布衣》《天涯》《"鹰"》《第二次到
上海》《我所知道的老艾同志》（以上第六辑），《无花果》（作者
代跋），《编后记》（鲍霁）。

8月，《九江师专学报》1983年第3期刊载杨雄振论文《回甘
余韵话延安:略谈吴伯箫六十年代初的一组散文》。

9月，《十月》1983年第5期刊载雷加悼文《"忘我"的沉
思——忆吴伯箫》。

10月，《文艺论稿》1983年总第10期刊载丁耶文章《教师的
灵魂,作家的劲笔:忆吴伯箫二三事》;《东北师大学报》1983年
第5期刊载索松华论文《浅谈吴伯箫的散文》;《名作欣赏》1983
年第5期刊载赵延鹏论文《水流碧玉文散锦——〈晋祠〉与〈难老
泉〉比较》。

12月，《当代文学研究丛刊》1983年总第4期刊载马婀如论
文《他以自己的声音歌唱:吴伯箫散文艺术风格散论》。

本年，散文《记一辆纺车》被选入吉林省高级中学课本《汉
语》（试用本）第五册,延边教育出版社1983年出版。

1984 年

3月，《海鸥》杂志1984年第3期刊载余思文章《〈羽书〉飞
去又飞回——吴伯箫同志与青岛》。

4月，《泰安师专学报》1984年第2期刊载张欣论文《试论吴
伯箫的散文美》。

7月25日，《青岛日报》刊载吴伯箫早期散文《岛上的季节》
（节录）。

9月，《作家》杂志1984年第9期刊载孙中田文章《春城的
怀念——纪念吴伯箫老师逝世一周年》。

10月28日，《深圳特区报》刊载张钦恩文章《吴伯箫的品
格》。

1985 年

《中学语文教学》1985 年第 4 期封二、封三分别刊出先生散文《记一辆纺车》和《菜园小记》的教学参考图,系吴印咸所摄1943 年延安大生产运动照片,共六幅。

河南《名人传记》1985 年第 4 期刊载娄彦永文章《吴伯萧谈做人与作文》。

本年,散文《记一辆纺车》分别被选入:陕西省初中实验教材《语文》第一册,陕西人民出版社 1985 年出版;北京市初级中学实验教材《语文》第三册,北京师范大学出版社 1985 年出版;江西省成人高级中学教材《语文》上册,江西教育出版社 1985 年出版。

1986 年

2 月,《宁夏大学学报(人文社会科学版)》1986 年第 1 期刊载吴金遴文章《谈教材中吴伯萧〔箫〕散文的修改》。

4 月,《名人传记》1986 年第 2 期刊载刘开朝文章《学生时代的吴伯萧》。

6 月,《中国现代文学研究丛刊》1986 年第 2 辑刊载豫东论文《吴伯萧的早期散文》。

本年,散文《记一辆纺车》被选入山西省《初中语文比较赏读》第三册,希望出版社 1986 年出版。

1987 年

6 月,康平编《吴伯萧研究专集》由广西人民出版社出版,印数 1300 册,价格 2.60 元。

本年,人民教育出版社编辑的第八套全国通用中学语文教材编成,于 1988 年秋季起供各地使用,其中初中《语文》课本第一册第十篇课文选用先生散文《早》(课外自读课文),第四册第三单元第十二篇课文选用先生散文《记一辆纺车》,第六册第一单元第二篇课文选用先生散文《菜园小记》;高中《语文》课本第一册第一单元第三篇课文选用先生散文《难老泉》(课内自读课文),第二册第二单元第一篇课文选用先生散文《猎户》。

1988 年

6月,《九江师专学报》1988年第3期刊载梁伟、傅勉文文章《关于中学语文教材里描写三年困难时期散文的真实性的探讨》。

1989 年

年初,北京《档案工作》1989年第1期刊载孔繁洪报道《作协发现一批著名作家手稿》:"中国作家协会,最近在清理历史档案的过程中,发现了一批著名作家五六十年代的手稿",其中有吴伯箫散文《记一辆纺车》手稿。

2月,《沈阳师范大学学报(社会科学版)》1989年第1期刊载郭景研论文《他用心灵和读者对话——吴伯箫散文的特色》。

10月,《东北师大学报(哲学社会科学版)》1989年第5期刊载锡金文章《故友三人行》,记载先生和萧军、穆木天三人生平事迹。

本年,散文《记一辆纺车》被选入江苏省"单元合成 整体训练"初中实验课本《语文》第四册,江苏教育出版社1989年出版。

1990 年

2月,《语文学习》1990年2月号《名人语文教育书简》栏刊出先生致该杂志编辑范守纲函(1981年7月23日),并发表刘国正文章《长流思远情——题吴伯箫同志手迹》,同时配发先生所赠《西双版纳无题诗》手迹照片一帧。

6月,魏绍馨主编《现代中国文学发展史》由延边大学出版社出版,其中张欣撰写的第十八章第五节《圆熟而零落的散文创作》介绍了两部1940年代出版的散文集:梁实秋的《雅舍小品》与先生的《羽书》。

12月,中国人民大学报刊资料复印中心《中国现当代文学研究》1990年第12期全文刊载陈业善论文《浅谈吴伯箫散文的审美价值》。

1991 年

2月,《延安文艺研究》1991年第1期刊载秦弓论文《吴伯箫生平创作道路》,此文被中国人民大学报刊资料复印中心《中国现当代文学研究》1991年第5期全文转载。

本年,散文《记一辆纺车》被选入辽宁省初级中学语文课本《阅读》第二册,辽宁教育出版社1991年出版。

1992 年

山东省泰安师专函授处编《高师函授学刊》1991年第2期刊载子张文章《吴伯箫早期散文〈马〉导读》。

5月,《语文教学论坛》1992年第5期刊载曾仲珊文章《忆吴伯箫同志》。

9月,《郭沫若学刊》1992年第3期刊载王锦厚文章《纪念中的纪念——怀几位〈郭沫若全集〉的编注者》。

12月5日,莱芜市委、市政府和山东省散文学会共同主办的吴伯箫散文学术研究会暨笔会在莱芜举办。8日,《莱芜日报》报导此次会议,刊头报道为《吴伯箫故居修葺一新》。

本年,散文《记一辆纺车》分别被选入:海南省九年制义务教育实验教材(沿海版)《语文》(初中第六册),三环出版社1992

年出版;广西壮族自治区九年制义务教育初中语文实验课本《语文》第三册,广西教育出版社 1992 年出版。

1993 年

《炎黄春秋》杂志 1993 年第 2 期刊载林非文章《我与周扬、吴伯箫和江南的交往》,其中有"吴伯箫串门"一节。

3 月,辽宁省社会科学院《社会科学辑刊》1993 年第 1 期刊载夏山文章《吴伯箫作品新补》,对《吴伯箫研究专集》漏收先生作品有所补充。

10 月,两卷本《吴伯箫文集》由人民教育出版社出版,印数 1340 套,平装本定价 17 元,精装本定价 21 元。卷末有鲍霁、刘开朝、吴光玮联合署名,"1992 年初春"撰写的编后记,对该文集的编纂、出版情况作了说明。

> 《吴伯箫文集》,分上下两卷,鲍霁、刘开朝、吴光玮编,上卷收入先生 1926 年至 1945 年间作品,其中 1926 年至 1931 年间早期作品以及《羽书》、《潞安风物》、《黑红点》集外的作品均为第一次收入。下卷收入先生 1946 年至 1982 年间作品,包括译著《波罗的海》和《出发集》、《北极星》、《忘年》以及集外作品。上卷卷首插入《吴伯箫及夫人郭静君于沙滩寓所》黑白照片一帧。

12 月,曹明海编《吴伯箫散文选集》由天津百花文艺出版社出版,印数 3000 册,定价 5.80 元。该书收入吴伯箫 1933—1980 年散文作品 40 篇。翌年 4 月第二次印刷,印数增至 7000 册。

《吴伯箫散文选集》目次:序言(曹明海),《话故都》、《马》、《夜谈》、《山屋》、《岛上的季节》、《天冬草》、《啼晓鸡》、《海》、《灯笼》、《野孩子》、《羽书》、《海上鸥》、《我还没见过长城》、《夜发灵宝站》、《响堂铺》、《潞安城》、《神头岭》、《夜摸常胜军》、

《微雨宿渑池》、《马上的思想》、《向海洋》、《客居的心情》、《论忘我的境界》、《战斗的丰饶的南泥湾》、《黑红点》、《化装》、《出发点》、《火车，前进!》、《记一辆纺车》、《菜园小记》、《歌声》、《难老泉》、《窑洞风景》、《猎户》、《"早"》、《忘年》、《打前站》、《布衣》、《天涯》、《"鹰"》。

1994 年

春，山东省政协文史资料委员会主办的《春秋》杂志 1994 年第 1 期刊载孔亚兵文章《来自吴家花园的忆念——吴伯箫轶事三人谈》。

9 月 12 日，《青岛日报》刊载邵燕祥文章《想起了吴伯箫》。

12 月 19 日，《青岛日报》刊载鲁海文章《在六十二级台阶上面——吴伯箫的〈羽书〉》。

12 月，《博览群书》杂志 1994 年第 6 期《图书评介》专栏刊载子张书评《完整的吴伯箫》，评介新出版的《吴伯箫文集》。

同月，许道明著《京派文学的世界》由复旦大学出版社出版，第五章《京派散文》列举 15 位散文家，先生为其中之一。

本年，散文《记一辆纺车》被选入北京九年义务教育三年制初级中学教科书《语文》第三册，北京出版社、开明出版社 1994 年出版。

1995 年

9 月 30 日，青岛市文化名人雕塑园落成揭幕典礼举行。

相关报道："位于中山公园西侧小西湖对面的'百花苑'内的青岛市文化名人雕塑园落成，并于 1995 年 9 月 30 日举行揭幕典礼。市委书记俞正声和市人大常委会主任孙炳岳为典礼揭幕。随后与会人员瞻仰了文化名人高凤翰、蒲松龄、康有为、杨振声、洪深、王统照、闻一多、老舍、沈从文、华岗、吴伯箫、刘知侠、王献唐、童第周、张玺、朱树屏、郝崇本、毛汉礼、束星北、林绍文等20位名人的塑像。"①

《齐鲁晚报》记者高楠报道:"我国第一个被列为国家级重点项目的城市园林雕塑工程——青岛文化名人雕塑园近日正式对外开放。""兴建于青岛'百花苑'的文化名人雕塑园,计划兴建50尊文化名人雕塑。""第一批文化名人包括蒲松龄、康有为、闻一多、老舍、洪深、吴伯箫、童第周等青岛籍或在青岛生活过的科学巨匠和文学巨擘。"

10月16日,《青岛日报》刊载王志文文章《吴伯箫故居》,介绍莱芜吴家花园村吴伯箫故居情况。

11月,北京《中国现代文学研究丛刊》1995年第4辑刊载甄立论文《试论吴伯箫散文创作的特点》。

本年,散文《记一辆纺车》被选入北京"情理知能连环引导"教材(初中适用)《语文》第三册,教育科学出版社1995年出版。

1996 年

《齐鲁文史》杂志1996年第1期刊载田仲济文章《吴伯箫钦敬成仿吾》。

9月,林非著《中外文化名人印象记》由广州出版社出版,其中有《一颗燃烧的心——悼念散文家吴伯箫》一文。

本年,散文《记一辆纺车》分别被选入:北京九年义务教育四年制初级中学试用课本《语文》第四册,北京师范大学出版社1996年出版;辽宁省九年义务教育三年制初级中学试用课本《阅读》第四册,辽宁教育出版社1996年出版。

---

①中国青岛史志办网站:http://www.qingdao.gov.cn/n15752132/。数据截止日期:2011年10月11日。

1997 年

1 月,《名人传记》1997 年第 1 期刊载亓举安、子张合著《吴伯箫与刘淑德》。此文由亓举安在采访其三舅父吴熙振基础上撰成初稿,子张整理定稿并投稿《名人传记》。稿酬 75 元汇单寄子张,由子张转交亓举安,亓举安又转给吴熙振。

1 月 31 日,亓举安、子张合著《吴伯箫与刘淑德》被《作家文摘》转载。

《走向世界》杂志 1997 年第 3 期刊载山曼文章《吴花园——散文作家吴伯箫故乡扫描》。

本年,先生故居被山东省莱芜市政府列为市级重点文物保护单位,随后于故居前立碑。

1998 年

8 月,《职大学刊》1998 年第 3 期刊载关振宇文章《〈猎户〉主题探实》。

2000 年

5 月 27 日,《人民日报》第 5 版《大地周刊·编读往来》刊载读者来信《吴伯箫故居存亡未卜》。

2001 年

2 月,青岛市政协文史资料委员会、青岛市文物事业管理局编的《青岛历史文化名人传略》由青岛出版社出版,其中收入了子张撰写的《吴伯箫》一文。

2002 年

1 月,由林贤治、章德宁主编的《记忆》第 1 辑由中国工人出版社出版,其中收入高蒲棠、曾鹿平合著《吴伯箫:在抢救运动中》一文。

年底,《百年潮》2002 年第 6 期刊载刘征文章《忆吴伯箫同志》。

2004 年

5 月,第一个以先生名字冠名的文学馆——山东莱芜一中"吴伯箫文学馆"开馆。23 日《齐鲁晚报》综合版刊载报道《吴伯箫文学馆在莱芜开馆》。该馆自 2002 年开始筹备,受莱芜一中委托,张欣先后致信莱芜籍老诗人吕剑、中国现代文学馆馆长舒乙和天津作家冯骥才,得到吕剑为纪念馆题写的馆名以及舒乙的题词。是年暑期,张欣与莱芜一中语文教师陶善海又去天津、北京拜访先生家人和故旧,寻求支持。该馆主要展示先生和吕剑两位莱芜籍现代作家的创作成就。

2005 年

云南省西双版纳州主办的《版纳》杂志 2005 年第 2 期刊载署名为老朽的文章《吴伯箫在黎明农场》。

2007 年

4 月,山东师范大学中国现当代文学专业硕士研究生李传忠提交硕士学位论文《吴伯箫散文创作思想论》,导师魏建。

6 月,北京语言大学郭鹏提交硕士学位论文《吴伯箫散文论》,导师梁晓声。

《阅读与写作》杂志 2007 年第 5 期刊载赵仲春文章《心海上的一叶扁舟——读吴伯箫的〈天冬草〉》。

2009 年

8 月 3 日,河南《散文选刊》杂志 2009 年第 8 期刊载陈汉书文章《客心惶惑——吴伯箫散文侧记》。

2010 年

5 月,沈阳师范大学中国现当代文学专业硕士研究生裴滢提交硕士学位论文《延安文学思想与吴伯箫散文创作嬗变研究》,导师赵慧平。

2011 年

7 月,浙江省温州市图书馆主办的《温州读书报》2011 年 7 月号刊载子张文章《谁道箫声久不闻》。该文后又见载于山东省莱芜市文联主办的《凤鸣》杂志 2012 年第 1—2 期合刊。

10 月 27 日,《莱芜日报》刊载该报记者鹿振林报道《"抢救"吴伯箫》。

2012 年

《博览群书》杂志 2012 年第 4 期刊载子张文章《三十年后重提吴伯箫》。

8 月,由苏文策划,徐宏编导,张欣、张期鹏为文学顾问,莱芜市广播电视台、山东春暖花开文化传媒有限公司制作的四集电视片《吴伯箫》正式播出。

同月,吴伯箫纪念园在泰安市泰山长安园落成。

《中国散文家》杂志 2012 年第 4 期刊载侯修圃文章《烟雨中访青岛观象一路》,有"寻找吴伯箫旧居"一节,涉及先生在青岛旧居。

2013 年

6 月,福建师范大学中国现当代文学专业硕士研究生陈子庭提交硕士学位论文《吴伯箫散文创作风格嬗变研究》,导师汪文顶。

9 月,《文艺理论与批评》刊载贾小瑞文章《延安记忆与民间言说——论吴伯箫散文集〈北极星〉》。

同月,张期鹏编著《吴伯箫书影录》由山东大学出版社出版(此前为自印,子张按)。

2014 年

12 月,山西省政协文史资料委员会主办的《文史月刊》2014年第 12 期刊载彭忠富文章《"布衣"吴伯箫》。

2015 年

6 月,由张期鹏策划,山东广播电视台、山东省档案馆联合制作的专题纪录片《散文名家吴伯箫》在山东网络台公共频道《山东往事》栏目播出。

2016 年

张欣主持的《吴伯箫年谱》由浙江工业大学社科项目——校基金(后期资助)评审立项,编号:Z20160208

3 月,刘增人为子张著《吴伯箫年谱》撰写序言,后以《子张〈吴伯箫年谱〉小序》为题,刊载于《青岛大学报》2017 年 11 月 17日海风副刊。

4 月,山东省莱芜市文联在莱芜职业技术学院举办讲座《尚未远去的吴伯箫》,报告人张欣。

同月,陈子善主编《现代中文学刊》2016 年第 2 期刊载子张编撰的《吴伯箫年谱(1925—1937)》。

6月,陈子善主编《现代中文学刊》2016年第3期刊载子张编撰的《吴伯箫年谱(1938—1941)》。

8月29日,《青岛日报》副刊刊载子张文章《吴伯箫缘结青岛》。

10月24日,《青岛日报》副刊刊载子张文章《吴伯箫的青岛情缘》,首次记载先生与夫人郭静君的爱情、婚姻生活。

11月,邵燕祥为子张著《吴伯箫年谱》撰写序言,后以《不该被遗忘的吴伯箫——读〈吴伯箫年谱〉》为题,刊载于上海巴金研究会《点滴》杂志2017年第2期。

同月,济南《山东文学》2016年第11期刊载子张《寻找吴伯箫——〈吴伯箫年谱〉后记》(该文此前曾载于莱芜市文联内刊《凤鸣》2016年第2期)。

12月,上海巴金研究会《点滴》杂志2016年第6期刊载子张文章《巴金复吴伯箫短简及其他》。

2017年

1月,《新文学史料》2017年第1期刊载子张编撰的《吴伯箫年谱(延安:1942—1945)》。

同月,《关东学刊》2016年第1期刊载子张文章《吴伯箫〈波罗的海〉译话》。

2月16、23日,3月2、9、16日,天津《今晚报》专栏《书人书事》先后刊载子张关于先生的文章《吴伯箫书赠唐弢之鲁迅〈无题〉》、《当年骆驼书屋客》、《圣人门前摆字摊》、《流产的处女作文集》、《吴伯箫的伤心事》。

3月4日,《北京晚报》刊载子张文章《吴伯箫的"北平"旧梦》。该文翌年被收入张逸良编《浮生一日》,由浙江古籍出版社2018年12月出版。

3月,《温州读书报》2017年3月号刊载子张文章《王统照之于吴伯箫》。

4月27日,邵燕祥《不该遗忘的吴伯箫——〈吴伯箫年谱〉读后》,刊载于《文学报》(上海)。

4月,上海巴金研究会《点滴》杂志2017年第2期刊载子张文章《被剽窃的〈羽书〉和冒名的"吴伯箫"》。

5月28日,《包商时报》刊载子张"吴伯箫书话"之一《济南北苑风景》篇。

6月26日、8月7日、9月18日,石家庄《藏书报》先后刊载子张文章《吴伯箫的"自觉"之作》、《吴伯箫笔下的敌后故事》、《"这是建立革命家务……"》。

6月28日,内蒙古包头市《包商时报》刊载子张"吴伯箫书话"之二《莱芜之童年记忆》。

6月,南京《开卷》杂志2017年第6期刊载子张文章《吴伯箫〈羽书〉二题》;《温州读书报》2017年6月号刊载子张文章《文学史充满了偶然性》;北京《芳草地》2017年第43期刊载子张文章《吴伯箫的"惊沙坐飞"》。

7月,《中小学教材教学》2017年第7期刊载顾振彪文章《中语会前辈给我的教益》,回忆中学语文教学研究会叶圣陶、吴伯箫、张志公、刘国正四位前辈。

同月,《山东师范大学学报(人文社会科学版)》2017年第4期刊载子张编撰的《吴伯箫年谱——家世、早年求学与东北办学》。《译林书评》(南京)2017年第4期刊载子张文章《吴伯箫译海涅〈波罗的海〉》。

8月8日,"莱芜在线"(www.laiwu.net)报道《吴伯箫纪念馆将建在这里……》:"吴伯箫纪念馆道路建设项目今天在市规划局网站公示。根据公示内容,吴伯箫纪念馆选址地段将(新)修建两条道路:伯箫路和长青街。""伯箫路北起凤城大街,南至城关街,全长700米,规划面积约8400平方米,规划道路红线12米。""长青街西起文化南路,东至花园南路,全长520米,规划面积约11440平方米,规划道路红线22米。""具体道路走向和卫星地图请看下面:(附规划公示图略)。""由此可以预见,吴伯箫纪念馆将在这个街区修建,具体位置和修建方案我们倍加期待。"

9月,《泰山学院学报》2017年第5期刊载子张文章《吴伯箫〈忘年〉五题》。

12月,《温州读书报》2017年12月号刊载子张文章《重读吴伯箫〈北极星〉》上篇。

本年,先生早期作品《灯笼》入选人民教育出版社《语文》(八年级下册),为第一单元第四篇课文。该教材由教育部组织编写,温儒敏总主编,包括课文、写作、活动探究、口语交际、综合性学习、名著导读、课外古诗词等部分,供初中二年级下学期使用,由人民教育出版社于2017年12月正式出版。

2018 年

1月,《温州读书报》2018年1月号刊载子张文章《重读吴伯箫〈北极星〉》下篇。

2月,《芳草地》2018年第1期刊载子张文章《吴伯箫与〈街头夜〉》、《吴伯箫未竟的"理想"》。

4月20日,《文艺报》经典作家专刊与中国现代文学馆合作,以四个整版(第5—8版)版面刊出七篇文章,依次为:梁向阳、梁爽《吴伯箫的延安之路》,申朝晖《吴伯箫早期文学活动的现代性反思》,张永东、汪洁《丰硕的无花果》,邱俊平《读吴伯箫1961年的两份手稿》,张欣(子张)《〈黑红点〉三题》、《吴伯箫〈羽书〉剽窃案及其他》,张元珂《〈吴伯箫致雷加〉辑录记》。

4月25日,《苏州教育学院学报》2018年第2期刊载子张文章《吴伯箫〈潞安风物〉七话》。

6月28日,教育部人文社会科学研究2018年规划项目发布(公示):浙江工业大学人文学院张欣主持《吴伯箫年谱研究》被立项,编号:18YJA751038

7月25日,《泰山学院学报》2018年第4期刊载子张编撰的《吴伯箫年谱:人教社与〈文学〉课本(1954—1956)》。

附录一 寻找吴伯箫

一

如果一定要为纪念那些逝去的人寻找一个理由，我相信，每个逝去的人都一定有被纪念的这样或那样的理由。因为每个人，哪怕仅仅局限于他自己短促的生命和存在过程，都是值得与之相关的人们去纪念的。在这个世界上，我们哪一个敢于宣称自己与任何一个他人没有关联呢？

这里，我要说的是一个曾经生活、工作于 20 世纪中国的知识分子，与他相关的地名包括莱芜、曲阜、北京、青岛、济南、莱阳、延安、佳木斯、长春、沈阳，与他相关的人更是难计其数，这其中自然有他的父母兄弟、妻子儿女、师长学生、同事朋友，以及他的无数从未谋面的读者，当然还有像我这样在他病重后才开始以难以置信地热情关注他、喜欢他、思考他甚至不断试图描绘他的小同乡和解读者。

他叫吴伯箫。

那么，如何定位吴伯箫？如何梳理出几条纪念他、至少是不忘掉他的理由？或者说，如何寻找他与 20 世纪中国重要的人物、重要的历史事件和重要的文化现象之间独一无二的关联？亦就是他留给这个世界的独一无二的历史记忆？

从我开始关注他的那一天起，我就在想这个问题，直到三十三年后的今天我好像还没有完全想清楚。不过,也并非全无结果,有些记忆渐趋清晰,有些感觉终得沉淀,有些伤痛也慢慢在时间的磨洗中结出坚实的疤痕。现在,我试图用下面的一些语句表述我对他的印象:

他是末代衍圣公孔德成的家庭英语教师;

他是二三十年代京派散文的后起之秀;

他是延安边区政府中等教育规程的起草制定者;

他是被传言死过两次的延安文化人;

他是沈阳师范大学的创办者;

他是五十年代实验性中学语文课本《文学》的组织编写负责人;

他是七八十年代中学语文课本收入作品最多的当代散文家之一;

他是郭沫若著作编辑委员会办公室的负责人;

他是1980年成立的国家一级学会中国写作学会的第一任会长,也是其会刊《写作》的第一位主编。

他是唯一一位骨灰撒到泰山上的当代中国文学家;

最后,他是他的故乡——山东莱芜在当代中国社会影响力最大的文化名人。

二

在这个世界上,一个人与另一个人由陌路而靠近,而又能在二人之间建立起某种默契和长期的关系,必有其特殊的机缘和精神基础。不过有时候,这种特殊的机缘或精神基础并不容易产生、出现,即便产生了、出现了,也未必立刻被当事人意识到。也需要经过千山万水的跋涉,也需要经历反反复复的试炼,人与人的相互亲近,有时易如反掌,有时又困难重重。

　　我没有走近过吴伯箫,对他的音容笑貌从未有过真实的感受,阴差阳错的时空阻隔加上个人的迟钝让我与他失之交臂。

　　他去世的那一年,我已经年逾弱冠,此前至少有三四年的时间已完全有条件找到他,我也的确在二十岁前从他那篇《一种〈杂字〉》里知道了他和我出生在同一个莱芜,如果那时候就毫不迟疑地去寻找他的故乡亲友,我相信找到他并不是一件多么困难的事。

　　可惜,当我在1982年春末第一次到吴家花园找到他的三弟吴熙振老人时,得到的竟然是大哥生病住院的消息。那天我是在莱芜新华书店对面的小饭店找到熙振老人的,老人家个头不高,方面大耳,身体壮实。他听了我的想法,告诉我北京的地址,让我写信试试看,但显然,他觉得把握不大,因为他也同时告诉我:大哥得的是癌症……

　　信,我是写好发出去了,回信,却始终没有盼来。

　　我最终没能见到吴伯箫。不过,这次寻访吴伯箫的行动,却似乎开启了我此后更为漫长的寻找吴伯箫之旅。我成了吴家花园的常客,为此和熙振老人成了真正的忘年交。他每次都不厌其烦地给我讲述吴家的往事,甚至有一次还让我在家里喝水,他自己则兴冲冲地跑去同村的本家抱来一套古旧的《吴氏族谱》给我查阅,那套族谱是用包袱皮一层层包着的,老人跟我说,这是全村仅有的一套,轻易不给外人看的。

　　熙振老人后来告诉我,他们姐弟四人,姐姐跟二哥长得像母亲,大哥和他长得则像父亲。我也拜访过吴伯箫的二弟吴熙功,还曾到汶河南岸的南梨沟村拜访吴伯箫的外甥亓举安,在亓举安家里,我不但看到吴伯箫写给外甥的大量书信和寄赠的报刊,也见到了依然健在的吴家三兄弟的姐姐。那时她已不良于行,坐在大炕上,模样的确跟她的二弟很像。

　　莱芜是吴伯箫生命之旅的第一站,我的寻访当然也是从这里开始。在熙振老人的指点下，我骑自行车到当年他父亲执教过的大故事村，采访他父亲当年的一位学生，这家人一边代我到另一所宅院请已经卧床的老人证实"吴式圣在我村教书"，一边早已煮好了满满一碗鸡蛋挂面让我吃掉再走。我也曾经到莱城东关寻找吴氏的宗祠和吴伯箫读过的县立高小旧址，还曾骑车到城北吴氏亲戚家里找一张吴伯箫的单人照片，那天正巧在那里遇到去走亲戚的熙振老人，结果也一起坐下吃了丰盛的午饭才离开。

北京是吴伯箫早年读书的地方，更是他1954年以后工作和举家定居的地方，我当然一定要去看看。1985年春节期间，我第一次到北京，其中最重要的寻访活动就是到沙滩后街人教社大院找吴伯箫的住处。根据中学语文编辑室工作人员的指引，我穿过一个门廊走进了吴家居住的院落，先走过第一间北屋，透过窗玻璃，看到一位老人盖着厚厚的被子还未起床，我猜他一定就是吴伯箫的叔父吴式贤老人了。然后，我敲开了正屋的玻璃门，迎接我的是吴伯箫先生的次子吴光玮，而我进门第一眼看到的是吴先生的夫人郭静君，她正在大女儿的帮助下坐在椅子上洗脚，表情看上去有些木然。随后吴光玮领我到里屋坐下，告诉说他母亲在父亲去世后精神受刺激很重，曾走失过一次。这时候，沙发上方还悬挂着吴伯箫的大幅遗像，由几个书橱隔成的"半间屋"的格局一点也没改变。

作为吴伯箫的后人，吴光玮在父亲去世后做了许多重要工作，其中最重要的大概就是与鲍霁先生合作，从旧报刊搜集到吴伯箫大量旧作，并在此基础上编辑出版了两卷本的《吴伯箫文集》。1993年文集甫一问世，就从北京寄我一套，对我在业余所做的两件事——年谱以及纪念文集的编纂，也始终给予热情的关注和支持。1991年冬，他母亲以八十岁高龄去世，他和海妮大姐将母亲的骨灰送到泰山与父亲的骨灰合葬，事后他们二人还颇费周折地寻到我的住处,在那样特殊的情境下见了一面。

　　我虽然没见到吴伯箫,但我却在吴伯箫去世后见到了他的叔父、他的夫人和他的亲姐姐、亲弟弟,还有他的子女和其他晚辈,并始终得到他们全力以赴的支持,我又是幸运的。

三

　　从 1982 年吴伯箫去世后,我即开始着手编撰《吴伯箫生平著译年表》,同时将陆续收集到的国内报刊悼文和其他文献,剪贴为一本《忆念吴伯箫》的纪念文集。到 1990 年代初期,又将撰写《吴伯箫评传》的计划列入所在单位的科研项目。从这些目标出发,我先后收到吴伯箫生前若干好友、同事对我所拟"调查提纲"的认真答复,这其中包括吴伯箫北京师范大学时期的同学田珮之先生,青岛大学时期的好友臧克家先生,东北时期的好友公木、雷加先生,以及人教社时期的同事刘国正先生和文学研究所时期的同事许觉民先生,还有我的另一位忘年交、同为莱芜籍的诗人吕剑先生。如今三十几年过去,除刘国正先生外,其他数位皆已故去,翻阅他们写给我的来信,我在欣慰中也有一份深深的忧伤。

　　我的业余工作也引起了身边朋友们的关注。好友高洪雷在某杂志看到一篇悼念吴伯箫的文章,亲手抄了一遍给我寄来,又把我送给他的一本吴伯箫《烟尘集》回赠给我;另一位好友王磊从济南寄给我一本济南乡师学生运动的回忆录供我参考,又为我提供了可以采访的人物线索。我在莱芜四中的同事亓俊良师兄介绍我认识了吴伯箫外甥亓举安,并亲自带我登门造访,而亓举安老师更是毫无保留地将他与舅父的通信长期借给我参阅,正是这些信件让我写出了一篇梳理吴伯箫关心故乡基层教育的文章。1990 年代后期,他从南京探亲返回路过泰安,又来到我

家,将他专门为我复印的更多舅父来信留给我参考。这种情谊,
每一忆及,都在心底泛起暖暖的感觉。

在青岛,我数度徘徊于原青岛大学旧址附近寻寻觅觅,虽然
终不能确定吴伯箫当初卜居"山屋"的准确位置,但却看到了
1930年代吴伯箫与其他文友合作创办的《避暑录话》原刊。还
有,业师刘增人先生到青岛后,会同青岛文化部门,从复兴青岛
光风霁月般的现代文化形象出发,曾经有过组织编写青岛现代
文化名人系列传记的计划,吴伯箫自然是人选之一,我也的确应
刘老师之约先着手写了一篇《吴伯箫传略》。尽管后来这个庞大
的计划未及实施,但这种设计本身是有眼光、高起点的。2002年
暑期,我受莱芜一所中学的委托,为他们拟开辟的"吴伯箫文学
馆"到北京、天津等地寻求支持,请同为莱芜籍的前辈诗人吕剑
为文学馆题写了馆名。时任中国现代文学馆的舒乙馆长热情地
接待了我和善海师兄,还在得知将吴伯箫之"箫"误写为"萧"之
后又专门补写了一幅题词寄来。也正是那一次,我还专门到北
大图书馆查阅延安《解放日报》,抄下了他那篇重要的佚文《山谷
里的桃花》,又到中国社会科学院和人民教育出版社分别调阅了
吴伯箫和郭静君的档案,一些深潜于历史暗处的谜团渐渐浮出
水面……

在如此漫长的寻找吴伯箫的旅程中,吴伯箫的影像在我心
目中日益清晰生动起来。如果从认识、了解一个人而不仅仅只
是从明星效应出发,吴伯箫就绝不只是一般意义上的著名散文
作家,研究他的意义也绝不限于了解他个人的身世和写作成就,
当然更不只是利用他的名字为今天的政治、文化事业去服务。

四

作为一个有血有肉的人,吴伯箫一生也有着属于自己的美

好际遇和爱情,我能从他的早期作品中强烈地感受到这些美好的生命体验。仿佛有人说过,"我这一辈子走过许多地方的路,行过许多地方的桥,看过许多次数的云,喝过许多种类的酒,却只爱过一个正当年龄的人。"若果从吴伯箫后来的作品看,他绝不像一个浪漫的人,可是,吴伯箫果真没有类似这样的浪漫爱情吗? 当然不是! 他在美丽的青岛与还是女学生的郭静君从相识到恋爱到结婚的故事,已足够写一本厚厚的爱情小说。然而可惜,真是可惜! 吴伯箫后来执着于"忘我的境界",没有让自己始终成为一个善于讲故事,尤其是善于从自己的生命中发掘故事的人。

有血有肉的另一面,是生命中不美好与不快乐的体验。这是生命的另一种常态,人人难免,吴伯箫自不例外。就他而言,真正的恋爱之前那段旧式婚姻,还有在晋察冀边区那段审干遭遇,可能就是一生中最苦涩的记忆了。可惜,犹如他对自己幸福际遇所保持的缄默,他同样把这些苦涩深深埋入了心底,而没有把它们转化为艺术作品。

出于对生命和历史整体面貌的尊重,我试图在年谱中体现这些或许会使人难堪的往事。只是我不希望通过本年谱让看到这些故事的人去夸张、去渲染,甚至为了招徕观众作为卖点去销售。因为我不愿意看到生命的庄严和神圣遭曲解、被滥用。

如前所述,吴伯箫是末代衍圣公孔德成的家庭英语教师,是二三十年代京派散文的后起之秀,是延安边区政府中等教育规程的起草制定者,是被传言死过两次的延安文化人,是沈阳师范大学的创办者,是五十年代实验性中学语文课本《文学》的编写负责人,是七八十年代中学语文课本收入作品最多的当代散文家之一,是郭沫若著作编辑委员会办公室的负责人,是1980年成立的国家一级学会中国写作学会的第一任会长,也是其会刊《写作》的第一位主编,是唯一一位骨灰撒到泰山上的当代中国文学家,也是他的故乡——山东莱芜在当代中国社会影响力最大的文化名人,本年谱最希望有助于读者的,就是借此理解有着这么多身份的一位中国现代知识分子的真实生命。

作为一位历史人物,吴伯箫已然成为过去时。但这并非意味着他留下的文学的、教育的作品也已失去阅读的价值。在我看来,无论是早期的《街头夜》《塾中杂记》,抑或是中期的《潞安风物》,由于这几组散文的纪实性,使它们具有了不同寻常的历史文献价值,而他为莱芜、青岛、济南描画的那些少年记忆或现实风物,如今看来更是难得的乡邦文化读物。即使如特殊年代写下的《难老泉》《猎户》《记一辆纺车》《菜园小记》,又何尝不会在物换星移之后的今天给我们带来“山高月小,水落石出”的另一番新鲜感受呢!两三年前,在我的“文学批评”课堂上,我让学生们写一篇关于《猎户》的评论,这些九〇后读者的观察角度和阅读体验就颇让我有些始料未及。

吴伯箫当然也有自己的遗憾。我曾经不止一次地假设他活到八十岁以后的情景,设想以他纯粹忠恳和敢于面对真实的本性,他的遗憾会得以尽可能地弥补。然而假设终归只是假设,吴伯箫年轻时候的文学梦想似乎永远只是一个梦想了。

然也无须苛求,历史、生命、艺术,从来都是在希望、遗憾甚至绝望的多重变奏中展开的,要紧的是要鼓励自己永远保持一种理性的乐观精神,永远不放弃现在的努力。涉及吴伯箫和他的故乡,以及如我这样和他同饮一条汶河水长大的人,这样的努力就尤为迫切。我犹记得一位友人多年前在信中的话:“我似乎每天都感觉到伯箫先生的某一件遗物、遗稿、遗信又在哪一个角落里消失了,忧心如焚,而无能为力……莱芜是一个文化积累异常贫薄的地方,泰安虽有名山,又何尝不是这样。因此,拯救文化和保护文化实在是迫在眉睫的事情。”

而本年谱的撰写,终于在历经三十几年的漫长岁月之后以尚未圆满的面目呈现出来了,对我而言,这是一笔拖欠太久的债务。现在,我把这菲薄的礼物献给吴伯箫,献给莱芜,献给读者。

最后,我向所有为这本书付出过热情和心血的故旧新朋致以诚挚的谢意。

子张,于杭州午山

2016 年 3 月 11 日至 13 日,吴伯箫诞辰一百一十周年

附录二 吴伯箫著译系年
（1926—1982）

《清晨——夜晚》，散文，1926 年 4 月 8 日晚写，《京报副刊》1926 年 4 月 14 日刊载。

《希望》，新诗，1926 年 4 月 16 日写，《京报副刊》1926 年 4 月 19 日刊载。

《寄给一个小死者》，散文，1927 年 1 月 14 日写，《世界日报副刊》1927 年 2 月 26 日刊载。

《花的歌颂》，散文，1927 年 5 月 3 日写，《现代评论》1927 年第 6 卷第 135 期刊载。

《痴恋》，散文，1927 年 6 月 10 日写，《世界日报周刊之五·文学》1927 年 6 月 17 日刊载。

《火红的羊》，散文，1927 年 6 月 22 日写，《世界日报周刊之五·文学》1927 年 7 月 8 日刊载。

《昨日》，散文，1927 年 7 月 14 日写，《世界日报周刊之五·文学》1927 年 7 月 29 日刊载。

《夜的朦胧里》，散文诗，《世界日报周刊之五·文学》1927 年 7 月 15 日刊载。

《夏之午》，新诗，1927 年 7 月 27 日写，《世界日报周刊之五·文学》1927 年 8 月 19 日刊载。

《舅母家去》，散文，《世界日报周刊之五·挣扎》1927 年 9 月 2—16 日连载；《努力学报》1929 年创刊号刊载。

《艳谈——塾中杂记之一》,散文,1927 年中秋夜写,《世界日报》星花副刊 1927 年 9 月 19 日刊载。

《初试——塾中杂记之二》,散文,1927 年中秋节写,《世界日报》星花副刊 1927 年 9 月 27 日刊载。

《打倒袍褂》(上、下),杂文,《京报》复活副刊 1928 年 12 月 3—4 日连载。

《爱的余润——塾中杂记之三》,散文,《新中华报副刊》1928 年第 94 期刊载。

《雨中的黄昏——塾中杂记之四》,散文,《新中华报副刊》1929 年 1 月 7 日刊载。

《恳求》,新诗,1929 年 1 月写,《新中华报副刊》1929 年 1 月 25 日刊载。

《那一天——塾中杂记之五》,散文,《新中华报副刊》1929 年 1 月 13 日刊载。

《醉汉》,散文,1929 年 2 月 3 日写。

《涂鸦》,散文,《新中华报副刊》第 2 册,刊载日期不详。

《病》,散文,《新中华报副刊》1929 年 2 月 3 日刊载。

《点心的馈送——塾中杂记之六》,散文,1929 年 2 月写,《新中华报副刊》1929 年 2 月 17—18 日连载。

《影》,散文,1929 年 3 月写,《新中华报副刊》1929 年 3 月 9—10 日刊载。

《小儿小女之歌》,散文,《新中华报副刊》1929 年 4 月 8 日刊载。

《太客气了——塾中杂记之七》,散文,《新中华报副刊》1929 年 5 月 27、29 日刊载。

《念——代邮》,散文,1929 年 6 月中旬写,《华北日报副刊》1929 年 6 月 27—29 日连载。

《在一块儿》,散文,1929 年 7 月写,《华北日报副刊》1929 年

7月27日刊载。

《残篇之什》,系列散文,《华北日报副刊》1929年7—10月刊载。分别为:《"我不让你进来"》、《拜访》、《咖啡馆之女》、《盲妇同她底孩子》、《夏夜幽栏》、《足印》、《寂》、《微醉》、《伴》、《"别踩俺的杏花!"》,凡10篇。

《小伙计》,散文,《华北日报副刊》1929年9月6—7日连载。

《海上的七夕》,散文,《华北日报副刊》1930年2月16—17日连载。

《通舱里的一幕》,散文,1930年2月写,《华北日报副刊》1930年3月16日刊载。

《人生——一席话》,散文,1930年7月8日写,《骆驼草》1930年第18期刊载。

《归——燕与狗的消息》,散文,1930年中秋节写,《华北日报副刊》1931年4月8、10日刊载。

《街头夜》,系列散文,《华北日报副刊》1930年11月2日—1932年2月13日刊载。分别为:《街头夜》、《俺的更夫》、《欲曙天》、《巡夜的警察》、《摊担与叫卖》、《霜》、《茅店的一宿》、《这座城》,凡8篇。

《鸥之一·别前夜》,散文,《华北日报副刊》1931年5月13日刊载。

《鸥之二·闷》,散文,《华北日报副刊》1931年7月2日刊载。

《牢骚语》,散文,《鞭策周刊》1932年第3卷第2期刊载。

《话故都》,散文,1933年夏写,《每周文艺》1934年第13期刊载。

《岛上的季节》,散文,天津《大公报》文艺副刊1934年2月28日刊载。

《马》,散文,1934 年 3 月写,天津《大公报》文艺副刊 1934 年 4 月 11 日首次刊载,《沙漠画报》1940 年第 3 卷 26 期刊载时,署名"柏萧"。

《海上鸥》,散文,1934 年 4 月 30 日写。

《山屋》,散文,1934 年 4 月写,《人间世》1934 第 10 期刊载。

《夜谈》,散文,写作时间、刊载信息均不详。

《野孩子》,散文,1934 年 4 月写。

《天冬草》,散文,1934 年 8 月 28 日写,《水星》1934 年第 1 卷第 1 期刊载。

《雨》,散文,1934 年 10 月 7 日写,《北晨学园》1935 年 2 月 21 日刊载。

《蹄晓鸡》,散文,1934 年 10 月写。

《说踽踽独行》,散文,1934 年 11 月底写,《青岛时报》明天副刊 1934 年 12 月 18 日刊载。

《海》,散文,1934 年 12 月写,《水星》1935 年第 1 卷第 5 期刊载。

《边庄》,散文,1935 年写,《青岛民报》1935 年 7 月 15 日《避暑录话》第 1 期刊载。

《萤》,散文,1935 年 7 月 7 日写,《青岛民报》1935 年 7 月 28 日《避暑录话》第 3 期刊载。

《阴岛的渔盐》,散文,1935 年 7 月 31 日写,《青岛民报》1935 年 8 月 4 日《避暑录话》第 4 期刊载。

《梦到平沪夜车》,散文,《益世报》1935 年 8 月 4 日《益世小品周刊》第 20 期刊载。

《秋夜》,新诗,1935 年 9 月写,《青岛民报》1935 年 9 月 15 日《避暑录话》第 10 期刊载。

《灯笼》,散文,《益世报》1935 年 11 月 3 日《益世小品周刊》第 32 期刊载。

《惊沙坐飞之一·羽书》,散文,1936 年 2 月 4 日写,《益世报》1936 年 2 月 16 日《益世小品周刊》第 46 期刊载。

《惊沙坐飞之二·我还没见过长城》,散文,1936 年 2 月 17 日写,天津《大公报》文艺副刊 1936 年 7 月 10 日。

《说忙》,散文,1936 年 3 月 16 日写,天津《大公报》文艺副刊 1936 年 5 月 22 日。

《荠菜花》,散文,1936 年 4 月 20 日写。

《几棵大树》,散文,1936 年 5 月底写。

《惊沙坐飞之三·黑将军》,散文,天津《大公报》文艺副刊 1936 年 9 月 30 日刊载。

《理发到差》,杂文,1936 年 9 月写,《中流》1936 年第 1 卷第 4 期刊载。

《绿的青岛》,散文,《青年文化》1936 年 3 卷 3 期刊载。

《记岛上居屋》,散文,1936 年中秋写。

《记乱离》,散文,1937 年底写。

《抗大,我的母亲》,壁报稿,1938 年 5 月写,延安抗大壁报刊载。

《致萧乾》,书信,香港《大公报》文艺副刊 1938 年 11 月 11 日刊载。

《踏尽了黄昏》,通讯,1938 年 11 月 28 日写,香港《大公报》文艺副刊 1939 年 2 月 4 日刊载,同年《火花月刊》转载。

《炮声在呼唤》,新诗,1938 年 11 月 28 日写。

《夜发灵宝站》,通讯,1938 年 12 月 1 日写,《抗战文艺》1939 年第 3 卷第 7 期刊载。

《送寒衣》,通讯,1938 年 12 月 5 日写,《抗战文艺》1939 年第 3 卷第 5—6 期合刊刊载。

《怀寿州》,散文,1938 年 12 月 10 日写,《抗战文艺》1939 年第 3 卷第 2 期刊载;香港《大公报》文艺副刊 1939 年 2 月 3 日刊载时改题名为《怀寿州——随军草之一》;福建永安《改进》1939年第1卷第1期刊载。

《潞安风物》,通讯,1938年12月写,香港《大公报》文艺副刊1939年6月27日至7月24日连载;《改进》1939年第7期刊载。

《沁州行》,通讯,1939年1月写,香港《大公报》文艺副刊1940年2月19日至3月18日连载。

《踏过响堂铺》,通讯,1939年2月写,《抗战文艺》1939年第4卷第2期刊载。

《路罗镇》,通讯,1939年3月写,香港《大公报》文艺副刊1940年7月29日刊载。

《文化人在战斗着》,通讯,《文艺突击》1939年新1卷第1期。

《神头岭》,通讯,1939年6月13日写。

《引咎篇(一)》,书信,1939年6月15日写,《抗战文艺》1940年第6卷第2期刊载。

《纪念高尔基——献给玛克辛·高尔基》,译文,1939年6月25日译,《文艺突击》1939年新1卷第2期。

《从我们在前方从事文艺工作的经验谈起》,论文,与卞之琳合写,《文艺突击》1939年新1卷第2期、《文艺战线》1939年第1卷4期、《群众》1945年第7—8期合刊刊载。

《国际和平医院开幕词》,译文,1939年9月5日译,《解放日报》1942年11月13日刊载。

《夜摸常胜军》,通讯,1939年9月12日写,《七月》1939年第4卷第4期刊载。

《乌莱特迦第一次的旅行》,译文,《大众文艺》1940年第1卷第2期、《十月文萃》1940年第12期刊载。

《致同学》,书信,《中学生(战时半月刊)》1940年第19期刊载。

《他为我们战斗而死》，译文，1940 年 6 月译，《大众文艺》1940 年第 1 卷第 2 期刊载，署名"山屋"。

《莫洛托夫论高尔基——在高尔基葬礼大会上之演说》，译文，1940 年 6 月 18 日译，《中苏文化杂志》1940 年第 6 卷第 5 期刊载。

《微雨宿渑池》，散文，1940 年 6 月 30 日写，《新文丛·割弃》1941 年第 3 期刊载时题名改为《渑池》。

《引咎篇（二）》，散文，1940 年 8 月 4 日写，《抗战文艺》1941 年第 7 卷第 1 期刊载。

《谈事务工作》，散文，1940 年 8 月写。

《青菜贩子》，通讯，1940 年 9 月 15 日写，《大众文艺》1940 年第 1 卷第 6 期刊载。

《范明枢先生》，散文，1940 年 9 月写。

《马上的思想》，散文，1940 年 11 月写。

《俄国伟大的学者和批评家：俄国大批评家车尔尼雪夫斯基研究》，译文，1940 年 12 月 25 日译，《中国文化》1940 年第 2 卷第 4—5 期连载。

《大院套》，故事，1940 年 12 月写，《十月文萃》1940 年第 12 期刊载。

《郭老虎》，通讯，香港《大公报》文艺副刊 1941 年 2 月 8 日刊载。

《路宿处处》，通讯，香港《大公报》文艺副刊 1941 年 3 月 3、5 日刊载。

《苏联红军小故事》（三则），译文，《解放日报》文艺副刊 1941 年 5 月 19—21 日连载，署名"山屋"。

《向海洋》，散文，1941 年 5 月 22 日写，《解放日报》文艺副刊 1941 年 9 月 20 日、香港《大公报》文艺副刊 1941 年 10 月 29

日,《文艺阵地》1942年第7卷第2期刊载。

《论写作与战争》,译文,《解放日报》文艺副刊1941年7月6日刊载,署名"山屋"。

《重逢》,译文,《解放日报》文艺副刊1941年8月16、19日刊载,署名"山屋"。

《舍甫琴科》,译文,《文艺月报》1941年第9期刊载。

《春天的天空:伦敦一九四一》,译文,《解放日报》文艺副刊1941年10月6日刊载,署名"山屋"。

《书》,散文,1941年10月7日写,《谷雨》1941年创刊号、《创作月刊》1942年第1卷第3期刊载。

《德国流亡作家在苏联》,译文,《解放日报》文艺副刊1941年11月11日刊载,署名"山屋"。

《思索在天快亮的时候》,散文,《解放日报》文艺副刊1941年12月5日刊载。

《宣言——〈波罗的海〉一部之六》,译文,《解放日报》文艺副刊1941年12月9日刊载。

《论忘我的境界》,散文,1941年冬写,《解放日报》1942年5月20日、《青年文艺》1943年第1卷第4期刊载。

《普式庚与西欧文学》,译文,《文艺月报》1942年第1期刊载。

《两个老兵的葬歌》,译诗,《解放日报》文艺副刊1942年2月3日刊载。

《论工作的灵魂》,散文,1942年2月9日写,《解放日报》1942年4月22日刊载。

《寂寞的普式庚》,译文,《解放日报》文艺副刊1942年2月10日刊载。

《船的城》,译诗,《解放日报》文艺副刊1942年2月11日刊载。

《近卫兵》，译诗，《诗创作》1942 年第 8 期春季特大号刊载。

《哈兹山旅行记》，译诗，《谷雨》1942 年第 1 卷第 4 期、《学习生活》1943 年第 4 卷第 2 期刊载。

《客居的心情》，散文，《解放日报》文艺副刊 1942 年 3 月 17 日、《抗战文艺》1943 年第 8 卷第 3 期刊载。

《铲形皇后》，译文，《解放日报》文艺副刊 1942 年 3 月 26 日刊载。

《我们不是没有家》，译文，《解放日报》1942 年 4 月 20 日刊载。

《山谷里的桃花》，散文，《解放日报》1942 年 4 月 27 日刊载。

《他们将被迫偿还》，译文，《解放日报》1942 年 4 月 30 日刊载。

《说日常生活》，散文，1942 年 8 月 6 日写，《解放日报》1942 年 8 月 16 日刊载。

《谢夫钦科》，译文，《中苏文化》1942 年第 11 卷第 5—6 期合刊刊载。

《雪莱剪影》，译文，《诗刊》1942 年第 6 期刊载。

《我的列宁格勒》，译文，1942 年译，署名"山屋"。

《红军一日》，译文，1942 年译，署名"山屋"。

《伏尔加在为战争工作》，译文，1942 年译，署名"山屋"。

《丰饶的战斗的南泥湾》，报告文学，1943 年 9 月 26 日写，《解放日报》1943 年 10 月 24 日刊载。

《"火焰山"上种树》，散文，1943 年 11 月写，《解放日报》1945 年 1 月 9 日刊载。

《徐义凯新村》，散文，1943 年 12 月写，《解放日报》，1944 年 12 月 3 日刊载。

《海涅诗抄》（三首），译诗，《文阵新辑之一哈罗尔德的旅行及其他》1944年总第62号,署名"孙纬、吴伯箫译"。

《一坛血》,通讯,1944年2月写,以电讯稿形式发各根据地,《新华周报》1949年第2卷第2期刊载。

《海上的遭遇》,报告文学,1944年3月刘白羽、周而复、吴伯箫、金肇野合写,周而复执笔,《解放日报》1944年3月17日、《文艺春秋》1946年第2卷第4期刊载。

《文件》,通讯,1944年5月写。

《"调皮司令部"》,通讯,1944年6月写。

《斥无耻的"追悼"》,声明稿,《解放日报》1944年7月3日、《祖国呼声》1944年第8期刊载。

《打娄子》,通讯,1944年9月22日写,《解放日报》1944年10月23—24日连载、《抗战文艺》1945年第10卷第1期刊载。

《黑红点》,通讯,1944年10月3日写,《解放日报》1944年11月4日刊载。

《游击队员宋二童》,通讯,1944年10月23日写,《解放日报》1944年11月18日刊载。

《化装》,通讯,1944年11月10日写,《解放日报》1944年12月6日刊载。

《一个农民参议员——记赤水参议员蒙恒吉》,通讯,《解放日报》12月19日刊载。

《参议员看参议会》,通讯,《解放日报》1944年12月21日刊载。

《记王国宝》,通讯,1945年1月写,《解放日报》1945年2月6日刊载。

《群英会——陕甘宁边区劳动英雄模范工作者代表大会印象》,通讯,1945年2月10日写,《群众》1945年第7—8期合刊刊载。

《出发点》,散文,1946年1月12日写,《晋察冀日报》,刊载日期不详。

《揭穿丑剧，制止逆流》，杂文，《北方文化》1946 年第 1 卷第 1 期刊载。

《把戏》，杂文，《北方文化》1946 年第 1 卷第 2 期刊载。

《孔家庄纪事》，通讯，1946 年 2 月 1 日写，《北方文化》第 1 卷第 4 期刊载。

《人民是正统——记张家口市第一届参议会》，通讯，《北方文化》1946 年第 2 卷第 1 期刊载。

《社会在前进》，杂文，1946 年 5 月 4 日写。

《人民的胜利万岁》，杂文，1946 年 8 月 14 日写，《东北日报》1946 年 8 月 15 日刊载。

《赵尚志同志》，人物传，《东北文化》1946 年第 1 卷第 1 期刊载，其"传略"部分作者白和，"轶事"部分标明："李延禄讲，山屋整理"。

《文艺底阶级性》，杂文，1946 年 12 月 16 日写，《东北文化》1946 年第 1 卷第 5 期刊载。

《介绍〈东北文化〉》，杂文，1946 年年底写，《东北文化》，1947 年第 2 卷第 1 期刊载。

《黑红点·后记》，序跋，1947 年 1 月 10 日写。

《范明枢先生·附记》，杂文，1947 年 11 月 11 日写。

《我的一位老师——范明枢先生》，散文，《知识》杂志（即《东北文艺》）1948 年第 5 卷第 6 期刊载。

《十日记》，散文，1948 年 5 月 4 日写。

《文学、艺术与社会断想》，译文，《文艺月报》1948 年创刊号刊载。

《"眼高手低"》，创作谈，1948 年 10 月 10 日写，《文艺月报》1948 年第 2 期、香港《文艺生活》海外版 1949 年第 18—19 期合刊刊载。

《为人民政协欢呼》,杂文,1949 年 9 月 26 日写。

《波罗的海·后记》,序跋,1949 年 12 月 15 日写。

《记东北大学学习代表会议》,杂文,1949 年 12 月 16 日写,《东北教育》1950 年第 13 期刊载。

《黑红点·后记》(北京版),序跋,1950 年 4 月 10 日写。

《爱祖国》,散文,1950 年写。

《从教育看武训》,杂文,1951 年 6 月 8 日写。

《我们的理论学习——理论学习阶段工作总结》,杂文,1951 年 10 月 1 日写,《东北教育》1951 年第 6 卷第 3 期刊载。

《东北教育学院的任务》,杂文,《东北教育》1951 年第 4 期刊载。

《真理的发扬——庆祝〈毛泽东选集〉出版》,杂文,《东北文艺》1951 年第 5 期刊载。

《让我们为新的一年欢呼》,杂文,《东北教育》1952 年 1 月号刊载。

《回忆延安文艺座谈会》,散文,1952 年 5 月 15 日写。

《重读〈乱弹及其他〉——纪念瞿秋白同志殉难 18 周年》,杂文,1953 年 6 月 15 日写。

《理想与劳动》,杂文,1954 年 3 月 30 日写,《中国青年》1954 年第 8 期刊载。

《出发集·后记》,序跋,1954 年 5 月 1 日写。

《宪法照耀着我们前进》,杂文,《语文学习》1954 年 10 月号刊载。

《工作的教科书——读〈远离莫斯科的地方〉》,评论,《东北文学》1954 年第 10 期刊载。

《颂〈灯塔〉》,杂文,《东北文学》1954 年第 4 期刊载。

《〈烟尘集〉后记》,序跋,1955 年 5 月 1 日写。

《作品和作者》,杂文,《文学杂志》1955 年第 5 期刊载。

《彻底粉碎胡风反革命集团》，杂文，《语文学习》1955 年 6 月号刊载。

《严惩胡风黑帮》，杂文，《人民文学》1955 年第 7 期刊载。

《庆祝宪法公布一周年》，杂文，《俄文教学》1955 年第 10 期刊载。

《齿轮和螺丝钉》，杂文，1955 年 11 月 15 日写，《人民文学》1955 年第 12 期刊载。

《革命诗人海涅》，论文，《人民日报》1956 年 2 月 17 日刊载，后以《革命的诗人、战士》为题被选载于《新华半月刊》1956 年第 12 期。

《在中国作家协会第二次理事会会议（扩大）上的发言》，发言稿，1956 年 3 月 2 日写，被收入《中国作家协会第二次理事会会议（扩大）报告、发言集》，人民文学出版社 1956 年版。

《监督岗》，杂文，《人民日报》1956 年 8 月 11 日刊载。

《试谈文学教学的目的和任务》，发言稿，1956 年 8 月 14 日张家口中学教师文学讲习会发言。

《钢铁的长虹》，新诗，《工人日报》1956 年 11 月 1 日、《长江文艺》1957 年 10 月号刊载。

《火车，前进！——旅行札记之一》，散文，1956 年 9 月 7 日写，《新港》1959 年第 9 期刊载。

《"因陋就简"》，杂文，1956 年 9 月 9 日写。

《谈海涅》，论文，《解放军文艺》1956 年 6 月号刊载。

《记海涅学术会议》，通讯，《诗刊》1957 年第 1 期刊载。

《谒列宁——斯大林墓》，新诗，《人民日报》1956 年 11 月 30 日刊载。

《从实际出发》，散文，1957 年元旦写，《教师报》1957 年第 8 期刊载。

《向煤矿工人致敬》，新诗，1957 年 1 月 29 日写，《北京日报》1957 年 2 月 4 日刊载。

《波罗的海·追记》,序跋,1957 年 3 月修改。

《北极星》,散文,1957 年 5 月 15 日写。

《"一本书主义"》,杂文,《文艺报》1957 年第 21 期刊载。

《记列宁博物馆》,散文,1957 年 11 月 18 日写。

《剑三,永远活着!》,悼文,1957 年 12 月 18 日写,《前哨》1958 年第 1 期、《山东文学》1958 年第 1 期刊载。

《读〈在延安文艺座谈会上的讲话〉》,论文,《语文学习》1958 年 1 月号刊载。

《思想改造也应当跃进》,杂文,1958 年 3 月 8 日写,《中国青年》1958 年第 6 期刊载。

《咏大字报》,新诗 1958 年 3 月写,《诗刊》1958 年第 4 期刊载。

《歌唱青春——剧本〈青春之歌〉读后》,论文,1958 年 3 月 22 日写。

《文风不是私事》,杂文,《语文学习》1958 年 4 月号刊载。

《写作杂谈》,创作谈,1958 年 5 月写,《人民文学》1958 年第 5 期刊载。

《歌集体》,旧体诗,《诗刊》1958 年第 7 期刊载。

《24 小时是 3 天》,新诗,《诗刊》1958 年第 7 期刊载。

《六万万人的意志》,新诗,《北京日报》1958 年 9 月 8 日《美国军队从台湾地区滚出去》专版,收入本月北京出版社出版的诗集《美帝滚出台湾去》。

《作普通的劳动者》,杂文,《处女地》1958 年第 9 期刊载。

《敬礼,志愿军》,新诗,《举国欢腾庆凯旋》,作家出版社1958 年 10 月版。

《游记也要厚今薄古》,杂文,《旅行家》1958 年第 10 期刊载。

《劳动在天安门》,新诗,1958年11月28日写,《诗刊》1958年第12期刊载。

《读〈迷路记〉》,剧评,1958年写。

《读〈木兰诗〉》,评论,1959年6月4日写,《诗刊》1959年第6期刊载。

《说读报》,杂文,《语文学习》,1959年9月号刊载。

《天安门广场》,散文,1959年9月30日写。

《读〈沙田水秀〉》,评论,1960年2月14日写,《文艺报》1960年第4期刊载。

《西江月·"三八"》,旧体诗词,《北京晚报》1960年3月8日刊载。

《农村雨中杂咏》,旧体诗词,上海《文汇报》1960年10月27日刊载。

《崦岈山》,散文,1960年10月写初稿,1962年9月9日修改,《人民文学》1962年第10期刊载。

《多写些散文》,创作谈,1961年2月1日写。

《记一辆纺车》,散文,1961年2月15日写,《人民文学》1961年第4期刊载。

《菜园小记》(《种菜篇》),散文,1961年4月9日写,《人民文学》1961年第6期刊载。

《延安》,散文,1961年6月29日写。

《一种〈杂字〉》,散文,1961年7月18日写。

《中学语文的选材标准和范围》,教育论文,《人民教育》1961年第7期,署名"齐延东"。

《延安的歌声》,散文,1961年9月30日写,《光明日报》东风副刊1961年10月1日刊载,被收入《北极星》1963年版时改题名为《歌声》。

《春秋多佳日》,散文,1961年10月1日写。

《难老泉》,散文,1961 年 11 月 20 日写,《新港》1962 年第 1 期刊载。

《跳女吊》,散文,1962 年 2 月 20 日写,《人民文学》1962 年第 3 期刊载。

《基础知识与基本训练要结合》,教育论文,《文汇报》1962 年 4 月 7 日、《河北教育》1962 年第 47 期刊载。

《春游》,诗,《北京晚报》,1962 年 4 月 19 日刊载,署名"天荪"。

《旅途(四首)》,诗,《诗刊》1962 年第 4 期刊载。

《窑洞风景》,散文,1962 年 6 月 11 日写,《北京文艺》1962 年第 8 期刊载。

《〈野牛寨〉》,评论,1962 年 6 月 16 日写,《人民文学》1962 年第 5 期、《文艺报》1962 年第 7 期刊载。

《猎户》,散文,1962 年 9 月 20 日写。

《北极星·跋》,1962 年 10 月 1 日写。

《"早"》,散文,1963 年 1 月 12 日写。

《一颗巨星——雷锋同志赞歌》,新诗,《工人日报》1963 年 3 月 12 日刊载。

《天安门的哨兵》,散文,1964 年 9 月 20 日写,《人民文学》1965 年第 1 期刊载。

《石炭歌·序》,序跋,1964 年写,被收入孙田友诗集《石炭歌》,作家出版社 1964 年版。

《百花齐放》,论文,《人民教育》1965 年第 6 期刊载。

《谈看图识字的图——耕读小学教材问题研究》,教育论文,《人民教育》1965 年第 7 期刊载,署名"齐延东"。

《天下第一山》,散文,1965 年 8 月 15 日写。

《中学语文课本编辑中所犯的错误》,检讨,1967 年 7 月 10 日起草。

《检查我在文艺工作上所犯的错误和罪行》，检讨，1969 年 10 月 24—26 日起草。

《检查我在被审查期中的错误》，检讨，1969 年 10 月 26 日至 11 月 2 日起草。

《狠批反革命政变纲领〈纪要〉对我国大好形势的恶毒攻击和污蔑——驳所谓"政局不稳"论》，论文，1972 年 3 月 15 日写完。

《那达慕即景》，旧体诗，1975 年 8 月写，《诗刊》1978 年第 8 期刊载。

《青玉案·再悼周总理》，旧体诗词，1976 年 1 月写。

《题半间屋》，旧体诗，1976 年 7 月 27 日写。

《"努力奋斗"》，散文，1976 年 10 月中旬写，《人民文学》1976 年第 9 期刊载。

《八间房》，散文，《光明日报》东风副刊 1977 年刊载日期不详。

《水调歌头·为总理逝世周年作》，旧体诗词，1977 年 1 月 8 日写。

《红太阳居住的地方》，散文，1977 年 6 月写，收入《我站在毛主席纪念堂前》，人民出版社出版。

《岗位》，散文，《人民日报》战地副刊 1977 年 7 月 6 日刊载。

《趁年轻的时候》，散文，《儿童文学》1977 年第 8 期刊载。

《就〈歌声〉答问》，访谈，1977 年 9 月写，《北京文艺》1977 年第 10 期刊载。

《英雄乡》，散文，1978 年 1 月 12 日写，《解放军文艺》1978 年 3 月号刊载。

《忘年》，散文，1978 年 2 月 7、8 日写，《北京文艺》1978 年第 5 期、《辽宁文艺》1978 年第 4 期刊载。

《答〈调查提纲〉》，访谈，1978 年 3 月 18 日写，以《吴伯箫

(答〈调查提纲〉)》为题刊载于高校中国现代文学研究会、北京出版社合编《中国现代文学研究丛刊》,第 1 辑,北京出版社 1979年版。

《作家・教授・师友——深切怀念老舍先生》,散文,1978年 6 月 2 日写,《北京文艺》1978 年第 7 期刊载。

《回春》,散文,1978 年 9 月写,《长春》1979 年 2 月号刊载。

《奋勇登攀》,杂文,1978 年 10 月 24 日写,《十月》1978 年第2 期刊载。

《〈烟尘集〉再版后记》,1979 年 1 月写。

《吴伯箫(自传)》,自传,《丹东师专学报(哲学社会科学版)》1979 年第 1 期。

《写真情实感》,序跋,《语文学习》1979 年 4 月号刊载。

《答〈歌声〉试析作者》,1979 年 4 月 9 日写。

《雷雨里诞生》,散文,《战地》1979 年第 4 期刊载。

《"征稿"一议》,1979 年 5 月 4 日写,《光明日报》1979 年 6月 3 日刊载。

《复来信》,书信,1979 年 5 月 9 日写,《中学语文教学》1979年第 4 期刊载。

《祝贺与希望》,发言稿,1979 年 6 月 4 日。

《我所知道的老艾同志》,散文,《社会科学战线》1979 年第 3期刊载。

《攀金顶》,散文,1979 年 7 月 12 日写,《人民文学》1979 年第 9 期刊载。

《打前站》,散文,1979 年 8 月 1 日写,《解放军文艺》1979 年11 月号刊载。

《归来》,散文,1979 年 9 月写,《芳草》1980 年第 1 期刊载。

《致周扬同志并大会主席团》,建议案,1979 年 11 月 4 日起草,与楼适夷、戈宝权联合署名。

《经验》,创作谈,1979 年 12 月 4 日写,被收入《文学:回忆与思考》,人民文学出版社 1980 年版。

《布衣》,散文,《人民日报》1980 年 1 月 10 日刊载。

《关于〈记一辆纺车〉的复信》,书信,《河南教育》1980 年第 2 期刊载。

《重在实践》,笔谈,《光明日报》1980 年 3 月 20 日刊载。

《天涯》,散文,《人民日报》1980 年 3 月 21 日刊载。

《"鹰"》,散文,1980 年 4 月写,《花城》1980 年第 7 辑刊载。

《贝叶》,散文,被收入《吴伯箫文集》,人民教育出版社 1993 年版。

《〈羽书〉飞去》,回忆录,1980 年 5 月 10 日写,《新苑》1980 年第 3 期刊载。

《关于教材的几点意见》,发言稿,被收入《吴伯箫文集》,人民教育出版社 1993 年版。

《赞〈诗刊〉新人新作》,评论,《人民日报》1980 年 5 月 14 日刊载。

《西双版纳杂咏》,旧体诗三首,《战地》增刊 1980 年第 6 期刊载。

《〈初中学生作文选〉序言》,写作时间、刊载信息均不详。

《"语文"的三个问题》,发言摘要,《文汇报》1980 年 7 月 9 日刊载。

《第二次到上海》,散文,《文汇报》笔会副刊《我和上海》专栏 1980 年 7 月 20 日刊载。

《访南糯山》,散文,《散文》1980 年第 8 期刊载。

《〈散文名作欣赏〉序》,1980 年 8 月写,《青海日报》1981 年 2 月 24 日、《重庆日报》1981 年 3 月 11 日刊载。

《〈啄木鸟又飞了〉序》,序跋,被收入《儿童时代》丛书编辑组编《啄木鸟又飞了》,安徽人民出版社 1982 年版。

《一封复信——给一个〈中学生作文选评〉的读者》，1980年9月5日写，《中学语文教学》1980年第11期刊载。

《诉衷情》，散文，1980年10月写，《随笔》1980年第16期刊载。

《〈特级教师笔记〉序》，1980年10月30日写，《沈阳师范大学学报（社会科学版）》1980年第4期刊载。

《〈南泥湾〉的写作》，创作谈，《语文教学》1980年第6期刊载。

《办平民学校》，回忆录，《人民教育》1981年第3期刊载。

《悼宋庆龄》，挽联、悼词，《长江日报》1981年6月6日刊载。

《致成启宇》，书信，《山花》1983年第4期刊载。

《无花果——我和散文》，回忆录，1981年6月28日写，《文学评论》1981年第5期刊载。

《致〈语文小报〉编辑小组》，书信，1981年6月30日写，《语文小报》1981年7月15日刊载。

《把功夫下在多读原文上》，书信，1981年7月23日写，《语文学习》1990年2月号刊载。

《百零一花——谈刘岘木刻》，散文，《光明日报》1981年8月9日刊载。

《钥匙》，散文，1981年10月1日写。

《给〈青春〉编辑部的信》，书信，1981年11月6日写，《青春》1982年第3期《作家书简》专栏刊载。

《要写自己感受最深的生活》，书信，1981年11月26日写，《洛阳日报》1981年12月16日刊载。

《散文，应当提倡一下》，发言稿，1981年11月30日讲。

《〈范文读本〉序》，序跋，1981年12月写，被收入朱金顺、刘锡庆编《范文读本》，北京出版社1982年版。

《且说考试》,散文,《散文》1981年第12期刊载。

《〈羽书·序〉附记》,序跋,1982年6月6日写,《散文》1982年第10期刊载。

附录三　本书主要参考文献

一、档案文献

郭静君:《自传》,1950 年,人民教育出版社藏郭静君档案。

《莱芜县立高小同学齿录附本校大事记》,民国九年(1920)八月,山东省莱芜市档案馆藏档案。

李钟豫督修,亓因培、许子翼、王希曾编纂:《续修莱芜县志》卷十九,济南善成印务局 1935 年版。

吴伯箫:《自传》,1965 年,中国社会科学院藏吴伯箫档案。

《吴伯箫履历表》,1947、1964 年,中国社会科学院藏吴伯箫档案。

《吴氏族谱》,敦本堂刻本,中华民国二十二年(1933)五修。

二、信函手稿

吴伯箫:《致亓举安》,亓举安私藏吴伯箫信函手稿。

吴伯箫旧藏陈白尘、王任叔、陈翔鹤、吕叔湘、姜德明等手迹,华夏天禧(墨笺楼)线上专场拍卖第 235 期,孔夫子拍卖网,2017 年 2 月 10—13 日。

吴伯箫、姚雪垠、臧克家等致张白山信札一组,北京华夏藏珍国际拍卖有限公司双龙盛世 2014 华夏鸿禧专场拍卖会名人墨迹专场,孔夫子拍卖网,2014 年 12 月 10 日。

吴伯箫:《关于出版工作座谈会及编写中学语文通用教材方面的座谈杂记》,1959 年手稿,华夏天禧(墨笺楼)线上专场拍卖第 235 期,孔夫子拍卖网,2017 年 2 月 10 日。

"吴伯箫旧藏之三",艺典中国网:http://www.yidianchina.com。数据截止日期:2016年9月9日。

臧克家:《致吴伯箫》,1963年5月3、5日,臧克家有关老舍等致吴伯箫信札四通,中国篆刻网,2017年3月24日。

张德馨:《致吴伯箫》,1976年6月26日,华夏天禧(墨笺楼)线上专场拍卖第381期,孔夫子拍卖网,2017年4月9日。

赵瑞蕻:《致吴伯箫》,1980年5月10日,华夏天禧(墨笺楼)线上专场拍卖第381期,孔夫子拍卖网,2017年4月9日。

三、民国报刊

《北晨学园》

《北方文化》

《鞭策周刊》

《大众文艺》

《东北日报》

《华北日报》

《火花月刊》

《解放日报》

《京报》

《抗战文艺》

《骆驼草》

《每周文艺》

《青岛民报》

《青岛时报》

《青年文化》

《人间世》

《诗刊》

《世界日报》

《水星》

天津《大公报》

《文艺突击》

《文艺月报》

《吾友》

《现代评论》

香港《大公报》

《新华周报》

《新中华报》

《益世报》

《中流》

四、今人著作

［德］海涅著、吴伯箫译:《波罗的海》,新文艺出版社 1957 年版。

艾克恩主编:《延安文艺史》,河北教育出版社 2009 年版。

鲍霁、刘开朝、吴光玮编:《吴伯箫文集》,人民教育出版社 1993 年版。

北京师范大学党委办公室、北京师范大学校长办公室编:《北京师范大学纪事(1902—2011)》,北京师范大学出版社 2012 年版。

北京师范大学校史编写组编:《北京师范大学校史(1902 年—1982 年)》,北京师范大学出版社 1984 年版。

北京图书馆书目编辑组编:《中国现代作家著译书目》,书目文献出版社 1982 年版。

曹明海编:《吴伯箫散文选集》,百花文艺出版社 1993 年版。

陈荒煤:《陈荒煤文集》第 10 卷,中国电影出版社 2013 年版。

陈明:《我说丁玲》,湖南文艺出版社 2004 年版。

陈学昭:《陈学昭文集》第 3 卷,浙江文艺出版社 1998 年版。

东北师范大学党委宣传部主编:《文蕴东师系列丛书·往事（一）》,吉林人民出版社2009年版。

《东北师范大学校史》编委会编:《东北师范大学校史（1946—2006）》,东北师范大学出版社2006年版。

冯骥才:《激流中》,人民文学出版社2017年版。

冯骥才:《雾里看伦敦》,百花文艺出版社1982年版。

高昌:《公木传》,广东人民出版社2008年版。

郭林:《郭林日记》,中国体育出版社2010年版。

郭小川:《郭小川全集》第8卷,《日记1944—1956》,广西师范大学出版社2000年版。

胡乔木:《胡乔木回忆毛泽东》（增订本）,人民出版社2014年版。

华世俊、胡育民:《延安整风始末》,上海人民出版社1985年版。

季培刚:《杨振声年谱》,学苑出版社2015年版。

姜德明:《姜德明书话》下册,北京出版社1998年版。

课程教材研究所编:《新中国中小学教材建设史（1949—2000）研究丛书·中学语文卷》,人民教育出版社2010年版。

孔德懋口述、柯兰整理:《孔府内宅轶事》,天津人民出版社1982年版。

莱芜市地方史志编纂委员会编:《莱芜市志》,方志出版社2014年版。

黎辛:《亲历延安岁月》,陕西人民出版社2016年版。

李长之:《李长之文集》第8卷,河北教育出版社2006年版。

梁实秋:《百年梦忆:梁实秋人生自述》,国际文化有限公司2014年版。

林贤治、章德宁主编:《记忆》,第1辑,中国工人出版社2002年版。

刘白羽:《心灵的历程》上册,解放军文艺出版社 2003 年版。

刘国正主编:《我和语文教学》,人民教育出版社 1984 年版。

刘润为主编:《延安文艺大系》,湖南文艺出版社 2015 年版。

刘淑玲:《〈大公报〉与中国现代文学》,河北教育出版社 2004 年版。

刘增人:《王统照传》,北京十月文艺出版社 2000 年版。

刘增人、刘泉、王今晖编著:《1872—1949 文学期刊信息总汇》,青岛出版社 2016 年版。

刘增人、王焕良主编:《青岛高等教育史·现代卷》,人民出版社 2008 年版。

马加:《马加文集》第 7 册,春风文艺出版社 1998 年版。

莫洛:《陨落的星辰——十二年来中国死难文化工作者》,上海人间书屋 1949 年版。

亓勇主编:《吴伯箫纪念文集》,山东大学出版社 2012 年版。

陕西师范大学教育研究所编辑:《陕甘宁边区教育资料(中等教育部分)》上册,教育科学出版社 1981 年版。

上海图书馆编:《上海图书馆馆藏近现代中文期刊总目》,上海科技文献出版社 2004 年版。

唐沅等编:《中国现代文学期刊目录汇编》,天津人民出版社 1988 年版。

王培元:《延安鲁艺风云录》,广西师范大学出版社 2004 年版。

韦君宜:《思痛录》(增订纪念版),人民文学出版社 2013 年版。

吴伯箫:《北极星》,人民文学出版社 1963 年版。

吴伯箫:《出发集》,新文艺出版社 1954 年版。

吴伯箫:《黑红点》,新华书店 1950 年版。

吴伯箫:《潞安风物》,香港海洋书屋 1947 年版。

吴伯箫:《忘年》,百花文艺出版社 1982 年版。

吴伯箫:《烟尘集》,作家出版社 1955 年版。

吴伯箫:《羽书》,花城出版社 1982 年版。

吴伯箫著、鲍霁编选:《吴伯箫散文选》,人民文学出版社 1983 年版。

吴伯箫著、梅子编选:《吴伯箫选集》,香港文学研究社 1979 年版。

萧军:《延安日记 1940—1945》上卷,香港牛津大学出版社 2013 年版。

萧乾:《文学回忆录》,北方文艺出版社 2014 年版。

邢小群:《丁玲与文学研究所的兴衰》,山东画报出版社 2003 年版。

徐懋庸:《徐懋庸回忆录》,人民文学出版社 1982 年版。

郁达夫:《郁达夫全集》第 5 卷,浙江大学出版社 2007 年版。

张凯军主编,中共济南市委党史资料征集研究委员会、中共济南市天桥区委员会编:《坚强的战斗堡垒——中共济南乡师支部》,济南书刊印刷厂印刷,济南市新闻出版局准印证(1991)第 6 号。

张中行:《负暄琐话》,黑龙江人民出版社 1990 年版。

张中行:《流年碎影》,中国社会科学出版社 1997 年版。

中国人民政治协商会议山东省济南市委员会文史资料研究委员会编:《济南文史资料选辑》第 3 辑,山东省出版总社济南分社 1983 年版。

周泉根、梁伟:《京派文学群落研究》,上海三联书店 2012 年版。

作家协会编:《中国作家协会第二次理事会会议(扩大)报告、发言集》,人民文学出版社 1956 年版。

五、报刊文章

卞之琳:《何其芳与〈工作〉》,《新文学史料》1983 年第 1 期。

曹一明:《中国文联第四届全委会第二次会议在京召开》,《剧本》1982 年第 7 期。

陈德忠:《吴伯箫:为〈沫水〉创刊号题刊名》,《乐山日报》2014 年 8 月 10 日。

丁耶:《教师的灵魂,作家的劲笔:忆吴伯箫二三事》,《文艺论稿》1983 年总第 10 期。

傅德岷:《在燃烧着热情的书简里——怀念吴老》,《写作》1982 年第 6 期。

高文浩:《曲阜师范学校考略》,《山东教育》1980 年第 11—12 期。

郭冬:《缅怀吴伯箫会长,把中国写作研究事业推向前进——在中国写作研究会理事会上的发言》,《写作》1982 年第 6 期。

郭同文:《象巍巍泰山一样苍翠——怀念著名作家、会长吴伯箫同志》,《写作》1982 年第 6 期。

何西来:《追忆荒煤到文学所的"施政演说"》,《新文学史料》2003 年第 4 期。

康平:《怀念敬爱的吴伯箫老师》,《沈阳师范学院学报》1982 年第 4 期。

雷加:《四十年代初延安文艺活动》,《新文学史料》1981 年第 2 期至 1982 年第 1 期。

黎之:《回忆与思考——在"大跃进"的年代(上)》,《新文学史料》1995 年第 2 期。

李昌文:《一份珍贵的遗墨——忆吴伯箫同志》,《青年科学家》1983 年第 1 期。

李辉:《延安文学在香港〈大公报〉》,《新文学史料》1991 年第 3 期。

　　梁军梅:《"感人的歌声留给人的记忆是长久的"——悼念吴伯箫爷爷》,《山东教育》1983 年第 2 期。

　　林中草:《贵在有真情——访老作家吴伯箫》,上海《文学报》1981 年 12 月 17 日。

　　刘国正:《长流思远情——题吴伯箫同志手迹》,《语文学习》1990 年 2 月号。

　　刘国正:《似曾相识燕归来——中学文学教育的风雨历程》,《课程·教材·教法》2000 年第 6 期。

　　刘增杰、王文金:《有关〈谷雨〉的一些材料》,《新文学史料》1982 年第 2 期。

　　刘征:《忆吴伯箫同志》,《百年潮》2002 年第 6 期。

　　鲁芝:《不尽的思念——忆我的老师陈企霞》,《人物》1998 年第 5 期。

　　罗竹风:《悼念吴伯箫同志》,《语文学习》1982 年 10 月号。

　　马国平:《吴伯箫致徐开垒的两封信》,《中华读书报》2017 年 4 月 19 日。

　　马秋帆:《悼念吴伯箫同志》,《沈阳师范学院学报》1982 年第 4 期。

　　牛宝彤:《一刻不忘老师对我的希望》,《光明日报》1985 年 8 月 29 日。

　　彭厚文:《论"批林批孔"运动中的儒法斗争史研究》,《党史博览》2011 年第 12 期。

　　人民教育出版社:《编辑工作》(内)1957 年第 22 期。

　　孙中田:《吴伯箫在长春——纪念吴伯箫诞辰百周年》,《吉林日报》2006 年 3 月 20 日。

　　田增科:《"要把〈语文报〉办好"——怀念老作家吴伯箫同志》,《语文报》1982 年 9 月 20 日。

王国铨:《我们为什么要举行北大卅一周年纪念会》,《当代》2000 年第 1 期。

王乐侾口述,赵亮、张同祯整理:《末代"衍圣公"的启蒙老师——回忆我的父亲王毓华》,《联合日报》1999 年 8 月 10 日。

王小平:《楼适夷伯伯性情印象》,《美文》2006 年第 7 期。

吴伯箫:《1977 年 10 月 24 日致雷加》,《文艺报》2018 年 4 月 20 日。

吴伯箫:《"努力奋斗"》,《人民文学》1976 年第 9 期。

吴伯箫:《吴伯箫(答〈调查提纲〉)》,高校中国现代文学研究会、北京出版社合编:《中国现代文学研究丛刊》,第 1 辑,北京出版社 1979 年。

萧冬连:《胡耀邦与转折年代的文艺界》,《中共党史研究》2013 年第 1 期。

鄢家骏:《永不凋谢的文化记忆——追忆吴伯箫西双版纳之行中的两件小事》,《凤鸣》2012 年第 1—2 期合刊。

杨渡:《再读〈歌声〉——缅怀吴伯箫伯伯》,《柳泉》1982 年第 2 期。

杨芝明:《忆念吴伯箫》,《山东文学》1983 年 4 月。

臧克家:《五十二年友情长——追念伯箫同志》,《人民文学》1982 年第 10 期。

曾仲珊:《忆吴伯箫同志》,《语文教学论坛》1992 年第 5 期。

张定远:《吴伯箫同志谈语文教学》,《中学语文教学》1982 年第 10 期。

张枫:《人生八十是中年——记老作家吴伯箫》,《随笔》1981 年第 14 期。

张钦恩:《吴伯箫的品格》,《深圳特区报》1984 年 10 月 28 日。

张又君:《编辑和作家的情谊》,《文艺评论》1986 年第 4 期。

张志民:《延安纺车声——吴伯箫同志二三事》,《人民日报》1982 年 9 月 27 日。

赵郁秀:《他回到了鸭绿江——忆雷加》,《文艺报》2015 年 1 月 19 日。

周长秋、王成勋:《情真意切　语重心长——访吴伯箫同志》,《山东教育》1981 年第 8 期。

周明:《雨中忆》,《文汇报》1983 年 1 月 20 日。

朱子奇:《怀抱理想俯首耕耘——悼念吴伯箫同志》,《文艺报》1982 年第 10 期。

六、其他

《东北师范大学历史沿革》,东北师范大学网:http://www.nenu.edu.cn/257/list.htm。数据截止日期:2015 年 6 月 8 日。

黄际遇:《万年山中日记》第 10 册,序,1933 年 5 月 3 日,黄小安 gdphoto 的博客:http://blog.sina.com.cn/u/1340797271。数据截止日期:2011 年 12 月 21 日。

《沈阳师范大学历史沿革》,沈阳师范大学官网:http://www.synu.edu.cn/789/list.htm。数据截止日期:2018 年 9 月 28 日。

吴磊:《莱芜吴氏家谱考究》,华夏吴氏网:http://www.worldwu.com。数据截止日期 2010 年 1 月 21 日。

张鹏:《吴伯箫笔下的猎户"董昆"》,金羊网:http://www.ycwb.com。数据截止日期:2002 年 3 月 21 日。

中国青岛史志办网:http://www.qingdao.gov.cn/n15752132。数据截止日期:2011 年 10 月 11 日。

后　记

　　2016年春,当我把搁置30年的《吴伯箫生平著译年表》又捡起来,从寥寥数千言扩大到十几万字,使之成为一部颇具规模的年谱后,曾经写过一个题为《寻找吴伯箫》的"后记",实际上把要说的话都大致表达出来了。如今,当年谱因出版社统一体例以《吴伯箫先生编年事辑》为书名正式出版之际,我却又对那篇《寻找吴伯箫》不甚满意起来,作为后记,它似乎也偏长了点。于是,便将它作为附录之一收入本书,后记则另起炉灶重来了。

　　那篇"后记",或许会给人留下本书持续写作三十几年的印象,实际并不是这样的。只能说这项工作起步甚早而成果甚晚罢了。事实上,我在1982年启动这项工作不久,就从莱芜调回母校泰安师专中文系讲授现代文学了,按说,这应该使年表的编写更加顺理成章才对,可实际情况并非如此。尽管我也一直未曾中断,文章也在写,甚至在校内有一个《吴伯箫评传》的立项,但两方面的原因使该项目没有获得突破性进展,一个是当时查访文献史料的条件极为有限,另一个则是个人正处在科研、职称爬坡阶段,每年科研成果统计的压力就迫使我不得不从急功近利角度赶任务。再加上在职读研的毕业论文选题是现代诗歌,注意力自然而然就有了侧重。

　　但说来说去,这些理由似乎又都不成为理由,在这些理由背后,一定还有着某种更大的力量阻止着这项工作的进展。我冷静思之再三,终于意识到真正的阻力并不在外部,而是来自我自己,即我对这项工作的价值或意义还是缺乏信心。

回想当初要做这项工作,是从莱芜乡土文化名人角度着眼,及至自己的工作环境改变,学术视野随之扩大,从整个现代文学坐标重新打量吴伯箫,我的确有些踌躇了。我对将这项研究进行下去的意义产生了一些疑问。

吴伯箫去世后新华社发的讣告,将吴伯箫定位为著名文学家与教育家,"著名""文学家""教育家",作为一般表述,当然都说得通。但细究起来,恐怕就会在无法回避的比较中产生出新的争议。不错,吴伯箫曾经数度"著名",20世纪30年代,曾与何其芳、李广田并称为"散文三杰";40年代,也曾是延安边区的著名作家,审干时的"坦白明星"和被敌人"追悼"的活人;60年代,因为一篇《记一辆纺车》而成为千千万万中学生《语文》课本中的作者;80年代初,《歌声》《菜园小记》《猎户》也先后进入《语文》课本,吴伯箫的声誉随之达致巅峰,如果就薄薄一册《北极星》而竟有四五篇作品同时入选教科书的比例说,吴伯箫也可谓空前绝后了。可是如果考虑到1980年代初期带有"平反"性质的文学评价和阶段性的教科书编写,把眼光放长远一些看,吴伯箫散文的"火"可能就变成某种偶然性现象了。当社会、文化经过了或波澜壮阔、或动荡不安的特殊阶段趋于正常化以后,吴伯箫那些无论出于功利还是出于信仰写出的应景之作必然也会遭到时间无情的淘汰,如今回头翻翻,或许还是《羽书》集以及这前后一段时间写的篇什更耐咀嚼些。

不错,吴伯箫学的是师范教育,几乎办了一辈子教育,弟子何止三千。但若从"教育家"三字审视之,又总觉其一生的遗憾多于收获,探索本有限,而某些闪光的理想也都无奈地打了水漂,剩下的就只是残山剩水了。作为一个以文学教育为业的人,吴伯箫和他的同代人一样,留下的或许更多是叹息。

这就是真正困扰我的地方,今天我终于说出这些,感觉一下子轻松了不少,而意识到自己尚未失却的"诚实",也使我有一种欣慰之感。

但到了2012年,我却又下了决心,把这事重新捡起来。于是一个暑假,搭起了3万字的架子,从此才真正开始这部年谱的编制,字数越来越多,史料也日渐丰富,终至达到现在的规模。

促使我下定决心把这事做一个了断的,是我有了新的想法,即吴伯箫文学成就和教育成就尽管无法跟一流大家相提并论,但他所走过的人生路程,经历的政治、文学、教育的波折,却又具有折射历史的特殊意义。从这方面说,吴伯箫又有他的典型性,这也是年谱、传记这类作品本身所包含的功能之一。譬如说到延安的审干,吴伯箫作为陕甘宁边区教育厅独一无二的被审查者,其政治遭遇背后的一些因素,就很是耐人思考。再譬如1950年代汉语、文学分科教学从兴师动众的宏大布局到突如其来的痛苦终止,吴伯箫为此专门被调来北京主持其事,却又莫名其妙地被强力叫停,这背后又是一番怎样的波诡云谲? 是不是同样也值得追问下去?

然撰写年谱的意义找到,不等于工作就一定能够做好,尤其是做得完美。年谱是一种永无止境的工作,我只有做了以后才明白这句话的真义。本来,按照出版合同,书要在2018年内印出,但种种原因,没有做到,想不到2019年刚刚过去,新冠肺炎却又肆虐全球,疫情之下,人心惶惶,相比之下,一本书的如期出版与否实在不算什么了。

这一"拖"也好,让我对年谱又有新的增补和订正。如1934年条目增加了徐中玉主持天津《益世报·益世小品周刊》刊载吴伯箫《灯笼》等作品的内容;1956年条目下增加了在德国莱比锡会见翻译家赵瑞蕻、杨苡夫妇的内容;1974年条目调整了因"批儒评法"触发心脏病的时间……这些就都是最近才得以增加进去的。

在《寻找吴伯箫》那篇"后记"里，我已罗列了不少需要致谢的前辈和师友的大名，兹再诚恳答谢如右：田珮之、罗元贞、臧克家、郑曼、公木、吴翔、雷加、许觉民、蔡其矫、牛汉、吕剑、邵燕祥、刘国正（刘征）、鲁海、山曼、高文浩、吴熙功、吴熙振、亓举安、吴光玮、张璐、顾振彪、舒乙、刘增人、陈子善、宋遂良、戴建华、张荣国、李宗刚、高洪雷、王磊、郭娟、罗振亚、吴心海、徐强、易彬、闵军、张期鹏、杨玉锋、杨爱芹……这个名单大致以给予支持、帮助的时间先后为序，但也不一定十分准确。此外，莱芜县档案局（1984 年）、北京大学图书馆、中国社会科学院档案馆、北京师范大学档案馆、北京国家图书馆、上海图书馆、南京图书馆、浙江图书馆等机构也为资料搜集提供了便利。还有热心提供资料线索或无从获知姓名的支持者，只好在此道一声谢谢了。

业师刘增人先生和尊敬的邵燕祥先生不辞辛苦，先后为拙著撰写长序，无疑是对我最大的支持和鼓励，这当然是不能忘怀的，在此特别鸣谢！

最后特别鸣谢为本书出版费心牵线推介的戴建华先生和本书责编吴冰清先生。中华书局编审书稿的认真严格，过去仅有耳闻，以是书，乃得以亲历。听说冰清新入职不久，但他既诚恳又细致的工作给我留下了极深的印象，上半年武汉疫情刚刚解除，他就回到北京投入大量积压下来的编校工作中，而又时时想着为本书争取更早的出版机会，这也让我信心大增。我们通过微信和邮件保持联络，冰清则往往在周末继续加班加点，最终使本书在这个特殊的年份体面地问世了。应冰清要求，赶写出这篇新的后记，算是给关心本书的所有亲友一个交代。

子张

2020 年 7 月 24 日，于杭州午山